河合隼雄著作集

第II期

多層化するライフサイクル

9

岩波書店

序説　ライフサイクルの変貌

人生の段階

人間は誕生から死に至るまで、まったく一直線の軌跡をたどるのではなく、そこには段階的な変化を伴なうものである。これは人間のみではなく、他の生物にも認められることである。猿の行動を観察していると、やはり、子どもと大人との区別がはっきりしていることがわかる。あるいは昆虫の場合であれば、卵、毛虫、蛹、成虫、と明確な段階に分れている。昆虫の場合は、その段階的変化がわかりやすい例である。

人間も、子どもと大人では相違がある。あるいは、壮年期の人間と老年期の人間を比べても、その差は明らかである。とは言っても、昆虫のように一見してすぐわかるとは限らない、というところに人間の特徴がある。高齢でも若々しい人はいるし、中年でもふけこんでいる人もいる。

人生の段階というと、日本人ならすぐに『論語』の孔子の言葉を思い起こすのではなかろうか。二十歳から七十歳に至るまでの段階的な変化が短い言葉のなかに端的に示されているが、これは理想的な場合であって、誰にでも当てはまるとは言えないだろう。あるいは、インドの四住期説もある。いずれも人生の洞察に満ちた考え、と言えるものであるが、大学で学ぶ「心理学」の授業では、まず言及されることはなかった。いったいこれはどうしてなのだろう。

一九五〇年代に私が「心理学」を大学で学びはじめた頃、乳児、幼児、児童、青年と各々の段階名を冠した「心理学」があり、それを学んだ。しかし、青年期の後の段階については何も語られないし、研究もされないことに、あまり疑問を感じなかった。青年期以降が放置されているのと対照的に、乳児、幼児のあたりは詳しく研究されていた。日本人の研究として、「箸の持ち方」がどのように年齢によって変化するかが詳しく研究された結果を教えられ、このように客観的に詳細に「研究」するのは、さすがに大したものだという気持と、このような「研究」がどんな意味をもつのだろう、という疑問も片方では感じるのと、共に経験したことを今でも覚えている。

自分が大学の教師になって、教える立場になると、学ぶときにあまり意識しなかったことにいろいろとひっかかりを感じるものである。「青年心理学」をはじめて教えることになったとき、学生たち自身にかかわることだから学生たちの興味をひき出す講義ができるだろうと思った。ところが「青年心理学」の教科書を読んでみるが、あまり面白くない。特に驚いたのは、青年期は二十歳までなどと考える心理学者がいるし、せいぜい二十四、五歳くらいで終りである。これは学生たちの自己認識による「青年期」とは大分ずれている。それに、学生たちに「青年心理学」の講義でどんなことを聞きたいか、とアンケートをとると、宗教的な基盤をもつ大学だったこともあって、「宗教」「恋愛」というのが圧倒的に多かったが、『青年心理学』の当時の教科書には、恋愛や宗教について論じているものなどほとんどなかった。青年自らが最も関心を抱くことについて何も述べない「心理学」という点に私は疑問を持たざるを得なかった。私は従来の教科書にあまり頼らずに、「青年心理学」について学生と共に考えてゆくより方法がないな、と思った。

そのうちに、私は米国、続いてスイスに留学し、ユング心理学を学ぶうちに、全体的な状況が自分なりに了解できるようになった。「心理学」は近代科学をモデルとして出発したので、「客観的に観察し得る現象」を研究の対象として発展してきた。それに加えて、ヨーロッパ近代の世界観として、世界を「壮年男性の目」で見る傾向が強く、これらの影響下に「心理学」が構築されたのである。したがって、「心なき心理学」などという表現で呼ばれるような心理学が成立し発展してきた。それはそれで存在意義をもつものではあったが、人間の「心」という観点から、自分の人生を考えてみようとするときには、あまり有用性をもたない「心理学」ができあがったのである。

これに対して、二十世紀の初頭に台頭してきた、フロイト、アドラー、ユングなどによる「深層心理学」は、心の病の治療という実際的なことから出発してきたために、「私の心」という主観的な心を考慮に入れざるを得ない。そこで、フロイトの重視した人生の段階は、幼児期であり、しかもそれは客観的に観察し得る現象よりも、主観的に体験されることの方に注目するものであった。あるいは、もっと厳密に言えば、成人してから想起される子ども時代の体験であり、それを自分なりにどう解釈し、どのように現在の自分と折合いをつけるかということであった。

中年の危機

自分の主観的世界に注目し、その体験を考えるという形でフロイトは青年期までの人間の発達段階を考え、それを精神分析学における発達心理学として提示した。しかし、それだけで話は終らなかった。いかにして一人前の大人になるのかを考え、そこまでの段階を考えるという点では、実験心理学における発達心理学も、深層心理学における精神分析も同様であった。ところが、それだけでは人間の人生を考えるのは不十分であり、「中年の心理学」が必要なことがわかってきた。

中年期の重要性については、ユングが実に早い時期から指摘していた。これはユングのところを訪れるクライエントの質が他の治療者と異なっていたことも関連していると思われる。ユングは彼のところに来談する一群の中年の人たちが、家族、財産、社会的地位などに何の問題もない、というよりむしろ恵まれすぎているほどの状態でありながら、不可解な不安に襲われたり、生きる意欲を失ってしまったりして悩んでいることに気づいた。彼らの問題は「あまりにも問題がなさすぎる」というところにあった。結局のところ、一般的な意味での悩みではなく、自分は「どこから来てどこへ行くのか」、「生きるというのはどういうことか」などという極めて根元的な問いにいかに答えるかが問題なのであった。これらのことについては、宗教が答を提供してくれるはずであったが、現代人のなかには既製の宗教に満足できない人もあったり、それまで無関心だったために宗教的なことをあまりに知らず、どうしていいかわからぬ人もあった。

ユングはこれらの人たちに対しては、過去の生活史をたどって人生を考え直すなどという方法は通用せず、その人自身が自分の心の奥を深く探索することによって、自ら解決を見出そうとするのに治療者が協力する、という方法を取らざるを得ない、と考えた。

中年に至るまでは、自立的でよく統合された強固な自我を確立し、その力によって、財産や社会的地位を築き、家庭も築きあげてくるのだが、そのような自我がいったい何を基盤とし、究極のところは何のために生きるのかを見出すためには、もう一度根本にかえって、自分自身を深く点検する必要がある。そのことを続けているうちに、ユングは、自我を超えた、自分の全体性を感じさせる、自分の中の深い中心、自己ということの存在を仮定せざるを得ない、と考えるようになった。

自我を超える存在としての自己。このことについては東洋の方がむしろ近代の西洋よりもよく知っているのではないか、とユングは考えた。たとえば、孔子が「五十にして天命を知る」と言うときの「天」は、明らかに自我を超えた存在である。ただ、東洋の方は自己について知る知恵を持っていたが、西洋近代の確立した強い自我を持たないので、物質的貧困に悩まねばならなかった、というのがユングの考えである。

ユングが一九三〇年の頃に考えていた、「中年の危機」は、言うなれば特別に恵まれた能力や環境がある人に限定されるもので、一般の人は中年でも財産や地位や家庭にいろいろと問題があって、それの対応に忙殺されているうちに老年を迎えてしまう、というのであった。ユングは「中年の危機」について考え、人生の前半は家族、地位、財産などにかかわる問題に取り組むとしても、人生の後半には根元的な課題と正面から取り組んでゆくことによって、危機を克服できると考えた。そのような人生後半の課題と取り組んで進んでゆく過程を、彼は個性化の過程とか、自己実現の過程と呼ぶようになった。

人生をバリバリと生きる壮年男子の目からの世界観を、老人の目から見た世界観へと変化させるところが中年の課題であるが、ユングも言うとおり、孔子の考えや、インドの四住期の考えなどは、これに答える特性をそなえているように思われる。これに対して、西洋近代の心理学は、人生の全体ではなく、青年期までのところの段階を重視してきたわけである。

ユングの説は最初のうちは、欧米ではあまり受けいれられなかった。近代自我の確立こそ最も重要と考えられる風潮のなかでは、それは当然のことであった。しかし、一九六〇年頃よりアメリカも変化し、「中年の危機」に注目したり、「中年の心理学」の必要性を論じたりする傾向が強くなった。ベトナム戦争以後、ヨーロッパ－キリスト教中心主義の考えを見直そうとする傾向が強くなってきたのと、このことは軌を一にしている。

ユングの時代は、特定のクラスの人たちの問題とされた「中年の危機」が、一般の多くの人にも及んできたのは、先進国において――わが国も含んで――国民全体が豊かになったことや、既製の宗教に以前ほどの強さがなくなってきたことなどが関係しているためと思われる。

青年期の多様化

青年期の様相も大いに変化してきた。もともと人類が、厳格なイニシエーションの儀礼によって、子どもが大人になる方策を踏襲している間は、「青年期」などということは問題ではなかった。子どもと大人とに人間は明確に分離されていた。しかし、社会が複雑になり、特に、社会の「進歩」ということが重視される近代になって、イニシエーションの儀礼も実効力を失うにつれて、子どもと大人との中間期にある「青年期」の存在が注目されるようになった。

このようにして生まれてきた青年期は、かつて、シュトルム・ウント・ドラング(疾風怒濤)などと表現されたように、その凄まじい揺れを特徴とするものであった。その揺れ動く波の強さにより、時には社会が破壊されそうにもなるし、そこから新しい改革の道が開けてきたりするものであった。

戦前のわが国においても、旧制高校生は、「弊衣破帽」の姿で「ストーム」などと称して騒いだりするのを事としていた。しかし、これは社会の体制を揺るがせるようなものではなかった。戦後には青年の力はだんだんと強くなり、一九六〇—七〇年代においては、その破壊力に社会が脅かされるようなときもあった。あるいは、青年期が以前よりは延長される傾向が強くなり、モラトリアムという言葉が世間に流布されるようになったりした。青年の言動は、善きにつけ悪しきにつけ、社会全体の注目を浴びるものであった。

ところが、最近になってそのような様相は急激に変化し、「学生運動」という語は死語に等しいほどになった。

青年の破壊力にたじたじとしていた人たちまでが、「最近の学生は元気がない」などと言うほどになった。講義を受講する学生が急増し、欠席を見込んで用意していた教室に学生が溢れるようなことも生じた。

そこで、「青年期平穏説」などという説まで聞かれるようになった。確かに、かつての青年に比べると現在の青年は平穏である。学生たちも棒を持って走りまわったり、「団交要求」をつきつけて教授を脅かしたりはしない。学生たちの平穏さに比して、ティーンエージャーの兇悪犯罪が世間を騒がせることになったが、このことは後で取りあげることにしよう。

このように青年期の様相が変化したことには、さまざまの要因が考えられる。子どもから大人に至る中間期としての青年期にある者が、何らかの方法によって既製の体制に反抗したり、批判したりするのは当然のことども言える。しかし、かつての青年がそのための有力な武器としていたイデオロギーというものが、現在は役に立たなくなっている。これは、現在の青年が「運動」をし難い大きい要因である。それに、現在は一人前になるために吸収するべき知識や技術があまりに多く、それを身につけるのに熱心になっている間に青年期が過ぎてゆく、ということもある。有効に知識を自分のものにするためには、学生運動のような非能率なことをやっておられないのである。このため、学生たちは精勤に講義を聴き、学生運動もせず勉強する、ということになる。そして、むしろ、人生の悩みは中年において経験することになる。

ところが、このような傾向とまったく逆に、途方もなく深い問題と直面してしまう青年たちもいる。先に述べた、ユングの言う「人生の後半」の課題について、アメリカのユング派の分析家で大学教授をしている私の友人が、学生に講義をし、「中年の危機」の話をすると、学生が、「先生、それはわれわれ青年の問題です」と言ったとのこと。人生の前半、後半などと区別できない。青年期において、人生の根元的な問題にとらわれている者も多くいる、というわけである。

このような点については、本書にも詳しく論じているので参照されたいが、現在の難しさは、人生のある特定の時期について、確定的なことを言えなくなってきたのである。つまり、青年イコール疾風怒濤などと言っておれないし、現在の青年は「平穏」に暮らしているなどとも言えないのである。

このことは、思春期の子どもたちに対しても言えるであろう。思春期というのは、もともと人間にとって大変な時期である。日本のジャーナリズムが、十四歳とか十七歳とか騒ぎ立てたが、これらの特定の年齢とは関係なく、思春期は人間にとっては大変革の時期なので、そのときに嵐に巻きこまれた者は、まったく不可解としか言えないような行動をすることになる。と言って、すべての思春期の子どもが異常な行動をする、というのでもない。ここでも、その多様性は相当なひろがりを見せるであろう。かつてのように、厳格なイニシエーションの儀礼を集団で試行し、ひとまとめにして思春期を乗り切らせる、などということは、現在ではできなくなったのである。

高齢者の課題

現代、急激に社会問題として浮上してきたのが、高齢者の問題である。それは、高齢になった者がいかに生きるか、という課題と、高齢者の周囲に居る者が、どのように対処してゆくべきか、という両方の課題がある。

日本人の平均寿命は急激に上昇し、男性は、七七・六四歳、女性は八四・六二歳になった(二〇〇〇年の統計)。これが平均なのだから、いかにわが国が長寿国になったか、三十年以前では考え及ばなかったことであろう。これは有難いことであるのに違いないが、なかなかよいことばかりにいかぬのが人間の人生で、長寿国としての悩みも深いと言わねばならない。

年老いることによって、知力、体力ともに衰えてくるのは大変なことであるが、何と言っても根本的な課題は、老いの次に来る「死」をいかに受けとめるか、ということではなかろうか。人生の段階という考えからすれば、老年期は何と言っても、死への準備の時期である。この点は、ヒンドゥーの四住期説などを見ると、実に見事であると言わねばならない。ヒンドゥーの人々は、安らかに老い、そして死を迎えるであろう。

ところが、わが国の現代の高齢者の姿を見ると、そんなにうまくはいかない、というより、大きい困難に逢着していると感じられる。それは、現在のような長寿を可能にした、西洋の近代科学の知が、宗教を信じる力を弱めるからである。現代人にとって、復活や輪廻を信じることは、難しいのではなかろうか。それに、明確に何かを「信じる」というのではないにしても、多くの日本人がそうであったように、死ぬと「先祖」として祀られ、子孫が続けて参ってくれる、という期待によって「死」を迎えようとしても、最近の若者は、先祖参りなど放棄してしまうのではないかという危惧が大きくなってくるのだ。

近代医学は延命には大変な威力をもっている。しかし、そのような近代科学によって、「死後の生命」への期待が破られたとするならば、近代科学は、人間の老後を苦しめるためにのみ役立っているようにも思われる。そんなことはない、近代医学のおかげで、人間は高齢になっても、昔と異なり、元気で「若者に負けない」人生を生きることができるのだ、と言う人もあろう。しかし、どんな方法をつくしても、延命はできるにしろ、死を避けることはできないのである。

西洋近代の世界観は、「壮年男性の目」から見たものだ、と述べたが、その考え方によると、高齢者は何とかして「若者」と同等であろうと努力しない限り、だんだんと世界のなかの不用物の方に近づいてゆくことになる。これを避けるためには、それを補償し、あるいは、克服するような知をもつ必要が生じてくる。日本は先進国に追いつこうと努力し、それは成功したのではあるが、そのためにエネルギーを使いすぎ、それと共に長らく保持してきた東洋の知恵も無視してしまったので、長寿国でありながら、高齢者にとって幸福な国とは言い難くなっている。

福祉という語の、福も祉も、もともと幸福という意味である。高齢者の幸福と言う場合、長生きをするとか、衣食住が整っているとか、介護とか、目に見えるところを大切にするのは、まず考えられることだが、それらが達成されつつある現在においては、「こころ」のことを考慮する必要が大きくなってきた。あるいは「こころ」に対する配慮抜きに、衣食住のことを考えても、あまり効果がないと言うべきであろう。それに残念なことに、高齢者の「慰問」などというとき、どうしてもそれは子どもじみたものになりやすい。子どもに対しても、ほんとうにその「こころ」に触れようとするときは、「ほんもの」でないと駄目なのである。高齢者に対して「ほんもの」に触れる機会をアレンジすることを、もっと考えていいのではなかろうか。音楽、演劇、舞踊。洋の東西を問わない優秀な作品に触れることを、もっと企画すべきである。

高齢者にとって極めて重要でありながら、あまり論じられないのは「宗教性」の問題であろう。ここにわざわざ宗教性と表現したのは、何らかの特定の宗教に入信する、ということを必ずしも意味していなくて、人間は「どこから来て、どこに行くのか」という根元的な問いに対して、自分なりに納得のいく答を見出す努力を払うことを示したいからである。

長生きをするのは大変なことである。昔のようにひたすら働き、疲れ果てたところに「お迎え」が来るというパターンの方が、生きやすく死にやすかったと言える。しかし、長生きをすることになったのだから、その分だけ、自分の努力によって自分の死を受けとめる覚悟が必要であるし、それに必要な「宗教性」の追究をすることによってこそ、意味ある老後が生きられることになるだろう。

ライフサイクルと元型

既に述べたように、かつては子どもと大人の境界は明確であったが、その中間に青年期が生じ、しかも、青年と大人であることの境界があいまいになってきたりして、人間のライフサイクルの存在は誰もが認めるにしろ、その境界や意味は定かでなくなってきた。そして、実際においても、変革を嫌う老人のような青年とか、児戯を繰り返す老人とかも多くいるし、また、若くして命を失う難病の人に接すると、彼らが深い老人の知恵をもって、静かに死を受容するのに感動したりする。

これらの現象をユングの考えを援用して考えるならば、次のようになるだろう。人間のこころの奥深くには、子ども元型、青年元型、成人元型、老人元型などが共存しているのだが、その人の暦年齢に呼応して、ある元型が優位に活性化されるのが普通であり、それは社会からの期待や、文化的なパターンなどと呼応して、その顕在化する形がきめられてくる。そこには、もちろん、その人の個性や置かれた環境の要因、身体の状況も関係してくるし、すべての元型は、肯定的、否定的の両面をもつので、どちらが優位にはたらくかによって、随分とその様相を異にしてくる。

たとえば、幼児であれば幼児元型が優位にはたらいているのが、一番普通の状態であろう。しかし、その子の置かれた状況によっては、老人元型がはたらいて死の準備をしているかも知れない。それも肯定的、否定的な顕われ方があるだろう。

あるいは、成人し、老人になっても「青年」の活気を失わない人がある。青年元型が活気を保っているのであるが、そのときに、その元型のみが優位であると、いわゆる「永遠の青年(少年)」になって、面白くはあるが周囲が迷惑を蒙ることが多い、ということになる。

人生を豊かに生きるひとつの方法は、自分の生きている暦年齢にふさわしい元型を基盤としているにしろ、その他の元型との接触を失わないことであろう。高齢者でありながら幼児元型の活性化を試みるのは面白い。ここで、幼児元型が優位になりすぎると、「子どもっぽく」なって困るのだが、「子ども性」をうまく生きると、その人の生活は豊かになるだろう。しかし、これは言うは易く行うは難しで、ともすれば、元型の力に負けてしまうことも多い。それに、なかなか意図的に元型を活性化するなどということも難しい。

そこで、せめて出来ることは、それぞれの元型の肯定・否定の側面をよく知りつつ、現在の自分のなかで、どのような元型が活性化されているかを自覚することではなかろうか。そして、できる限り、それによって「動かされる」のではなく、それに「乗る」ように心がけることであろう。そのようにすると、暦年齢と異なる元型のはたらきを楽しむことができるし、他に迷惑をかける程度も少なくなるであろう。

自分の属する文化、社会と元型の関係について知っていることも必要である。既に他に論じているように(1)、日本は幼児元型、老人元型の強い文化の国である。それが、西洋近代の壮年男子の元型の文化に「追いつけ、追い越せ」と頑張ってきた。そのために努力しているうちはよかったが、ある程度の水準に達してしまうと、それをも自分の力で破ってゆく壮年男子元型の力は弱いので、国中に老人元型の力が現在は作用してきている。その顕われのひとつとして、日本の子どもたちが「将来に希望がない」とする率が非常に高い、という国際比較の統計が示されている。子どもたちまで「老化」している。この問題に比べると、最近よく言われる「学力低下」などはあまり大きいことではない。

日本の男性は、子どもと老人の元型に常に作用されていて、壮年男子の元型との接触が弱い。彼らは常に自分を誰かの「先輩」あるいは「後輩」として位置づけようとし、自分一人で立つ力を持っていない。日本の古い文化から比較的自由になった女性にとって、これらの男性は——一流大学を出て一流企業に勤めていても——魅力がなく、現在の日本における、若者の婚姻率の低下や、少子化の傾向の要因のひとつになっている。

ライフサイクルとして、人生の節目をよく知り、その特徴をよく知ると共に、それにとらわれすぎることなく、自分の個性を生きることが望ましいと思われる。このような点は、わが国でも大分自覚されてきたようである。本書に収録した『老いのみち』を新聞連載中は、高齢者のみならず、高校生くらいまでの広い年齢層の読者より反響があり、嬉しく思ったのであった。人生の段階を越境する生き方が期待されるのである。

(1) 河合隼雄「元型としての老若男女」『生と死の接点』岩波書店、一九八九年。第I期著作集第一三巻所収。

河合隼雄著作集第Ⅱ期 第9巻　多層化するライフサイクル　目次

III

I

青春の夢と遊び

第一章　青春とは何か

「青春」という言葉に対して、現代に生きている人々はどのような連想をするだろうか。「青春」などというのは、もう死語になった、とさえ言う人もある。最近は、「青年期消滅説」とか「青年期平穏説」などというのを唱える心理学者も出てきたくらいだから、それに賛同する人にとっては、「青春」という語はあまり意味をもたないであろう。それでも、若い人の間で「青春する」などという表現を聞くことがあるが、このときは、かつての若者が言っていた「青春」とは、少し趣きを異にしているように感じられる。「青春の夢と遊び」などという題を見るだけで、シラける若者も多いのではなかろうか。

しかし、よく見てみると「青春」は消え去ってはいないようだ。「夢と遊び」も、もちろん健在である。ただそれらの様相は、この二、三十年で相当に変化したことは事実である。そのような時代による変化に対しても注目しつつ、「青春の夢と遊び」について考察してみたいが、その前に、「青春」とは、いったい何なのかについて少し論じておきたい。

1　青年期

心理学には「青年心理学」という領域がある。乳幼時期、児童期に続いて青年期を経て成人になると考え、成人になるまでの時期の青年の心理について研究するというわけである。筆者もかつて青年心理学の講義を担当したことがある。そのときに学生に対して、「青年」というのは何歳から何歳までと考えるか、と各人に書いてもらって統計をとってみたことがある。詳しいことは記憶していないが、印象的だったことは――実はそのことを明らかにしたいための調査だったが――、学生が考える「青年期」と心理学のそれとが、明確にずれているという事実であった。心理学で考える青年期は学者によって異なるが、二十二歳までとか、遅くとも二十六歳までとしているのに対して、学生たちは三十歳くらいまで、なかには三十五歳までと考えるのである。

　このような「ずれ」が生じるのは、心理学の方が「客観的」な指標によって、成人になるまでの時期を考えるので、どうしても年齢が低くなるのに対して、学生たちは自分の主観によって考えるので、「青年期」は長くなる、というわけである。このことは、端的に青年期の問題を反映している。つまり、身体的には成人に達していると思われるのに、本人自身の感じとしては成人になったと感じられない。あるいは、自分は大人ではあるが青年でもある、と思いたい一般的な心情も反映している。

　このように「青年期」というのは明確に定めるのさえ困難な時期であり、考え方が異なると、その時期も異なってくる。これは、そもそも現代において「大人」とは何を意味するかが不明確になっていることとも関連することである。身体的、社会的、心理的それぞれの面で大人になることにずれが生じてくる上に、身体的にはともかく、ほんとうの意味で「大人」とは何かを定義するのが難しいのである。

　明確には定められないが、ともかく人生の一時期としてわれわれが重視している青年期というものは、非近代社会においては、それほど重要でない、というよりは青年期などという特定の概念もなかったということを、われわれは認識しておく必要がある。子どもと大人という区分が明確にあり、子どもはある定められた時に、成人式という重要な通過儀礼を体験して「大人になる」。したがって、近代社会のように、子どもと大人の間に「青年期」という中間帯が存在しないのである。

人間が「進歩」ということを大切に考えはじめたところから、「青年期」という時期が重要性をもってきたのである。ひとつの社会が「できあがった」ものとして考えられるとき、それは既に完成されているので、それ以上に進歩することなど考えられない、とすると、その完成された社会に「加入」することが大切であり、それを「変革」することなど考えようがないわけである。そうなると、子どもは「大人」になってその社会に加入することになるまでは、子どもとして暮らしているといっていいわけで、別に反抗や苦悩などということが生じるはずがない。

しかし、人間が「進歩」を大切にするならば、社会も「進歩」するべきであり、そこでは、新しい社会のメンバーとなるべき大人の予備軍、つまり、青年には進歩の可能性をもつものとしての期待が生じてくる。しかし、一方では、まだ大人になっていない、「一人前」ではない人間に対する軽視も存在するわけで、ここに青年はジレンマのなかに投げ出されるのである。それは、大人を超える可能性をもった存在であると共に、大人にまだなっていない低い存在でもある。ここに青年期の特徴がある。

「青春」ということ

既に述べたように近代になって「青年期」というのが、急にクローズアップされてきた。そして、その時期を文学的に捉えると「青春」という言葉が浮かびあがってくる。われわれが学生時代に共感をもって読んだ、ヘルマン・ヘッセの『青春彷徨』などという題名が、当時の「青春」という言葉に対して人々が抱くイメージを反映している。青年は「春」を謳歌したり、そのなかに彷徨したりする、ということになっていた。それは苦悩に満ちたものであると共に、甘い感傷を伴うものでもあった。しかし、それは何と言っても「春」であった。芽が出て、花が咲き、すべてが生命力に溢れている。そのような春のイメージが青年を語るのに適していると考えられるのである。

こんなことを言うと、そんなのはもう古いと言われそうである。そもそも「青春」などという語は死語になっているのに。確かに、現代の青年は昔と随分と変っている。しかし、人間というのは時代によって相当に変化するが、ちょっとやそっとでは変らない、と言えるところもある。変るところと、変らぬところ。どちらに注目するかによって、その見えてくる姿も異なってくる。時代による変化については後に言及するとして、一般的な「青春像」ということを、まず考えてみよう。

青春を考える上で、夏目漱石の『三四郎』(岩波文庫)を取りあげてみよう。何だか古いものをと言われそうだが、やはり名作というものは時代の変化に耐えるものをもっているので、敢て取りあげることにした。また、後で時代によってどう変化したかを現代の作品と比較するのにも好都合と思ったのである。

ただ、断っておかねばならないのは、これからいろいろな文学作品を取りあげるが、それは「文学」を論じるためではなく――そのような能力も持ち合わせていないし――ひとつの例として、実際にあったことのようにして取り扱って論じていることである。筆者は心理療法家として、多くの青年期の実例に接しているが、あまり詳細にわたってそれらについて述べることは許されていない。断片化された事実については触れるとしても、個人の秘密を守らねばならぬので、これは仕方のないことである。文学作品をこのような目的に使うのは文学作品の冒瀆であると叱られるかも知れないが、読者はそのあたりを寛恕され、筆者の意図を汲んで読んでいただきたい。

三四郎は熊本から東京にやってきて驚くことばかりである。「三四郎が東京で驚いたものは沢山ある。第一電車のちんちん鳴るので驚いた。それからそのちんちん鳴る間《あいだ》に、非常に多くの人間が乗ったり降《おり》たりするので驚いた。次に丸の内で驚いた。尤《もっと》も驚いたのは、何処まで行《いっ》ても東京がなくならないという事であった」という調子で、この文のある一頁に漱石は「驚」という字を十回も用いて、三四郎の気持をうまく表わしている。

青春に「驚き」はつきものである。もっとも現代のようにテレビの映像による情報が行きとどいてくると、三四郎のようには驚くわけにいかないだろうが、やはり、それ相応の驚きはあるはずである。自分の身体や内面における新しい発見に驚くこともあろう。何につけても反対したくなるのも青年期の特徴だから、「何も驚かない」ことを強調したがる青年もあろうが、それは単なる裏がえしで、本質的に同じである。ほんとうに驚かないと黙っているはずだが、「驚かない」と大きい声を出したり、繰り返したりするのは、驚きにとまどっていることを示している。

単なる驚きを超えて、自分という存在全体が動かされたように感じる体験として、異性との出合いがある。三四郎が池のほとりで美禰子にはじめて会うときの描写は実に素晴らしい。まさに青春そのものである。美禰子が通り過ぎた後も、三四郎はその後姿をじっと見つめていた。

「三四郎は茫然《ぼんやり》していた。やがて、小さな声で「矛盾だ」といった。大学の空気とあの女が矛盾なのだか、あの色彩とあの眼付が矛盾なのだか、あの女を見て、汽車の女を思い出したのが矛盾なのだか、それとも未来に対する自分の方針が二途《ふたみち》に矛盾しているのか、または非常に嬉《うれ》しいものに対して恐《おそれ》を抱《いだ》く所が矛盾しているのか、――この田舎出の青年には、凡《すべ》て解らなかった。ただ何だか矛盾であった。」

一人の未知の女性の姿を見たことが、一人の青年の心に内在する「矛盾」を一挙に露わにするのである。青春は矛盾に満ちている。かくして「三四郎の魂がふわつき出した。講義を聴《き》いていると、遠方に聞える。わるくすると肝要な事を書き落す」。三四郎は恋の苦悩を経験しはじめる。と同時に、その楽しさも味わうことになる。美禰子のことを想うとき、その傍にいるとき、三四郎の心はときめき、華やぎを感じる。

三四郎が知ったこの「燦《さん》として春の如く盪《うご》いている」世界は、「三四郎に取って最も深厚な世界である。この世界は鼻の先にある。ただ近づきがたい。近づきがたい点において、天外の稲妻と一般である。三四郎は遠くからこの世界を眺《なが》めて、不思議に思う」。青春は不思議に満ちている。いったい自分が何者で、何をするべきかもわからない。そんなときに、美禰子は「迷羊《ストレイシープ》」というキーワードを提示する。

他の羊が「管理下」におかれているとするならば、青春はその群から迷い出た迷羊《ストレイシープ》としてイメージするのが一番適当かも知れない。時には、管理に逆い、体制に抗して、群を離れたかのように感じるとしても、しょせんは自分の方向をしっかりと持っていないとなると、迷羊《ストレイシープ》と言われても仕方がないのではないか。『三四郎』の物語は、主人公がこの迷羊《ストレイシープ》という語を口のなかで二度繰り返すことで終っている。

青年期平穏説

『三四郎』を取りあげて、青春について述べたが、そこに語られているのはあまりにも淡い姿で、青春はもっと凄まじいものだ、と言う人もあろう。確かに、青年期には誰しも相当な破壊や失敗などを体験するもので、かつて青年期の標語として「疾風怒濤(シュトゥルム・ウント・ドラング)」などという言葉が用いられたこともあった。

このような青春像は、多くの文学のなかに描かれている。たとえば、宮本輝『二十歳の火影』(講談社文庫、一九八三年)は、小説ではなく著者の経験を随筆風に語ったものであるが、揺れる青春像が見事に捉えられている。高校時代、授業が終った後で誰もが遅れじと売店にかけこみ、ジャムパンやピーナツパンを争奪戦を演じつつ買い込んで、かぶりつく。「この安物の、人工着色、人工甘味料のかたまりのような代物が、またどういうわけかとびきりうまかったのをおぼえているが、つまりはそれが青春というものであったと言えるかも知れない。」(傍点引用者)

「つまりはそれが青春というものであった」というのは、なかなかいい表現で、誰しも青年期の失敗や馬鹿げた行為について喋った後で、この言葉をつけ加えると収まりがつくと感じるだろう。宮本輝は、酔っぱらって屋根から落ちたり、消毒用アルコールを砂糖水で割って飲んで死にそうになったり、というような青春像を示してくれる。この青春像は一九六〇年代のもので、この姿には相当に古い青春像も重ね合わせて見ることができるのではなかろうか。

しかし、一九八〇年になると青年の姿は相当に変ってくる。「疾風怒濤」は完全に死語になったと言っていいだろう。かつては、「自殺」というと「青年」という連想がはたらくほどであったが、青年の自殺は減少し、むしろ、ピークは四十歳代の中年へと移行している。そして、アメリカでも日本でも「青年期平穏説」などというのが唱えられるようになった。青年期はスポーツその他、いろいろと楽しむことが多いし、あるいは、将来の成功を夢みてがっちりと勉学に励んでいるものもいるし、「苦悩」とか「破壊」などとは程遠い、というのである。

一九八〇年に出版された田中康夫『なんとなく、クリスタル』(河出文庫)は、平穏な青年の姿をすいすいと描いている。この作品の終りの方に次のような文がある。

「淳一と私は、なにも悩みなんてなく暮らしている。なんとなく気分のよいものを、買ったり、着たり、食べたりする。そして、なんとなく気分のよい音楽を聴いて、なんとなく気分のよいところへ散歩しに行ったり、遊びに行ったりする。二人が一緒になると、なんとなく気分のいい、クリスタルな生き方ができそうだった。」

青年は「苦しむべし」「悩むべし」「反抗すべし」と思い込んでいる人たちは、この作品に強い反撥を感じた。「今どきの若い者は……」という嘆きにぴったり合う青年である。このような頭も心も空っぽな青年に日本の将来をまかせられるか、と思った人もあるだろう。そのような「大人」というよりは「オジン」ということになるのだろうが、に対する反論はこの作品のなかで、次のように述べられている。作中一人称で語られる「私」は女子大生である。その「私」と性関係をもった男子学生は、「私」が二人の生活感覚が似ているのは、「クリスタルなのよ、きっと生活が。なにも悩みなんて、ありゃしないし……」というのに対して、

「クリスタルか……。ねえ、今思ったんだけどさ、僕らって、青春とはなにか！　恋愛とはなにか！　なんて、哲学少年みたいに考えたことないじゃない？　本もあんまし読んでないし、バカみたいになって一つのことに熱中することもないと思わない？　でも、頭の中は空っぽでもないし、曇ってもいないよね。醒め切っているわけでないし、湿った感じじゃもちろんないし。それに、人の意見をそのまま鵜呑みにするほど、単純でもないしさ」と答えている。

「大人」が心配するほど「頭の中は空っぽでもないし」「単純でもない」のである。その点についてはそれほど心配しなくてもいいし、青年であれ、老人であれ、何であれ、「〜すべし」という画一的な規準で捉えようとするのは間違っていることは、事実のようである。

しかし、青年期平穏説についてどう考えればいいのだろう。これはほんとうに事実なのだろうか。事実であるとするならば、なぜこんなことが生じてきたのだろう。これについて本書のなかで何らかの答を述べられなかったら、本書は価値のないものとなるであろう。それにしても、「青春とは何か」などという題名を章のはじめにかかげておきながら、「青春とはなにか！」なんて考えたことがないとか「本もあんまし読んでないし」とか言う「青年」の本を引用することになったのも、現在の青年の問題を反映していることとして、実に面白いことである。ひょっとして、本書を読むのは四十歳以上の人ということになるかも知れない。

2　春の訪れ

青年期平穏説などという考えを紹介した。現在の青年のなかには以前に比べて「平穏」な生活をしている人もかなりいる。『なんとなく、クリスタル』にあるように、「なにも悩みなんてなく暮らしている」というのは、少し青年らしい無理があるようにも思うが、ともかく、かつての「青年と言えば悩み」というイメージが薄らぎつつあるのは事実である。しかしながら、ものごとはそれほど単純ではなく、非常に深い苦しみのなかに落ち込んでいる青年がいることも事実である。それは後にも示すように、かつての青年たちよりも、もっと深刻な状況にあるとさえ言える。

この節においては、「春の訪れ」を恐ろしいものとして受けとめた現代の青年たちの姿を取りあげてみたい。私は心理療法家としてそのような青年に会うことが多い。それは一般には「病的」と呼ばれる様相を示す。しかし、それは本質的には「なにも悩みなんてなく暮らしている」青年たちとそれほど変るものではない。健康と病、正常と異常と呼ばれる分類は実際にそれほど明確なものではない。その境界が破れるような経験をすることこそが「青春」であるとも言うことができるのだ。したがって、ここでは病的な状態の青年について語るにしろ、それはあくまで青年一般に通じることなのである。

対人恐怖

青年期に陥りやすい神経症状に対人恐怖症というのがある。と言ってもここ二、三十年の間に減少してきた感じはあるが、ともかく、話のはじまりとして適当と思うので取りあげることにした。

対人恐怖症の症状としてはいろいろとあるが、要するに他人に接するのに強い不安を感じるのである。赤面するのじゃないかと不安になったり、ものが言いにくくなったり、あるいは、自分は変な臭いがしているので嫌われるのじゃないか、と思ったりする。家族との間では不安を感じないし、時には、まったくの未知の人に対しては平気なのだが、知合いの人の間にはいってゆくのに困難を感じてしまう。自分と他人との対人距離をどのくらいに、どのようにとったらいいのかわからなくなるのである。重い状態になると、外出するのが怖くて、ずっと家に閉じこもりきりになったりする。

青年期になると、「自分」ということが相当に改変される。これが「私」です、と言うときの「私」がどんなものなのか、自分自身でも不明になってくる。それは日に日に変ってゆくと言っていいほど、捉えどころがない。自分が変化してゆくことは、すなわち、自分と接する人との関係も変化することを意味する。しかし、本人としては他人の方が急に変化したように感じられて、対応に苦しんだりする。つまり、今まで暖かかった人が急に冷たくなったように感じられたり、親しく感じていた人の存在をうとましく感じたりする。

もう随分と以前のことになるが、外界が急に怖く感じられるようになって寮から一歩も外に出られない、ということを訴えて女子学生が相談に来たことがある。期末試験が近づいてくるし、このままだと受験できず留年してしまう。そこで必死の努力で外出し相談に来たとのこと。しばらく前までは平気で登校していたのに、不思議で仕方がない、と話すのをよく聴いていると、実はしょっちゅう地震が起こる感じがして怖くてたまらない、今も歩いて来る途中の道が揺れはじめ、地割れがするのではないかと怖くてたまらなかった、と言う。彼女は自分のことを「地震恐怖症」だと呼んだ。「あっ地震だ」と思うが、気がつくと地面は何も揺れていない。しかし、それが日に何十回ともなく起こるのである。

山窩の言葉で地震のことを「ははゆれ」と言うらしいが、これは象徴的な表現である。母なる大地が揺れるのだ。母なる大地との一体感のなかで安定した状態にあったのに、その基盤が崩れてゆく不安を感じる。このような様相が、その女子学生の対人恐怖症なのであると思われた。

春のイメージ

地震恐怖症の女子学生の話は、私にギリシャ神話のなかのデーメーテールとペルセポネーの話を思い出させた。この二神は母と娘であり、ギリシャのエレウシースを中心に、各所で祭られている。娘のペルセポネーが野で花を摘んでいるときに、冥界の王ハーデースは四輪馬車に乗って突然に現われ、ペルセポネーを強奪して地下に帰った。娘が突然いなくなったので母親のデーメーテールは嘆き悲しみ、娘を探す旅に出た。デーメーテールは豊穣の女神であり、彼女が嘆き悲しんでいるので大地は枯れ果てて神々は困った。そこで、ゼウスはハーデースに命じてペルセポネーを母親のところに返すように命じた。

ハーデースはゼウスの命に従ったが、ペルセポネーと別れるときに一計を案じ、彼女に柘榴を食べるようにすすめ、何も知らぬ彼女はそれを四粒食べる。ところが、冥界でものを食べた者はそこに留まらねばならぬという掟があった。ハーデースはペルセポネーが冥界に留まるべきだと主張するが、それでは大地が枯れて困る。そこで、ゼウスは妥協案を出し、四粒の柘榴を食べたペルセポネーは、一年のうち四カ月間は冥界に住み、残りの月八カ月は地上で母親と住んでよいと述べ、ハーデースもこれを了承した。

そこで、それ以後、一年のうち四カ月はデーメーテールのもとをペルセポネーが離れて地下に住むので、大地が枯れ冬がきて、その後に、ペルセポネーが大地に帰ってくるときには春が来て、後は大地が実るのだと考えられるようになった。したがって、ペルセポネーがこちらに帰ってくる春は、めでたいこととして祝い、春の祭典が行われることになった。この話は、「死と再生」のモチーフと関連している。農耕民族にとっては、穀類の草が死に春になると「再生」してくる、ということが不思議であり、また畏敬すべきことでもあった。生命の息吹きが恐ろしいまでに感じられるときである。

春のイメージは、したがって、なごやかさとか、うららか、とかの感じよりも、むしろ「おそれ」を感じさせ、凄まじさを感じさせるものであった。春の祭典は強烈な生命力を感じさせ、「死と再生」の歓びをあらわにするものでなければならない。現代人は、春のもつ、このような凄まじさを忘れているのではなかろうか。麦の芽が土をもちあげて出てくるとき、そこに再生してくる乙女、ペルセポネーの姿を重ね合わせてみることが難しくなっている。

現代の特に先進国において、表層的な現実として、春の凄まじさは失われているとは言え、人間の内界の方に注目するときは、太古以来の春のイメージは今なおはたらいていることを忘れてはならない。人生の春と言うべき、青年期において、すべての男女の内界において、ハーデースやペルセポネーのような「神々」が春の祭典を施行している、と考えるべきである。

「地震恐怖症」の女子学生にしても、突然に大地を割って出現してくるハーデースの姿を恐れているのだ、と考えるとよく了解することができる。彼女に対して、「青春」をもっと楽しむようにとか、せっかくの青年期をもっと享受してはどうか、などと忠告しても何の役にも立たないであろう。彼女が体験している「春」は、恐れの感情と強く結びつくものであり、楽しさなどはおよそ感じられないのである。彼女の体験の恐ろしさを共感し、その本質を明らかにすることによってこそ、つぎのステップが生まれてくる。このところを越えてこそ、彼女にも青春の楽しさが味わえるのである。

春の訪れは、このように恐怖と結びつくが、それを比較的早い年齢で強烈に味わうのは、女性の方に多い。男性はこれほどの強い恐怖の体験として、その訪れを体験することは少ない。おそらく、このことは身体的発達の相異と深く関連しているのであろう。男性の場合は、むしろ、青年期の中期になってから、自分の「春」をいかに生きるか、という苦悩に直面するのが多いように思われる。もちろん、これはあくまで一般論である。個々の場合によって異なるにしろ、春のイメージがもつ「おそれ」の感情を、われわれはよく認識しておく必要がある。

無気力

春の訪れは、必ずしも「恐怖」をもたらすとは限らない。凄まじい「春」に自分が乗っとられてしまって、暴走するタイプの青年もいる。暴走族になって走りまわっていたような少年に、後になって話を聞くと、暴走している最中は不思議なほど恐怖を感じない、と言う。ふり返って見ると、あんな恐ろしいことをよくやったと思うが、そのときは別に何とも感じなかった。しかし、今もう一度やってみろと言われても、怖くてとうてい出来ない、と言う。この場合、自分がハーデースに主体性を奪われてしまっているようなものである。春に伴う「おそれ」の感情は、彼を取りまく人々の方にまき散らされるわけである。後になって、人間的な感情を取り戻してくると、あんなことはもう出来ない、と感じる。

自分が恐怖を感じたり、あるいは、周囲の人々に感じさせたりしているときは、そこに「春の訪れ」があることが感じられる。しかし、この逆に恐怖どころか、すべての感情が感じられない、というような状態もある。青年期に出現してくる症状として「離人症」というのがある。この症状は、本人を恐ろしい感情体験から守るために、まるで厚いガラスのカプセルをかぶせているようなもので、本人としては、現実というものが生き生きと感じられない。

「外界が絵のように見える」という訴えをする人もある。あるいは自分が笑ったとしても「ほんとうに嬉しかったのか」どうかわからない、という人もある。離人症についてここに詳しく論じることはしないが、強調したい点は、もしそこに生じる感情体験をそのままで受けとめてしまうと、あまりにも危険な状態になるので、心にガラスのカプセルをして持ちこたえなければならないほど、凄まじい嵐が奥深いところに生じている、ということである。事実、離人症の症状がしばらく続いた後で、精神病になったり、自殺したりする人もある。抵抗のための力もつき果ててしまった、と考えられる。この青年がもし自分の離人感を誰にも訴えていなかったら、まったく不可解な自殺と思われることもある。

このような「症状」はないが、ともかく何もする気がしないという状態もある。何もしないでいることが「症状」だとも言えるわけだが、周囲の者にとっては不可解で、見ているだけでいらいらとさせられる。本人もともかく何もする気がしないだけで、どこかが痛いとか苦しいというわけではないので、何とも始末がわるい。本人自身も「怠け者だ」と自分を責めてみたりするが、どうしようもない。

このような「無気力」状態も、いろいろあって、学生であればアルバイトや遊びだと何とかできるが、大学に出て単位をとることはできない、というのもある。留年を繰り返すが、傍目には元気に見えるので、「勝手者」という烙印を押されることも多い。

このような青年に会ってみると、「春」とか「おそれ」とか名前のつけようのないことが、心の奥深くに生じているのだが、本人もそれを意識できない、ただその結果としての無気力ということだけがある、というように感じられる。たとえて言うならば、目に見えない縄で両足を縛られているので、誰にも何も見えないが、本人は動けない状態にいるようなものである。

あるいは、この点についてはおいおい語ってゆくが、心の奥深い層における内容に心を奪われはじめると、日常的なレベルにおいて重視されること、つまり、学業や就職や恋愛などが、まったく馬鹿くさく感じられて、そんなことに力をつくす気持になれない状態と言っていいだろう。ただ、この際に、本人が心を奪われている内容を、意識化することや言語化することが困難なので、「大学など行っても仕方がない」とか「就職などつまらない」などとは言えても、それじゃなぜつまらないのか、学業や就職以外に何か素晴らしいことがあるのか、ということは言えない。したがって、結局のところは、「勝手なことを言っている」とか「強がりを言っているだけ」ということになる。

このような青年に面接を続けることは、なかなか困難である。しかし、以上に述べたような点を理解して、本人が怠けているのでも勝手を言っているのでもないことを知って会っていると、長い期間を経て、本人の心の深層にある内容がイメージとして夢や絵画、箱庭などに表現されてくることがある。そのときは、治療者のわれわれも深い感動を味わうことがある。数年間も無気力の状態にあった人が、それを抜け切った後は、社会的にも何ら問題がないどころか、むしろ優秀な人として活躍するのを見るのは嬉しいことである。人生も最近は長くなったので、数年の遅れもあまり問題にならなくなるようである。

3　心の構造

これまでに述べてきたことについて、少し野暮なことになるが「深層心理学」的な観点から説明しておきたい。いったいいつになると「夢と遊び」について語るのか、と言われそうだが、「夢と遊び」について語るまでに相当な前置きが必要である——と言っても、そこに夢や遊びがでてくるが——と思う。人生における「夢と遊び」の重要性はいくら強調してもし足らぬほどに思うし、それらにかかわることが私の職業だと言っていいほどであるが、それもそれと対極をなす、仕事や外的現実がしっかりしていることを前提としてのことである。心理学の言葉で言えば、「自我」がある程度しっかりしていないと話にならない。そこで、どうしても長い前置きが必要になってきたわけである。

自我の形成

考えてみると不思議なことだが、人間は自分という存在を唯一無二の存在と確信して生きている。輪廻転生を信じる人はかつて「自分」が過去に存在したし、死後にもまた存在し得ると考えるが、それにしても、自分と同じ存在がもう一人いるとは考えないものだ。そのような唯一無二の存在としての自分が、心の内外の状況をよく把握し、その上で自分の行為を主体的に決定し、その責任をとる。そして、そのような自分が一貫性のあるまとまりをもった存在として自分にも他人にも意識されることが、現代に生きていく上では必要である。そのような主体を自我と呼んでいる。

人間である限り「自我」をもっているが、その在り様は文化により、年齢によりさまざまである。しかし、その個人が「成人」として認められるためには、その人の属する社会がその社会の成員として認める役割を果すだけの「自我」を形成していることが必要である。実は先に自我の仕事として「自分の行為を主体的に決定し」などと書いたが、このこともほんとうは問題である。たとえば往時の武士として「成人」になることは、主君の命令に絶対服従して生命を棄てることさえ厭わない「自我」を形成することが必要であった。その際も、主君の命に服することを「主体的に決定した」と言えるわけであるが、現代人なら異なる決定をするだろう。

たとい主君であろうと他人の意志に従わず、自分の意志で決定し、自分のやりたいことがらに参画してゆくこと、すなわち、コミットメントということは、現代では高い評価を得ている。必要と判断したことにコミットしてゆく力を自我はもつべきだと考えられている。しかし、西洋においても近代以前においては、「犯罪を犯す」(commit a crime)、「自殺する」(commit suicide)のように、コミットという用語は否定的にしか用いられなかった。それは、すべてを神の意志におまかせすることこそ、人間の本来の生き方であり、人間が敢てコミットするのは、いいことがあるはずがない、という考え方によっているからである。

西洋近代において強調されるようになった「自我の確立」ということは、したがって世界の精神史のなかでも稀有なことである。そのようにして形成された「強い自我」が、世界を席捲した、と言っていいだろう。世界中が西洋文明の支配を受けるようになった。したがって、日本においても「自我の確立」ということは、非常に大切なことになった。日本の明治・大正の文学において「自我の確立」は大切なテーマとなった。主体的な自我を確立するためには、日本における家族のしがらみを断つことが必要と感じられるので、多くの文学青年が家出をし、日本文学は「家出人の文学」と言いたいくらいの様相を呈するほどになった。

しかし、人間というものはそれほど急激に変るものではない。実際は、日本人が西洋の近代人と同じような自我を形成することはほとんど不可能である。たとえば、家出をした文学者たちも「文壇」という一種の「家」をつくり、そのなかのしがらみに生きるようになる。何らかのつながりがないと日本人の自我は不安に陥ってしまうのだ。日本人の自我がいかに西洋人のそれと異なるかについては再々他に論じてきたので、ここに繰り返すことはしないが、日本人としてはそのことをよく自覚しておくべきだ、と思われる。

一言にして言えば、西洋近代の自我は、自分を相当に他から切断された存在として自覚しているのに対し、日本人の自我は常に他とのつながりを意識している、と言えるだろう。このような両者の自我の相異に無自覚なときは、その間に誤解が生じ互いに他を非難し合うようになる。私自身としては、どちらが「よい」などとは言えないと思っているが、ここまで西洋文明の成果を取り入れて生きている限り、西洋的な自我の在り方も、それに見合う程度に取り入れるべきではないか、と思っている。さもなければ、この国際化の時代に生きてゆくのは難しいと思われる。

現代青年の自我

スイスに留学してユング派分析家の資格を取り、私は一九六五年に日本に帰国した。それ以来、実に多くの日本の青年につき合ってきた。大学の教官として学生に接するのみならず、心理療法家になるために指導を受けに来る青年たち、および、何らかの悩みや症状などをもって相談に来る青年たちにも接してきた。長年にわたってそのような経験を重ねてきたが、日本の青年の自我の弱さには、辟易することが多かった。特に心理療法家になろうとする人たちには、「そんなに自我が弱くては、とうていこの仕事はできないので、やめた方がいい」と言いたくなることが、しばしばであった。しかし、それがあまりにも一般的なので、非難するより前に、これはよほど考えねばならぬことだ、と思い直すようになった。

現代の日本の青年の自我の弱さに対して、つぎのようなことを考えた。まず、既に述べたように日本の伝統的な自我の在り方と、西洋近代のそれとは異なっているが、日本人の考え方が変化してきているために、いったいどのような「成人」をつくるべきかが、極めてあいまいになっており、日本の社会全体が「成人」をつくり出すシステムを明確な形で持っていない、という点が考えられる。つぎは、現代日本の青年のみならず、先進国全体に共通することとも思われるが、青年期にこれまでとは異なる深い層の無意識的内容と直面させられることが多く、そのために強い自我をつくり難くなったのではないか、ということである。第三には、先の二つに関係することであるが、何らかのイデオロギーによって自我に武装をほどこすことが、極めて困難になった、ということである。

このようなことを考えてくると、現代青年の自我の弱さはそれほど非難すべきことではなく、われわれの青年期とははるかに異なる課題を背負っていることがわかってきて、それほど簡単に「自我が弱いので心理療法家にはなれない」などとは言えなくなった。もちろん、これは自我が弱い方がいいなどと言っているのではない。それは強化されるべきだが、それが相当に困難なことをよく認識するべきだし、それ相応の期間も必要である、と考えるようになった。

三田誠広『僕って何』(河出文庫、一九八〇年)は、現代青年の自我の弱さぶりをうまく記述している。主人公の大学生は大学に入学した途端に、当時の烈しい学生運動に巻きこまれ、はっきりとした意見も判断もないままに、幼い正義感に動かされて行動する。もみくちゃにされた主人公が落ち着くところには、母親が現われて、何とか安定するが、まさに「僕って何」という問いかけのままで話は終る。

このような作品を読んで、「近頃の青年はなっていない」と非難する「大人」は沢山いる。「われわれの青年時代は、もっと判断力があり、自主的であった」などと、そのような人は嘆く。しかし、そのような立派な大人が形成している社会こそが、このような青年を生み出したことに対してまったく考えてみない。立派な大人たちも、この青年にならって、「僕って何」と考えてみる必要がある。実際に昔の青年たちは、この主人公に対して威張れるほどの自主性をもっていたのだろうか。

最近は、子どもの大学受験に母親がつき添ってきたり、就職のときでさえ母親が来るなどというので、いかに現代の青年が母親から自立できていないかと非難されることが多い。そうすると昔はどうだったのか。

今昔の比較を明確にするためには、一昔前の青年について考えてみる方がいいであろう。青年はある一定の年齢に達すると若衆宿に入れられる。つまり、社会の力によって、母親から離されるが、若者集団という感情的一体感によって支えられ母性集団の守りによって生きることになる。母—息子関係をあくまで大切にするが、それは実母と息子の関係から、母性集団とその一員という形に変化する。青年は母親からは分離されるが、母性との結びつきは切れることがない。このような仕掛けをうまく重ねて、青年は母親から分離した「大人」になるが、その所属する集団との一体感を最も大切とする人間に仕立てられてゆく。その集団内において彼は自主的であるが、その集団の一体感を破るような独自性を発揮することはない。

若衆宿を介して青年を「大人」にする仕掛けは日本では近代になってもずっと続けられ、一時は軍隊や、あるいは同窓生、同級生の集団、大学内のクラブなどが若衆宿的機能を果してきた。したがって、ある範囲内に限定すれば、昔の若者の方が「自主的」であり「母から分離」しているかの如く見えるが、少し広い目で見ると基本的パターンは変化していない。むしろ、現代は、西洋近代の人間関係を日本人はある程度心に描きながら、核家族のなかで子どもを育てるのだが、日本人の伝統的システムはうまく機能せず、さりとて西洋式の子育て法はまったく身についていないという状況になる。青年の自我が弱いのは当然である。それは日本流でも西洋流でもどちらにしろ、自我を強化するシステムや訓練を経ないままで青年期を迎えているのだ。

「世間知らず」の青年が大学に入学してきたときの当惑ぶりは、『三四郎』にも『僕って何』にも描かれている。しかし、三四郎の前に現われてくる与次郎と、僕の前に現われる学生運動家とでは、その程度にはっきりとした差がある。与次郎も三四郎を驚かすことをつぎつぎとし、また日本的母性とのつながりのなかで生きているが、当時の学生運動家は何とかして日本的なものを壊そうとする衝迫に動かされていた。もっとも、そのあたりの自覚がなさすぎたので運動はあまり成果をあげなかったし、この小説の主人公のように「お母ちゃん」の救いのなかに帰ることになってしまうのだ。

心の層構造

自我の形成過程について、社会のシステムとの関連で少し考察したが、ここは個人の心の内的な経験として考えてみよう。人間は生まれたときは「自我」の意識などもっていないが、外界との関連のなかで、だんだんと外界と異なるひとつの存在である自分を意識しはじめる。このあたりの経過も興味深いが、省略してしまって、子どもから大人になる過程を考えてみよう。非近代社会であれば、イニシエーションの儀式という社会全体の巧妙な仕組みによって、子どもは大人に一挙にしてなるのだが、近代社会においてはそうはゆかず、「青年期」という期間を経過しつつ、だんだんと大人になる。その期間をどう越えてゆくかが大変なのである。

子どもは子どもなりに「自我」を形成している。しかし、それはまだまだ大人に依存している。それが大人の自我になるためには、他との依存を相当に打ち破り、自主的な判断力をもった人間として、どのように他と関係するかを考えることのできる自我につくり変えねばならない。それと同時に、身体的に異性と関係をもち、種の保存という役割を果してゆくための性衝動を「自我」のなかにどう位置づけるか、ということも仕遂げねばならない。

これは人生のなかの大事業のひとつで危険に満ちた仕事である。非近代社会においては、イニシエーションの儀式によって「一挙に」行われるなどと述べたが、それをよく調べると、すべての儀式が文字どおり命がけのものであることがわかるだろう。そして、それはその部族の信じる絶対者の守り、その部族の社会的秩序などの守りのなかで行われる。

近代社会においては、子どもが大人になる危険な過程を守るものの第一は、その家族である。その家族が特定の宗教を信じているときは、それも重要な守りとなるだろう。家族の背後に存在する社会の構造も、もちろん守りになっている。そこで子どもから大人への自我の組替えの過程において、その個人の全体が変化する。その全体とは身体的にも心理的にも変化するが、深層心理学の言葉を用いると、無意識の領域も強く活性化されてゆく。そのはたらきがいろいろな形で意識に作用を及ぼし、それが「病的」な様相を呈するとどのようになるかは、前節に少し紹介したとおりである。

ユングが人生の前半と後半を区別して自己実現の過程を考えたことは既に他にしばしば論じてきた。彼は無意識を個人的無意識と普遍的無意識に分けることを提唱したが、名前を何と名づけるかはともかく、心の深層をこのように二つの層に分けて考えることは、実状に合っていると私は思っている。自我と無意識との関連として、人間の行動を考えるとき、このように二層に分けておくと了解がつきやすい。

ユングのこの考えに従って述べると、往時の青年は、もっぱら自我と個人的無意識との関連において自我の変化を意識することが多く、より深層の普遍的無意識に関する仕事は中年以後の過程に残されていた。したがって、ユングは自己実現の仕事は人生の後半になされる、と考えたのである。しかし、現代においては、そのような区別はあまり明確ではない。一般的傾向としては、ユングの言ったとおりであると言えるが、現代の青年は、はるかに多く普遍的無意識の内容と直面している、と考えられる。

おそらく、これは近代人が宗教による組織的な守りを失ったことや、かつては、家族や社会が単純な価値観による比較的わかりやすい構造によって青年たちを守ってきたが、現代になって、価値観の多様化とともにその力を失っていったことなどが原因と考えられる。人間はあくまで「自由」を求めて行動してきたので、これまで「守り」として記述してきたことはすべて「束縛」と言いかえることもできるわけだから、自由のために束縛を断ち切った分だけ、守りの弱さの問題を背負い込むことになった、と言っていいだろう。

このような社会全体の変化をいいとか悪いとか言ってもはじまらないし、「昔はよかった」と言っても慰めにはなるが解決にはならない。自由を求めて努力するかぎり個人の責任が増大するのは当然のことである。したがって以上のような点を踏まえて、青年の問題を考えていくより仕方がない。青年たちとしても、このような状況のなかであるから、昔のモデルがある程度通用している人はいいが、そうでない場合は、青年期からユングが自己実現と呼んだような深い層の無意識的内容と取り組みつつ自我を形成する、という両面作戦のようなことを仕遂げてゆくか、あるいは内的な仕事は中年期に延ばして、ともかく、外的に大人として行動し得る知識や技術を身につけ、社会のなかで「一人前」に生きてゆくことをしばらく続けるか、ということになるであろう。

このような状況のなかで、現代の青年たちは何らかのイデオロギーを武器として自分を守ることも難しくなっているのだから、自我が弱いのも当然のことと言える。それはあくまで相対的なもので、昔の青年と比べて弱くなったのではなく、自我にかかる負担が増大し、自我をどのようにつくりあげるか定かでない状況のなかにあるのだから、弱く見えるとも言える。このようなことがわかってくると、大人たちも、青年たちの課題はすなわち自分たちの課題にも通じてくるわけで、そのことを認識せずに、「最近の若者は」と嘆いてみてもはじまらない。むしろ、「大人」としての自分自身の自我の在り方を検討すべきであるし、現代の青年たちとかかわることに意義のあることがわかってくる。

4 現代の青春像

「青春」などという語は現代では死語になったと言う人もある。確かに、昔にあった「青春」は、今はないかも知れない。しかし、これまでに述べてきたことを考慮すると、現代の青春像というのが見えてくる。それは、昔と異なる姿をとりながら、やはり「青春」というものの息吹きを伝えてくれるものである。現代の青春像を描いたものとして、吉本ばなな『TUGUMI』(中公文庫、一九九二年)を取りあげてみることにしよう。

TUGUMI

小説の登場人物の名前は、読者の連想をいろいろとかきたてるので、重要なものである。主人公の名「つぐみ」は「継美」とでも書かれていると、あるいはそれほど珍しくないかも知れないが、「TUGUMI」は鳥のツグミを連想させるし、ともかく普通ではない。その書き出しも、「確かにつぐみは、いやな女の子だった」とズバリと書かれている。彼女は「意地悪で粗野で口が悪く、わがままで甘ったれでずる賢い。人のいちばんいやがることを絶妙のタイミングと的確な描写でずけずけ言う時の勝ち誇った様は、まるで悪魔のようだった」というわけで、これまでの「青春文学」にはあまり登場したことのない女性が登場する。と言っても、つぐみは二十歳くらいだが多分に少女性を引きずっているので、「女性」というより「少女」と呼びたいところがある。

このつぐみの一歳上の大学生、白河まりあがつぐみと共に経験した夏の思い出について述べる、という形式で作品が成立している。つぐみには、彼女と対照的にまったく気立てのいい二歳上の姉、陽子がいる。陽子、つぐみ、まりあの三人の女性をめぐって、夏休みの事件が生じるわけである。

つぐみが前述したような性格になったわけも書かれている。つぐみは生まれたときから弱くて「医者は短命宣言をしたし、家族も覚悟した」。そこで家族中が彼女を甘やかしたのだ。つぐみの無茶苦茶ぶりが描写されているが、それは省略するとして、家族がつぐみの行状を悲しんでいると、彼女は「おまえら、あたしが今夜ぽっくりいっちまってみろ、あと味が悪いぞー。泣くな」とせせら笑うのだ。彼女の男言葉は効果的である。

このようなつぐみに対して、若い——特に女性の——読者は限りない魅力を感じるのではなかろうか。もちろん、魅力を感じるためには全篇を読みとおさないと駄目だし、それを紹介する余裕もないが、このようなつぐみの魅力の秘密について、作者はつぎのように述べている。つぐみの恋人の恭一は、つぐみについて、「俺ね、あの子のことを考えていると、いつの間にか巨大なことを考えてしまっている時があるのだ」と言う。「考えがいつの間にか、とてつもなく大きいことにつながっている。人生とか死とか。別に、あの子が体が弱いからではないんだ。あの目を見ていると、あの生き方を見ていると、何とはなしに厳粛な気分になっているんだ」。

「つぐみはただそこにいるだけで、何か大きなものとつながっているのだ」と作者は述べている。既に述べてきたことであるが、つぐみは昔の青年たちと違って、心の極めて奥深い層とつながっているのだ。そこにつながりをもちはじめると、普通の人間が騒ぎたてるような、財産や地位や名誉などが一挙に価値を失ってしまう。現代の青年の背負っている課題がいかに重く深いか――あまりに大変なので完全拒否をしている者もいるが――について述べたことが、そのままつぐみに当てはまる。つぐみが破壊的な言動に走るのもよくわかる。表層に構築されたものを、ともかく破壊することによって、深層の存在を訴えたいのである。

感傷

つぐみの姿に魅力を感じる人は、彼女のアンチ・センチメンタルな態度に快哉を叫ぶのではなかろうか。「黒く長い髪、透明に白い肌、ひとえの大きな、大きな瞳《め》にはびっしりと長いまつ毛がはえていて、伏し目にすると淡い影を落とす。血管の浮くような細い腕や足はすらりと長く、全身がきゅっと小さく、彼女はまるで神様が美しくこしらえた人形のような端整な外見をしていた」。そのような彼女がつぎのような言葉を発するのだから、なかなかインパクトがあり、センチメンタリストをなぎ倒してしまう。

つぐみはポチという犬が好きだが、それについて、たとえば飢饉が来て食べものがほんとうに無くなったとき、

「あたしは平気でポチを殺して食えるような奴になりたい。もちろん、あとでそっと泣いたり、みんなのためにありがとう、ごめんねと墓を作ってやったり、骨のひとかけらをペンダントにしてずっと持ってたり、そんな半端な奴のことじゃなくて、できることなら後悔も、良心の呵責《かしやく》もなく、本当に平然として「ポチはうまかった」と言って笑えるような奴になりたい。ま、それ、あくまでたとえだけどな」と言う。これは典型的なアンチ・センチメンタリストの言葉である。

第二次世界大戦前までに、ドイツの学生たちが歌った学生歌や、それの影響もあったろうが、わが国の旧制の高校生の歌った寮歌は、センチメンタルなものが多い。青春というと、センチメンタルな感情が動くのだが、現代の青年たちは、むしろ、それに反撥を感じる方が多いのではなかろうか。特に女性はつぐみの言葉には、「やったあ」と言いたくなるような気持を味わう人が多いことだろう。どうしてこうなったのだろう。

センチメンタリズムについて、大江健三郎は『人生の親戚』(新潮社、一九八九年)のなかで、登場人物の一人にアメリカのカトリック教徒である女流作家フラナリー・オコナーの言葉を用いながら、つぎのように語らせている。「無垢《イノセンス》は強調されすぎると、その反対の極のものになる、とオコナーはいってるわ。もともと、私たちは無垢《イノセンス》を失っているのに。キリストの罪の贖いをつうじて、一挙にじゃなく、ゆるゆると時間をかけて、私たちは無垢に戻るのだとも、彼女はいってるわ。現実での過程をとばして、安易にニセの無垢に戻ることがつまりsentimentality だというわけね」。

この言葉をもう少し一般化していうと、理想を実現するためには「一挙にじゃなく、ゆるゆると時間をかけて」歩まねばならないのに、「現実での過程をとばして、安易にニセの」理想実現を夢みるとき、それをセンチメンタルということができるだろう。それは現実的努力を伴わないものなので、過剰な感情が生じることになる。

そのような感情を何とか謳いあげることによって、「青春を謳歌」することが、かつては行われた。

しかし、現代の青年たちは現実に関する情報を豊富にもっているので、なまじっかの理想が実現しないことをよく知っている。それに対して昔の青年は何となく理想が実現されそうに思って、それぞれが「夢」をもっていた、と言っても簡単に実現されるはずもないので、センチメンタリズムに襲われることになる。そこで、現代の青年としては、自分はそれほど甘くないことを示すためにも、あるいは、上から期待される青春像を否定するためにも、アンチ・センチメンタリズムにならざるを得ず、つぐみのように「平気でポチを殺して食えるような奴になりたい」(傍点引用者)という理想像をかかげることになる。

その理想像はかつての青年とは異なるが、そのようなことを言ってみたくなるのが青春である。醒めた大人は、食べるものがある間はポチを食べることなど考えてもみないし、飢饉が来て必要なら、仕方なくポチを食べるだけである。非現実的なことを考える余裕をもっていない。クリスタルのお兄さんの言う「悩みなどない」という科白も似たような性格をもっている。かつての青年のような頭をかきむしったり、青白い顔をして考え込むような「悩み」などない、と現代の青年は言いたいのだ。これも、一種のアンチ・センチメンタリズムの表現であると言える。このことは実際に、現代の青年に「悩み」がないことを意味していない。それはあまりに深すぎて、本人が意識的に他にわかるように表現できるようなものではない、と考える方が適切であると思われる。

死

つぐみの魅力は彼女が心の深層とのつながりをもっていることだ、と述べた。そのことは、彼女の生が死と極めて近接したものとして意識されていることを意味している。人間の生は死によって裏打ちされているが、普通に人間が生きているときは、それをあまり意識しない。しかし、死と向き合って生きていると、普通の人たちには見えない真実が見えるものだ。つぐみが人をギョッとさせるようなことをよく言うのもそのためである。無茶なことやひどいことを言っているようだが、それは何らかの真実味をもっている。

つぐみは病弱のため、小さいときから死と向き合って生きてきた。青年期には誰も死をおもうものである。青年期における急激な変化は「死と再生」として意識されることが多いので、何らかの意味で、死を身近に感じさせられるのが青年期である。しかし、一方で青年期は生の力強さに満ちている。したがって死をおもうとしても、それほど深くかかわることはない。もちろん、青年期より死に深くかかわる人は昔にもあったが、何らかの既成の宗教がそれに対する守りの役をしてくれることが多かった。これらの点から考えると、つぐみのおかれている状況の重さがよくわかる。

つぐみは視点を深くにもっているので、人の見えない真実が見える。それをゆっくりと時間をかけて他人にわからせようとはしない。一挙にやってしまいたい、というところにつぐみの若さがよく出ている。センチメンタルな感情を拒否し、真実を一挙に伝える方法として、彼女は男言葉を使う。これは効果的であるが、やはり、アンチ・センチメンタル語として青春の特徴をよく示している。こんなところに、既に述べたような「自我の弱さ」がよく出ている。つぐみ自身が弱いというより、彼女の見ている真実の重さとの相対的比較で、彼女の自我は「ゆるゆると時間をかけて」「現実の過程」を踏む強さをもたない、というわけである。

つぐみの恋人の恭一が大切にしている犬の権五郎が、よた者の高校生に殺されたらしいとわかったとき、つぐみは烈しい怒りにかられる。彼女は死ぬほどの体力の消耗と引きかえに、落し穴を掘り、例の高校生を生き埋めにする。姉の陽子が危ういところでそれに気づき、何とかして高校生を助け出したので、つぐみは殺人を犯さずにすんだが、体力の衰弱のため入院し、死のおそれも生じる。
「つぐみは、自分の命を投げ出したのだ」と陽子は思った。「つぐみは、人を殺そうとした。自分の体力の限界をとっくに超えた作業の果てに、相手の死なんて自分の大切な犬の死より軽いと信じ切って」。とすると、これは彼女が先に言った「平気でポチを殺して食えるような奴になりたい」ということとはどう関連するのだろう。ここには何の矛盾もない。前者のような行為を支えている自分の気持をアンチ・センチメンタルに表現したのが後者の表現なのである。彼女は理想を一挙に実現し、相手も死に、そして自分も衰弱のために病で死ぬことを覚悟したのではなかろうか。

理想のために死を決意するところや、一挙に強引に理想を実現しようとするところは、つぐみも昔の青年も変らない。ただ昔の青年が天下国家のためにしようとしたことを、つぐみは一匹の犬のためにしようとした。既に述べたように深い世界に住むつぐみの見ている「現実」では、犬も国家も大して差をもたないのであり、昔の青年は天下も国家も現実が見えないので、いろいろな理想をもつことができた、という点で両者の間に相当な差が生じている。

つぐみは死の予感をもって、まりあに手紙を書き、それがこの作品をしめくくるが、実はつぐみは命をとりとめたことを読者は知らされている。つまり、つぐみは内的な死と再生を体験したと言っていいだろう。しかし、もし、あのお人よしの姉の陽子がいなかったら、つぐみはほんとうに死んでしまっていたか、生きながらえるとしても殺人の重荷を背負って生きてゆかねばならないだろう。つぐみは陽子の存在によって生かされている。

このように見てくると、筆者が既に述べてきたような十分な「自我の強さ」というのは、つぐみと陽子を合体することによってできると考えるとよくわかるだろう。それは、人間が生きてゆく上で必要なことなのだが、青年にすぐにそれを期待するのが無理なのは、よく了解されるだろう。筆者が一時は、現代の青年の自我の弱さにげんなりとさせられながら、その後は思い直してつき合っているのは、このような認識の上に立ってのことである。

第二章　青春の現実

現代の青年はどのような現実のなかで生きているのか。十年前、二十年前、三十年前というふうに考えてみると、青年をとりまく現実が相当急速に変化してきていることがわかる。しかし、それを順番に数えたてて、たとえば受験がどうだ就職状況がどうだとか、学生の生活水準がどう変化したなどと論じることはやめておこう。そのようなことはその道の専門家にまかせるとして、もう少し本質的な意味での青年にとっての「現実」ということを考えてみたい。というよりは、そもそも「現実とは何か」について、現代人としてどう考えるかを論じることが必要と思われる。そのような現代の現実のなかに、青年が生きているからである。

1　現実の多層性

既に、心の構造として層構造を考えることを示唆したが、現実の方も多層性をもつと考える方がよさそうである。仏教が説くように「心」があって現実があると考えるのか、「心」の外に現実が存在しているのが先か、などという二者択一的な判断を下さないことにしよう。心も現実も共に並行的に多層構造をなしていると考える方が建設的と思われる。あるいは、それら全体が「現実」であり、話をする便宜上、(外的)現実と心(内的現実)と区別しているのだ、と考える方が妥当なようにも思う。

相談室でお会いする青年は、自分の親がどんなに駄目な人かを強調する人が多い。父親が頑固で権威的で仕方がないと嘆く。あんな冷酷な人間はいないなどと言われるときもある。その後で、その父親に会うと、ごくごく普通のサラリーマンだ、ということもある。そんなときに、子どもが勝手に思い込みをしているとか、あるいは、父親は内弁慶タイプではないかとか、われわれは速断しない。そんなときは、私が見ているその人と、子どもが見ている父親との「現実の層」が異なるのではないか、と思っている。このあたりのことは慎重でなければならないので、ゆっくりと時間をかけて考えてゆくが、ともかく「唯一の正しい」現実があるとは思わない。

それでは現実にもいろいろあるとするならば、いったい現実とは何か、ということになるだろう。この点をもう少し追究してみよう。

現実とは何か

現実というと、それに「理想」が対比され、青年は理想を追い求めるが現実にぶつかり、現実の冷厳さを認識することによって大人になる、というのが従来からのおきまりの考えであったが、現在においては、このような考え方はあまり通用しない。理想というのは現実との対比の上で「夢」と表現されることもある。そんな点で、「最近の青年には夢がない」という批判をする人もある。また、現代の青年にすれば、「理想なんぞ糞食らえ」と言いたいことだろう。

われわれが通常の意識によって捉えている「現実」がある。しかし、癌の宣告を受けた人が死と向き合って外界を見ると、それが限りなく輝かしく見える、という体験がよく報告されている。これまでどうしてこれほどの美しさに気づかなかったかと思う。外的な事物でさえそうなのだから、対人関係においては、もっと多くの変化がある。既に述べたように、他人には「普通」の人に見えるのに、子どもから見ると「鬼」のように見えたりする。ある人に対する見方が人によって真向から対立することもある。

このような外界に対して、近代科学の方法論は、人間が観察するべき現象から自らを切り離し、その現象における因果関係を見出して法則を明らかにする、ということであった。このように普遍的な因果関係がわかると、現象を操作できるので、人間は急激に便利な生活を享受できるようになった。このような法則の体系には矛盾が含まれていると困るので、現実を単層でうまく体系化されたモデルへと置きかえることに熱心になった。

人間生活が便利になったのはいいが、このような現実認識の方法があまりにも効果的であるので、自然科学の提示する単層的モデルが現実そのものであると思い込む人が多くなったのは、困ったことである。現実そのものは多層的にできている、と私は思っている。現実の多層性など承服できない、と言う人でも、自然科学の提示するモデルは、現実操作の点でもっとも有効ではあるにしても、それが現実そのものでないことは認められるだろう。

かつて「理想」という場合、いろいろなことが考えられたものだが、近代になると、前述したような単層的モデルを「理想的」に操作することによって、理想が具現化される、という途方もない「理想」をもつ人が多くなったのではなかろうか。多くの青年がこのような類の「理想」に燃え、挫折を体験した。それも当然と言えば当然であろう。挫折の体験があまりに深すぎたので、現在の多くの青年は理想など持っていない。持つものか！ということになる。

しかし、このあたりでわれわれは理想が大切だとか、青年に夢がないなどと嘆く以前に、現実とは何かを考え直す必要があると思われる。現実と夢、現実と理想などを明確に二分して考える考え方からも自由になった方がいいと思う。

単層の現実の延長上に理想を置く考え方はわかりやすい。しかし、現代の青年は現実の多層性の方に直面している。日常の意識による現実認識と異なる様相を、現実が示してくるとき、それに対応するのは非常に難しい。その上、一方では現実を操作することによって何でもかでも出来そうに思うので、自分の思いどおりに現実が動くものという思い込みもある。ところが、結果的にはどうしようもない、というので極端な無力感に襲われることになってくる。何をしても無駄に思える。表層の現実のなかで、何を得た何を失ったと一喜一憂している人間が、ピエロのように見えてくるのだ。と言いながら、自分が何をしたいのかもわからない。これを抜け出るためには、自分の見ている現実をあらためて直視することからはじめるより仕方がない。

二匹の羊

現代の青年が経験する「現実」が過去のそれとどれほど層が異なるのか。それを端的に示すものとして「羊」を取りあげることにした。羊は昔も今も変っていない、と言えばそのとおりである。しかし、明治時代の青年と現代の青年とに対しては、それは相当に異なる姿として現れる。村上春樹『羊をめぐる冒険』(講談社文庫、一九八五年)を読みながら、私がすぐに想起したのは、もう一匹の羊、明治時代の青年三四郎が会った「迷羊《ストレイシープ》」のことであった。どちらの羊も謎に満ちていた。しかし、その属する層がまったく異なっている。

羊については『羊をめぐる冒険』のなかに興味深い説明がある。羊は日本にいなくて安政年間に少し輸入されたらしいが、本格的に輸入されたのは明治になってからである。したがって、羊は十二支のなかにもはいっているが、日本人にとってはどんな動物かわからず、「竜や貘と同じ程度にイマジナティブな動物だった」「羊は国家レベルで米国から日本に輸入され、育成され、そして見捨てられた」つまり「まあ、いわば、日本の近代そのものだよ」ということになって、なかなか象徴性の高い動物である。

ところで、明治の大学生三四郎にとっては、東京は驚きの連続を強いるような場所であった。外国から輸入した「近代」に会って、彼は目をまるくしていた。その焦点に現われたのが、一人の女性美禰子であった。三四郎には「三つの世界」ができた。一つは彼の出てきた田舎で「与次郎のいわゆる明治十五年以前の香《か》がする」世界である。第二は広田先生や野々宮さんのいる学問の世界である。「第三の世界は燦《さん》として春の如く盪《うご》いている。電燈がある。銀匙《ぎんさじ》がある。歓声がある。笑語《しょうご》がある。泡立《あわだ》つ三鞭《シャンパン》の盃《さかずき》がある。そうして凡ての上の冠《かんむり》としての美しい女性《にょしょう》がある。(中略)この世界は三四郎に取って最も深厚な世界である。この世界は鼻の先にある。ただ近づきがたい。近づきがたい点において、天外の稲妻と一般である」。

漱石特有の文で綴られた三四郎にとって「最も深厚な世界」にいた羊、それは迷羊《ストレイシープ》であった。三四郎は迷羊《ストレイシープ》に心を奪われ、大学の講義もロクに聴けなくなったりする。一生懸命に追い求めたあげく、結局のところそれは三四郎の眼前から姿を消してしまうところで話は終る。三四郎にとってその羊はまったく謎のままであった。現実は謎に満ちている。

明治の青年三四郎にとって現実のもつ謎を代表するものとして、一人の女性があった。彼がその女性に触れたのは一度だけだ。ぬかるみを渡るとき、手助けしようと三四郎が手を出したのを拒否して自力で跳んだとき、はずみで美禰子の両手が三四郎の両腕に落ちた。それ以上に、彼は美禰子の体に触れたことのないままに別れることになる。

『羊をめぐる冒険』に出てくる主人公の「僕」が出合った羊は、三四郎の場合とまったく次元を異にしている。それは「羊男」であり、そもそも人間か羊か、この世のものかあの世のものかでさえ定かでなかった。美禰子も三四郎にとって謎であったが、「僕」にとっての羊男に感じる謎は、もっと次元が異なるものがあった。現代の青年が直面させられる「現実」は、三四郎にとって「最も深厚な」と考えられた世界を超えている。

羊男

三四郎にとって世界の謎の体現者が女性、つまり異性であったのに対して、現代青年の「僕」にとっては、それは「羊男」という、同性の、しかし、異類と呼びたいような存在であったことは注目に値する。一般の青年にとって、異性は時に近づき難く感じることはあっても、何とか接近を試みられるし、言葉をかわすこともできる。しかし、羊男となると一目見ることさえもなかなか難しいのではなかろうか。現代の青年たちがかかわる現実の層が、かつての青年と比較にならぬ深さにある、と述べたのはこのことである。現代の青年が会う「羊男」とはそもそも何ものか、どうしてそんな存在と会うことになるのか、について『羊をめぐる冒険』に即して、少し考えてみることにしよう。

『羊をめぐる冒険』の最初は、「新聞で偶然彼女の死を知った友人が電話で僕にそれを教えてくれた」という書き出しではじまる。「女性の死」が冒頭に語られる、と言っても、それは新聞に載っていたのを友人が偶然に知ったことで、ひょっとすれば何も知らずに過ぎるほどのことであった。「僕」が彼女にはじめて会ったのは二十歳のときで、彼女は十七歳であった。彼女の名前は忘れてしまった。「昔、あるところに、誰とでも寝る女の子がいた」。それが彼女であり、「僕」も彼女と寝た。それにしても、彼女はどうして誰とでも寝るのか。彼女に言わせると「誰とでも」というわけではない、何らかの規準があった。「でもね、結局のところ私はいろんな人を知りたいのかもしれない」と彼女は言った。

「それで……それで少しはわかったのかい?」

「少しはね」と彼女は言った。

このような会話をかわした頃を思い出して「僕」は次のように回想する。

「その時僕は二十一歳で、あと何週間かのうちに二十二になろうとしていた。当分のあいだ大学を卒業できる見込みはなく、かといって大学をやめるだけの確たる理由もなかった。奇妙に絡《から》みあった絶望的な状況の中で、何か月ものあいだ僕は新しい一歩を踏み出せずにいた。」

ここに描かれている青年の「新しい一歩を踏み出せず」にいる状況と、三四郎が美禰子という女性に淡い恋心を抱きながら、彼女に接近するための「一歩を踏み出せず」にいる姿とは全然異なっている。後者の方は何らかの望み、夢があるのに、前者の場合は絶望的で夢がない。三四郎にとって夢であり謎である異性を、「僕」は早くから知ってしまったのだ。しかし、それによってほんとうはどれだけのことがわかったのだろうか。彼女は「少しは」わかった、と言っている。後にも述べるように、異性のことはそんなにわかるものではない。しかし、現代の青年の多くは、「少しはわかった」ところで、それを通過してしまうので、後が大変になる。

「世界中が動きつづけ、僕だけが同じ場所に留まっているような気がした。一九七〇年の秋には、目に映る何もかもが物哀しく、そして何もかもが急速に色褪せていくようだった。太陽の光や草の匂い、そして小さな雨音さえもが僕を苛立たせた。」

ここに記述されているような青年の状況は、現代の青年が心の深い層にとらわれてしまうので、無気力になららざるを得ないと既に指摘したことが、非常に的確に把握されているものと思われる。

残念ながら話の展開はすべて省略するが、このような状況のなかで「僕」は羊男に会った。というよりは、このような状況に落ちこんでいったからこそ羊男に会った、あるいは、羊男が奥深いところでうごめきはじめたので、「僕」は絶望と孤独の状況に追い込まれたのだ、と言うべきだろう。ここでは何かを原因とし結果とするような記述はできない。なぜか知らないが「ソレ」が起ったのだ。

「僕」が羊男に会うまでに、「羊博士」という不思議な人物に会っているのも興味深い。この変てこな羊博士は、三四郎における広田先生——偉大なる暗闇などと呼ばれる——と対比できるだろう。子どもが大人になるとき、大人の社会に参加するために必要な知識や慣習などについて教えてくれる人がいる。そのような人を教育者とか指導者とか称している。それは一般的に「正しい」ことを教えるのだから、あまり難しくはない(と言えば叱られそうだが)。それとは異なり、個々の人間の個性とからみ合ったところで、その人の進むべき道を見出すのに役立つことのできる人がいる。その人は、したがって、世間一般から少し距離を置いたところに位置していなくてはならない。広田先生も羊博士もそのような要件を満たしている。

広田先生も相当な「変人」である。日本は「亡びるね」とすまして言うので、三四郎も驚いてしまう。しかし、羊博士の「変人」ぶりは広田先生の比ではない。この差は、三四郎と「僕」の生きる上での困難さの度合を反映している。「僕」はそれでも羊博士に会えてよかった。現代の多くの青年は「教育者」や「指導者」に取り囲まれて個性を磨滅させせられ、真に自分の個性とかかわる道を見出すのに役立つ人に、めったに会うことはない。あるいは、たとい会っていても、青年の方が無視したり馬鹿にしたりして取り合わないかも知れない。そんな変人とつき合っている暇はない、と思うことだろう。

羊博士は自分のかつての苦しみについて、「君は思念のみが存在し、表現が根こそぎもぎとられた状態というのを想像できるか?」と言っている。それは実のところ「思念」とも言えないものだ。羊博士の体験としては、それは「羊が自分のなかにはいった」こととして語られている。思念ではなく「羊」が体のなかに存在し「表現が根こそぎもぎとられ」て苦しんでいるのだ。羊博士がそのときに「精神錯乱」というレッテルを貼られたのも当然である。このような人につける「病理的」な名前は沢山用意されている。

青年期にこのようなレベルの現実に会わずにすむ人もいる。かつてはユングが図式的に記述しているように、このような層の現実には中年以降に接することになっていた――しかもそれも少数の人だったと思われる。現代の青年もユングの言うとおりの段階を踏む人もあるが、大なり小なり羊男の住む世界との接触を体験する人の方が多いのではなかろうか。したがって、羊男の課題は「青年期」のものというより、青年期にはじまるとしても、ある意味では一生にわたって続くものと考える方がいいだろう。羊男はその在り方を変え、またそれを取り巻く状況を変え、必要なときに出現してくると考えられる。事実、村上春樹の作品には、中年になっても羊男が登場している。現代の青年はなかなか大変であることを『羊をめぐる冒険』は如実に語っている。

2 体制のアンビバレンス

子どもが大人になろうとするとき、大人の社会をどう見るかによって、青年期の意味が異なってくる。非近代社会において、特に古い体制をそのまま守っている社会では、そもそも、この世ができたときそれは最高・最善のものとして、神によってつくられたり、生み出されたりしているので、そこに改変の余地はない。子どもとしては、早くそのような社会に参加させてもらいたいと願うばかりである。このような社会では、子どもはイニシエーションの儀式によって一挙に大人になるわけだから、青年期というのはそれほど重大な意味をもたない。

安定の不安

近代社会になって、この社会も「進歩」する、そして、進歩することはよいことだ、と考えるようになると、青年期の重みは急に増してきた。青年たちは来るべき進歩のための予備軍なのである。青年たちは、したがって、そこに存在する社会の体制に組み込まれてゆく、ということと、その社会の体制を改変してゆく、という二重の仕事を課せられており、この両者の間には葛藤が内在している。つまり、改変の方に重きを置くと、既存の体制そのものを否定する傾向が強くなるからである。また、既成の体制にはいり込むことに熱心になりすぎると、「青年らしくない」という批判を浴びることになる。

社会との関係を抜きにしても、青年期においては、子どもから大人へと身体的にも変化する。このことについては次節に論じるが、ともかくそのような「変改」の動きは外界と関係なく、内部においても生じているわけである。このために青年は常に何らかの変革を強いる衝迫を内的に体験している。それは容易に外部に投影され、外的な現実が何らかの意味で「変らないのはおかしい」、「変るべきだ」との思いに駆られることになる。

このような意味で青年期は不安定な時期である。不安はあって当然ということになる。

学生運動の激しかった頃である。ある学生は人前に出ると何となく不安を感じてしまうので、あまり外へ出られなくなった。大学もときどきしか出なかったが、あるときに大学に行くと、学生大会のようなことをしていた。後の方で聞いていると、リーダーが教授会からの回答らしきものを読みあげ、学生の一人がそこまでわれわれは勝ち取ったのだから……というような話をして、全体として何となく落ち着く感じがしてきた。

すると彼は急に不安に襲われ、思わず過激な意見を述べた。予想外の拍手が起こって、以後彼は学生運動の先頭に立つようになる。不思議なことに、戦いが激しく不安定なときは彼は気持がすっきりし、行動もスムースだが、事態が安定に向かってくると内心の不安が高まり、人前に出るのが怖いとさえ感じる。つまり、外界の安定が彼に強い不安を惹き起こすのだ。このような「安定の不安」というのは、青年期の特徴のひとつと言えるだろう。不安定な方がしっくりくるのだ。

『なんとなく、クリスタル』は、ここに述べてきたような青年期の葛藤とかかわって、逆説的な性格をもつ作品になっている。大人たちは「青年期の苦悩」というおきまりのパターンを押しつけてくるが、青年たちはそんな苦悩とは無縁である、というプロテストをしている。大人は青年というと「どろどろした」とか言いたがるが、青年はどろどろどころか透明な結晶だというわけである。そこで、いかに青年は安定しているかを描くことによって大人どもを脅かしているのだが、青年期に内在する奥深い不安はそんなことで消滅するものではない。そこで、作品の終り際になって、「十年後の不安」について言及しなくてはならないのだ。

『なんとなく、クリスタル』の主人公の女性は何の苦しみもなく青年期をエンジョイしている。しかし、十年後のことを思うと不安が心のなかをよぎるのを感じるのだ。十年後の不安というのは、その時点で不安がない、ということではなく、その時に内在している不安は、そこに到達しようとして動きはじめても、それとほんとうに会うのには十年間を必要とするほど奥深いところにある、と考えることも可能である。実際、この作品は「何となく」好きなように生きている青年を描きつつ、その背後に存在する奥深い不安についての漠とした認識を支えに書かれているので、「クリスタル」になるのに成功しているのではないかと思われる。そうでなければ、それは何と言うこともないガラス玉になってしまうのではなかろうか。

体制と夢

ここで体制の改変を考えるに当って、まず個人の内部のことを取りあげてみよう。私という人間は、ある程度の統合性と一貫性を有する主体として、一人の人格であることを認められている。つまりそれに値するひとつの体制である「自我」を形成している。しかし、自我は一定不変ではない。それは時と共に変化している。自我が体制をつくりあげていることは、それに反する傾向や内容は意識下に追いやられていることを意味する。

ひとつの例をあげてみよう。父親を尊敬し、父親の事業や遺産を引き継ぐことを本人も他の人々も当然と思っているとき、その男性が、父親が酔払って無茶苦茶をする夢を見た。それは「現実」とあまりに異なっている。しかし、その夢は彼に強いインパクトを与えたので、彼は考えこまざるを得ない。このようなとき、彼の「夢」は、彼の自我の体制に反する強い傾向をもっていると考えられる。

彼の自我の見る「現実」のなかで、彼の父は絶対的と言えるほどの素晴らしい存在になっている。父を尊敬することは彼の自我にとっての利益につながる。しかし、彼の夢の層に現われる父親の「現実」はまったく異なっているのだ。そこで、彼がそちらの層の現実を「正しい」と決めこんで突然に父親に敵対しても、うまくゆかないことが多い。父親の体制に立ち向かってゆくだけの強さを彼はもっていないからである。あるいは逆に、「それは単なる夢である」として棄て去って、それまで以前と同様の生き方をすることもできるが、彼はその安定した生活の底にある不安に、ずっと悩まされることになるであろう。

彼に残された道は、彼が父親を尊敬するということと、「父親は酔払いだ」という夢からのメッセージと、その両方を受けいれて、葛藤のなかに生きることである。解決はそれほど簡単に見出されないかも知れない。そもそもそこには一般的な解決法とか普遍的に正しい答など存在しないのだ。父親は何ら欠点がない最高の人であると断定したり、父親はまったく仕方のない人であると決めつけたりすると、答は自動的に出てくる。単層のシステムをモデルにすると「正しい」答は見出せるが、それは現実とズレを生じてくる。ほんとうに「現実」を問題にしようとするかぎり、そこに「夢」も組み込んで考えねばならないところに、「現実」というものの不思議さがある。

個人の内部において生じることと、社会において生じることとは、一種の並行性をもっているようだ。どのような社会もある「体制」をもっている。その「体制」はできる限り矛盾を含まない統合性をもつように工夫されている。しかし、そのような努力は必ず「体制」と相容れないものを排除しようとする傾向をもつ。排除された思想や行為は、だんだんと集ってきて力を得てくるが、それは民衆の「夢」として表現されてくる、と言っていいであろう。もちろん、その「夢」はいろいろな形をとって顕現してくる。それは体制側の目のとどかないところでの「お話」として示されたり、芸術作品のなかに忍びこまされたりすることもある。

このような「夢」の動きがだんだんと具体的な形をとってくるときがある。そのようなときにそれに対して適切な言葉、スローガンを与える人があり、それが人々にアッピールすると、夢は急激に人々の生きる姿のなかに顕現して、「運動」を起こす。そして、それがもっとも極端なときは革命となる。古来からの多くの革命や変革の姿を見ると、必ずそこに「青春」がはたらいているのを認めることができるだろう。青年たちは自らの内部に動き出している変化と夢に鋭敏になっているので、社会の変革に対しても強くコミットしていくことが多いのである。

もっとも夢を生きるのは、実際的には困難で危険に満ちたことである。したがって、これまでも多くの若者が夢を生きようとして挫折の体験を味わってきた。なかには、命を失った者もいる。夢そのものは価値あるものだが、それを外的現実とかかわらせてゆくためには、外的現実に対する認識力が相当に強くないといけない。さりとて、外的現実の認識に力を注ぎすぎると、夢に反応する力が弱くなる、というところがある。

夢をすぐ「革命」にまで結びつけてしまったが、夢が常にそのような大きい変革につながるとは限らない。小さい夢もあれば大きい夢もある。それに人によって、その夢が自分の属する社会や時代の流れに割に沿っている場合と、そうでないときがあるように思う。本当のところ、このようなことは明確に判断できるはずもないが、こんな考え方もあるな、と最近では思っている。つまり、以前は、何となく時代の流れに沿ってスイスイと生きている人を見ると、「浅薄」などということを思いがちだったが、そのような単純な価値判断を下すよりは、その人の個性化の道は時代の流れと合う類の人なのだと思った方が、納得できるように感じだしたのである。

イデオロギーの終焉

体制に対する夢などという表現をしたが、もっと現実的な表現や知的な表現の好きな人であれば、反体制の思想とかイデオロギーなどというのであろう。確かに、一昔前までは青年の反抗はイデオロギーによってなされた。われわれが子どもの頃、田舎では「思想」とか「イデオロギー」という言葉自体が何やら恐ろしいもののような響きをもって感じられた。

大人たちのつくっている体制のもつ矛盾や欠陥に対して、青年は理路整然としたイデオロギーをもって攻撃した。それは時にあまりに鋭く、しかも論争においては体制側は負けがちになるので、何らかの方法による弾圧にらねばならぬこともあった。このようなことが繰り返され、「反抗」とか「イデオロギー」は青年の特性のように考えられ、これらのことに無関係な青年は、「青年らしく」ないと考えられるほどであった。

しかし、一九六〇年頃にアメリカでは「イデオロギーの終焉」ということが唱えられ、それはほとんどすべてのアメリカの傾向について生じることだが、十年ほど遅れて日本でも言われるようになった。青年たちが、何かのイデオロギーに飛びつき、それを一本槍のようにして大人に向かって突き進んでくることが急激に消滅していったのである。

青年は「反抗する」と決めてかかっている大学の先生などは、近頃の学生は元気がないとか、まったく青年らしくない、と嘆くようになった。もっとも、このように嘆く先生方が、それより少し以前に学生が大いに「反抗」したときに、あまり嬉しそうな顔をしていなかったのも事実であるが。学生たちはイデオロギーなどと言わず、ともかく大学の講義に熱心に出席してくる。なかには「休講」に対して不平を言う学生さえ出てきた。学生の姿が変ってしまったのである。

「イデオロギーの終焉」とは、アメリカの社会学者ダニエル・ベルが同名の書物を出版し、邦訳も出版されたのでよく知られるようになった。以下にベルの考えを要約して示す。彼は一九六〇年頃のアメリカにおいては、マルクス主義、自由主義、無政府主義というようなイデオロギーが、人間生活において力をもつ時代は終ったと主張する。その理由としては、まず欧米のような先進資本主義の国々では、社会改革を目指す人々の考えやエネルギーが、国家の機構や政府の政策のなかにだんだんと吸収されていった。したがって、そこでは、イデオロギーの観念的対立が激化するのではなく、現実的な形でイデオロギーによる主張の何らかの側面が実現されてゆき、対立は緩和されてゆく。そこで、特定のイデオロギーによって非現実的な理想をかかげ、それを追求しようとする情熱は弱くなる。そして、イデオロギーによるよりは、具体的に問題を解決するために必要な知識や技術をもつことの方に関心が向いてくる。そこで、新しい方向や方法を見出してゆくための実証的研究をする能力を身につけること、などが実現されるようになる。

ここで青年について考えるならば、青年はイデオロギーの勉強をしたり、それによる理想の実現を夢見るより、実際的な研究や勉学に励むことになる。これが、ベルの唱えるイデオロギーの終焉である。一九六〇年の頃に比べると、現在では冷戦構造がまったく解体してしまって、かつては理想国のように思われていた共産主義国が一挙に崩れ去ったのだから、イデオロギーの終焉は、ますます現実化したと言えるだろう。

とすると、青年は「夢」を失ったのだろうか。現在の青年たちはすべて、ベルの言うように現実的な問題解決に必要な知識や技術の修得に静かに励んでいるのだろうか。実際に現在の青年に接している私としては、ベルの考えはあまりにも単純であると思う。まず彼は、彼の言う「現実的な問題解決に必要な知識や技術の修得」をよしとすることもひとつのイデオロギーであることを、見落としている。科学的な知識は「正しい」ので、イデオロギーとは関係ないとベルは思っているのかも知れないが、そのように決めつけてしまうのは、ひとつのイデオロギーである。

現代の青年たちが反体制の夢を託そうとしているもののひとつが、オカルトである。確かに近代の科学・技術の発展は目覚ましい。しかし、科学によってすべてのことがわかると考えたり、科学的に説明されない現象は存在しないと考えたりしはじめると、それは本来の科学をこえて「科学主義」となる。科学主義の力が強くなりすぎると、人間は強力な体制のなかに組み込まれて身動きができなくなってしまう。このようなことを敏感に感じとる青年たちは、この世に自然科学によっては説明できない現象が存在する、というだけで嬉しく感じる。このような背景のなかで、青年でオカルトが好きになる者が出てくる。超常現象の存在は、この世のことが合理的、論理的に体制化されないことを意味するものとして受けとめられる。

かつては、青年たちは大人の非合理性を攻撃した。多くの伝統的な行事や行為が「迷信」にすぎなく、何らの効果もないことなどを主張し、近代的に改めるべきことを迫った。ところが、今はむしろ青年たちが、オカルトを武器として、大人の合理主義一辺倒を攻撃しようとする。しかし、残念ながら青年たちの力はかつてのように強力にならない。それは超常現象に関して青年たちのもつ理論的基盤があまりに弱いからである。それは知らぬ間に魔術信仰になったりして、古い時代への逆もどりに過ぎなくなる。実際にオカルトなどに「こる」青年たちを見ると、どうも思考や判断力の弱さが特徴のように思える。

青年の反抗をオカルトによって遂げようとするのは、前記のような理由であまり成功しないように思われる。とすると、ベルが言うように多くの青年はイデオロギーによる反体制の動きを放棄し、大人しく知識や技術の修得に励んでいるのだろうか。あるいは、励むべきであろうか。確かにイデオロギーはあまり役に立たなくなった。しかし、それはイデオロギーというものがしばしば自分自身の存在ということを抜きにして、自分から切り離されて考えられていたためではなかろうか。多くのイデオロギーは人間をあまりに平板化した存在として捉え、その人間をどのように動かしてゆくかが考えられたが、そこでひるがえって自分自身の在り様を深く考えてみると、それほど単純に理論化できないことがわかるはずである。社会主義の理想は結構だが、人間は理想どおりに行動しないことを忘れている。そんなことを言っては駄目で、理想どおりに生きるのこそ素晴らしいと言う人があるが、そのようなことを他人には期待しても、本人はズル賢く立ち回るものだ。これは社会主義国の「実験」の失敗を通じて、われわれが認識したところである。

そうすると、そのような理想どおりには生きない自分、矛盾に満ちた自分、ということを入れこんで人生観、世界観をつくりあげねばならなくなる。これは容易なことではない。単に知識や技術を学ぶことだけでは如何ともし難い。青年たちは、現体制に対して、何らかのイデオロギーに飛びついて反抗の道具にすることの愚を繰り返す気はない。さりとて現体制に満足しているわけではない。結局は自分もその体制に組み込まれるとするのなら、それに必要な努力をしなくてはという気持と、何とかこの体制を変える努力をしなくては、というアンビバレントな気持のなかに、現代の青年はいる。そして、たとい後者の気持の強い者にとっても、何と言っても自分という存在をもう少し見きわめ、自分をも組み入れた世界観を構築してゆくことが必要と考えるので、すぐに目に見える形での「反抗」は行わないでいる、というのが現状と思われる。しかし、現代青年の心の奥では、夢は生きていると私は思っている。ただ、その夢は昔ほど甘くはない。

3 身体性

人間は身体を持っている。というものの身体抜きではその人間の「存在」は感じられないのだから、身体の方がその人間を持っているというべきかも知れない。身体というのは実に不思議なものである。たとえば、手や足などは時によっては切り離す手術をしなくてはならないときがある。そうなると「私の手」はその瞬間に「もの」になってしまって、棄てられても仕方がない。あるいは、私の胃が痛むとき、それは「私の胃」であるのに、そのことについて「私」は責任がないことになっている。と言って、誰かが私の身体を傷つけようとすると、私は絶対にそれを防ごうとするだろう。そんなときは、私は自分を守っていると思うだろうが、「私」が「身体」

を守ろうとしているなどとは思わないだろう。要するに、都合によって「私」は身体を「私」の内に入れてみたり、外に出してみたりしている、と言えるだろう。

このように「私」と「私の身体」との関係は、非常に微妙で不思議なものであるが、青年期においては、その在り方が特に重要になってくる。青年期においては実に急激に身体が変化するからである。ここでは、人間を客観的に調べた身体の変化の問題ではなく、人間が「私の身体」として主観的に感じとっている身体――それを身体性と表現したが――について考えてみることにしよう。

身体の発見

自分の身体を発見する、というと大袈裟にきこえるかも知れないが、青年期を迎えて人間が自分の身体の急激な変化を体験するときの感じをむしろよく伝えてくれている、と言うべきだろう。身体は、近代医学が行なっているようにそれを完全に対象化して、研究したり操作を加えたりすることができる。しかし、他方で、人間としては自分が主観的に「生きている身体」がある。しかも、そのような身体は心と密接に関連している。悲しく苦しいときは身体も活潑に動かないし、身体の調子の悪いときは心もはずまない。

青年期のぎこちなさ(adolescent awkwardness)という言葉がある。体の動きに円滑さを欠き、何ともないところでけつまずいたり、ひょろついたりする。特に緊張を要するような場面でよく起こるので、恥かしい失敗をし、後々までその思い出が残って劣等感を誘発することもある。一番大切なお客にお茶をぶっかけたり、大切な儀式のときに多くの人の面前で滑って転んだりする。これは身体の急激な成長と、それをコントロールする力との間にアンバランスが生じているためである。このようなぎこちなさを感じているために、何かにつけて凄くひっこみ思案になる者もいる。子ども時代に活潑だったのに、急にひっこみ思案になって、周囲の大人をいぶかしがらせることになる。

逆に、身体の急激な成長に合わせて、運動能力が急に進歩する者もいる。子ども時代はそれほど運動能力があると本人も思っていなかったのに、思春期から青年期にかけ、日進月歩という感じで運動能力が進み、スポーツ選手となることもある。

身体の成長とその能力をコントロールすることは、本人にとって嬉しいことなので、青年期には身体を用いる遊びに興じる者が多い。いろいろなスポーツが青年のために用意されている。ところが、すべてのスポーツはそれにかかわる真剣さの度合が問題になってくる。単に遊びとしてテニスをしているのと、選手になるのとは異なるし、それがプロとなるとますます程度が違ってくる。スポーツを職業とする人は少ないにしても、そこには勝負があり、真剣さが増してくると、「遊び」とばかりは言っておれない。このような点については、後に「遊び」について論じるときに触れる。

青年期における深刻な問題として、特に女性に多いが、拒食症がある。どうしても何も食べる気がしない。あるいは、食べようと思っても自分でも不可解な抑制力がはたらいてしまう。そうして、他人から見れば、痩せ過ぎで、ガリガリと見える姿が、本人には好ましい姿に見え、食事をして普通の姿になると、本人は醜い姿だと感じる。このような女性の夢見る自己像は妖精のように軽やかに、空でも翔んでゆく姿であろう。

しかし、実際には拒食を続けると、女性の生理も停止し、時には命を失うことにすらなる。このようなときは入院させて鼻注で栄養を補給する処置さえしなくてはならない。しかし、少し油断をするとその鼻注を引きちぎってしまうほど、拒絶の力は強い。

このような拒食には、意識的、無意識的な自分の身体性に対する強烈な拒絶がある。自分の身体存在を認めたくないのである。そして、身体性の拒否は自分自身の存在の拒否につながってゆく。このような拒否感のために本人は気息奄奄と思われるかも知れないが、多くの場合、拒食症の人たちは人一倍の頑張り屋である。あのような細い体でと皆が驚くなかで、スポーツの選手として凄い記録をたてたりする。こんな姿を見ていると痛ましい感じがするが、このようにして限界ギリギリまで頑張り抜こうとする意志と、あくまで己の身体の存在を拒否しようとする意志が、ひとりの少女のなかに共存していることの凄まじさに圧倒される思いがする。

しかし、人間存在というものは、もともとこのようなのかも知れない。生と死がほとんど同じくらいの強さでせめぎ合っているのだが、ほんの少しのバランスの差で、普通の状態のときは生きる力の方のみが意識されているが、青年期のような不安定な時期に、急に生と死のせめぎ合う様相が顕在化されてくるのではなかろうか。

このように考えてくると、青年期の身体を用いての遊びやスポーツに、時に生命の危険を感じさせるようなのがあったり、青年が敢て生命の危険を感じさせるようなことを、自ら求めてやりたがるのも了解できる。生死のギリギリのせめぎ合いのなかでこそ、己の存在を確かめられるように感じるのである。

性の受容

青年期における身体性の問題と言えば、何といっても「性《セックス》」のことが重要となるだろう。フロイトによる幼児性欲の理論はしばらくおくとして、人間が成人として性行為によって子どもを得ていくためには、成人として自分の性衝動を受けいれてゆかねばならない。しかし、最初の頃は本人にとって、それは性衝動というような明確な名前をもったものではなく、何か遠くの地鳴りのような不気味な力と危険を予感させるものとして感じられる。そして、何かおきまりではない未知で不可解な世界へと自分が駆りたてられているのを、体感として感じるのである。

多くの女性の場合、このような体験は、「何ものかの侵入」の夢として体験される。夢のなかで、鍵をかけておいたはずのドアーが開けられ、何ものかが侵入してくるのを感じる。部屋の空気全体が重苦しくなってきて、恐ろしいと思いつつ身動きもできないし、声も出せない。そのうち、その何ものかが自分の上に乗ってくるので、恐怖の声をあげて目を覚ます。このような「侵入」の夢を見るのは女性の思春期、青年期前期に多く、侵入者がはっきりと男性の姿をとるときもあるが、実際に性関係が生じる夢になることは少ない。ともかく、侵入を受けつつ身動きができない、というのがこの夢の主題である。

夢における侵入の体験は、女性の成熟のためには、むしろ必要なこととさえ言えるだろう。このような体験をしつつ、外的な勉学や仕事、交友などに心を奪われたりして、バランスをとりながら生きてゆくのだが、このようなバランスが壊れると、その女性は極端な無為と閉じこもりの生活に陥る。もっとも、このような「閉じこもり」はある程度は誰にも必要である。少女にとって不可欠なこのような「閉じこもり」の時期は、昔話の「眠りの森の美女」の長い眠りや、白雪姫の「ガラスの棺のなかの仮死状態」などに語られているが、ここでは触れずにおこう。

必要な閉じこもりではあるが、これが極端になるとノイローゼの状態になり、時には精神病的な状態にまで移行する。青年期のノイローゼは、男性よりも女性の方が早くはじまり、その多くは無気力、無為の状態になる。男性の方も、もちろん無気力ということがあるが、女性よりは少ない。しかし、大人に対して無口にはなる。自分の内部で生じていることが不可解で言語にならないのと、すべての大人というものが、どこか「うさんくさい」と感じられるからである。男性の場合は、仲間との間の突飛な行動や、スポーツに打ち込むこと、などなどの行為のなかで、そのもやもやを解消することが多く、ノイローゼの症状は女性よりも遅く発現する。

おそらく女性の場合は、「性をどう受けとめるか」という時期に、すぐに問題が生じるのに対して、男性の場合は、「性をどう支配するか」という時期に問題が生じやすいのであろう。したがって、両者の悩む時期にズレが生じるのではなかろうか。

「閉じこもる」方を先に述べたが、これとはまったく逆に、性衝動の力に支配されてしまう青年もいる。十代から性関係が体験され、それも不特定多数の相手と関係する。大人は「不純異性交遊」などという言葉を発明したりしてそれに対抗しようとするが、その勢いには抗すべくもない。なかには威勢のいい青年もいて、ある女子高校生が説教を繰り返す教師に対して、「私たちはお互いに好きだからしているのに、先生らは好きでもないのに夫婦だからといってしているのは不純じゃないですか。私たちの方こそ純粋です」と言ったので、教師の方が思わずうなずいてしまったという例もある。

「子どもたちをよろしく」という映画を見た。アメリカのシアトルの町に住むホームレスの子どもたちの生活を映したドキュメンタリーである。子どもたちの姿がよく描けていて、素晴らしい映画であった。そこには十代の性どころか売春もあり麻薬もあった。犯罪や犯罪ギリギリのなかで、子どもたちはけなげに生きてゆく。そこでその子どもたちは大人になったときどのような生活をしたいのかを尋ねると、異口同音に「暖かい家庭」と答えるのには、驚いてしまった。一般の人々とはまったく異なる日常生活をしていながら、彼らの心に描いている「夢」は、決して「時代の先端を行く」ものでも、「新しい家族像」を提供したりするものでもなかった。それは、父がいて母がいて、子どもがいて、皆が仲良く暮らしている「古き良き家庭」なのであった。

このことからいろいろな結論が出せると思うが、ここで「性」のことにのみ限って考えれば、「性の自由を楽しむ」ことが、どんなに難しいかということである。彼らは旧来の性倫理で言えば、かなり自由な性の生活をしているのだが、むしろ、旧来の倫理に縛られる生活をこそ望んでいる。このことは、人間にとって性ということがいかに難しいことであるかを示している。

「性は地獄から天国まで存在している」と分析心理学者のカール・グスタフ・ユングが言っている。これは名言である。人間は性によって自分がいかに最低の存在であるかを知ることもあるし、性によって至高の状態を味わうこともできる。そして、それは身体のことであると共に優れて精神のことでもある。これほどの広さと深さをもったことを、言語によって説明し切ることはおそらく不可能であろう。

性はこのような意味で人間の実存と深くかかわるものである。したがって、それを謎として青年が苦しんだり悩んだりすることは、人間の成熟の上で望ましいことと考えられる。しかし、人間はともかく自分がすべてのことを知り、支配し得る存在であると思いたがり、「謎」にふりまわされるのを好まないので、性も「既に知っている」ことや「大したことではない」こととして扱いたくなるのも当然である。なかには青年たちの苦悩をできるだけ少なくしようと考え、「性教育」によって「事実」を教えようとする親切な大人もある。

人間存在のかかえる多くの矛盾を考えると、このような考えにも一理あることを認めるが、それによって性が「わかってしまう」ことなどあり得ないことを、よく認識する必要があるだろう。人間の実存に深くかかわることとして、性をめぐる夢や遊びや、それに儀式などよりも、「事実」の方が上回るなどとは考えない方がいいであろう。

4　青春の倫理

青春ほど倫理を必要とする時期はない。特に青春の夢や遊びについて語るならば、倫理抜きで語ることは不可能である。青春期の堕落を賞揚する人は、果てしなく落ち続け、堕落の底でこそ真実の底に触れ得るのだ、という強い倫理観に支えられている。さもなければ、人間は徹底した堕落に耐えられるものではない。少し堕落するのは楽しいが、それを継続するためには、自然に浮かんでくる懐疑や罪の意識、退屈感などに負けてしまわないだけの倫理観を必要とするものである。

と言って、一般に倫理というのはややもすると、夢や遊びを消滅させる力をもっていることも認めねばならない。しかし、倫理に身を固めて夢や遊びのない人と同様に、夢や遊びに倫理の裏づけのない人も、まったく面白くないことは事実である。あまりつき合う気がしない。というわけで、倫理について語る必要性を認めるのだが、それを言語化することの難しさも強く感じている。果してどんなことになるのかわからないが、試みてみよう。

健全な若者

青年のなかにも「健全な」人たちがいる。大人に好かれたり、期待されたりする青年であり、健全な青年を「育成」しようと努める人もある。健全な青年も「夢や遊び」と無縁ではない。むしろ積極的に「夢」をもつことも健全さの要因とみなされるし、「健全な遊び」もある。要するに、そこには破壊的な要素が少ないと言っていいだろう。

最近、アメリカのプリンストン大学に行き、その学生たちに接して、健全な若者たちの良さを認識させられた。プリンストン大学の学生は「よく学び、よく遊べ」の典型ではないかと思う。日本の学生に比して、その学習量の大きいことは相当である。怠けていては決して卒業できない。おそらく、世界中でも日本の学生ほど学習量の少ない大学生は珍らしいのではなかろうか。と言っても、プリンストンの学生が勉強ばかりしているわけではない。あらゆるクラブ活動は盛んであるし、デートに励むのも変りはない。しかし、何とも健全なのである。

プリンストンで日本映画を見た後に、それについて話合うという企画を立て、何本かの日本映画を見た。文化比較という点で何か興味深いことが出てくるのではないかと思ったからである。結果はいろいろとあったが、ここに倫理観という点で感じたことをひとつ紹介したい。新藤兼人監督の「鬼婆」という作品を見たときである。そのなかで男女の性についての描写があった。日本人であれば、それが特に露骨という感じをもつものではない。しかし、アメリカの学生にとってはそれは相当に強烈であったようだ。

細かいことは略すが、ともかくアメリカの学生たちの反応は、あのような性的な描写のある映画を一般の人が見るのか、見せていいのか、というものであった。性に関してはアメリカの方が「自由」と思い込んでいる人が多いので、これには説明がいるだろう。アメリカでは映画についてのキツイ委員会があって、一般向にはGとか、少し性的に露骨なものにはXなどという印がつき、それに従って人々は映画を見にゆく。家族連れならGを見にゆくというわけである。

プリンストンの学生たちに対して、君たちもXマークの映画を見るだろうと問うと、そんなのは見ないという。それでもアメリカの遠い都市に行き誰にも知られないと思うと見るのではないかと追及すると、「そんな映画を見たという事実に自分が耐えられないから見ない」と言う。このことは、アメリカの青年の倫理観を端的に示している。他人がどう思うかではなく、自分が自分をどう評価できるかが重要なのである。

このような健全な学生たちに接して、何となくアメリカというと「自由」ひいては「堕落した青年たち」というようなイメージを思い浮かべがちになる日本人として、このような人たちが成人してアメリカ社会を支えているのだということを、あらためて感じさせられた。このような倫理観が絶対に正しいとか善いとか言う気はない。しかし、このような健全な倫理観がアメリカ社会を支えている事実は認識しておくべきだし、それに対して自分はどうかと考えてみる必要があると思う。

「あなたと話合っていて、自分はあまり意識していなかったけれど、自分はいかにキリスト教の倫理観によって生きているかを意識させられた」と言う学生もいた。日本の現状はどうだろう。日本の古来からある倫理観は西洋の文化との接触によって相当に変えられた。性に関する倫理は特にそうである。しかし、今の日本人でプリンストンの学生たちの持っているような倫理観をしっかりと持っている人はどのくらいいるだろう。そんなのは堅いとか古いとかはすぐに言える。ではそのとき、あなたはどのような倫理観を持っていますかと問われたときに、それに答えることが出来るだろうか。

倫理観の差

どうして私はこうまで倫理観にこだわるのか。それは倫理観が不明確なために、自分のみならず他人をも不幸にし、転落していった人をあまりに多く知っているからである。「なぜそんな馬鹿なことをしたの」という私の質問に対して、「この頃はそうなっているのでしょう」とか「皆もそうしていると思って」とか「週刊誌を見ていると、そんなのがこの頃の傾向かと思ったので」とかの返事がなされる。週刊誌が倫理のテキストになっているのだ。そして、それに従わないと自分も時代の流れから取り残される、と思ってしまう。ところが、結果的には馬鹿を見たと嘆くことが多い。

こんな人たちに会っていると、プリンストンの学生を見習えとまで言う気はないが、アメリカのプリンストン大学の「この頃の傾向」も参考にして、自分の倫理を見つけて欲しいと言いたくなってくる。ともかく、いろいろな考え方があるのだから、無理して週刊誌の教えてくれる傾向になど従わなくてもいいのだ。

性に関する倫理と言えば、三四郎の最初のところで、次のようなエピソードがあったのを思い出す。三四郎は熊本から長い時間、汽車に乗って上京してくるが、途中で乗合せてきた女性が、名古屋で泊ることになったとき、一人では気味が悪いから迷惑でも宿屋へ案内してくれと言う。三四郎は仕方なく彼女と宿屋にゆくと、「上り口《あがりくち》で二人連《ふたりづれ》ではないと断るはずのところを、いらっしゃい、――どうぞ御上《おあが》り――御案内――梅の四番などとのべつに喋舌《しゃべ》られたので、やむをえず無言のまま二人とも梅の四番へ通されてしまった」。

下女が床を延べに来るが、「床は二つ敷かなくてはいけない」と三四郎が言っても、何のかのと言って「一枚の蒲団を蚊帳一杯に敷いて出て行った」。女は平気で先に蚊帳の中にはいってしまう。三四郎は「失礼ですが、私《わたし》は疳性《かんしょう》で他人《ひと》の蒲団に寝るのが嫌《いや》だから……少し蚤除《のみよけ》の工夫を遣《や》るから御免なさい」と妙なことを言って、シーツの端を女の寝ている方へぐるぐる捲いてゆき、真中に仕切りをつくり、自分は手拭を二枚続きに長く敷いて寝た。「その晩は三四郎の手も足もこの幅の狭い西洋手拭《タウエル》の外には一寸《すん》も出なかった」。

別れるときになって、「さよなら」と三四郎が言ったとき、「女はその顔を凝《じっ》と眺めていた、が、やがて落付いた調子で、「あなたはよっぽど度胸のない方《かた》ですね」といって、にやりと笑った。三四郎はプラットフォームの上へ弾《はじ》き出されたような心持がした」。東京行の汽車のなかで、一人になってから三四郎は考える。

「元来あの女は何だろう。あんな女が世の中にいるものだろうか。女というものは、ああ落付《おちつい》て平気でいられるものだろうか。無教育なのだろうか、大胆なのだろうか。いくら考えても見当がつかない。思い切ってもう少し接近してもよかったのにと思うが恐ろしい。「別《わか》れ際《ぎわ》にあなたは度胸のない方だといわれた時には、喫驚《びっくり》した。二十三年の弱点が一度に露見したような心持であった。親でもああ旨《うま》く言い中《あ》てるものではない。……」

このような経過の上に立って、三四郎は東京で、迷羊《ストレイシープ》に会う。これに対して、既に紹介したように、まったく異なる羊、「羊男」に会った『羊をめぐる冒険』の主人公の場合はどうであったろう。この本の最初は「新聞で偶然彼女の死を知った友人が電話で僕にそれを教えてくれた」という文ではじまる。交通事故で死んだ彼女と主人公は以前に関係があった。昔の仲間にあって彼女のことが話に出るとするとこのようになるだろう。

「なんて名前だっけ、すっかり忘れちゃったな、俺も何度か寝たけどさ、今どうしているんだろうね、道でばったり会ったりしても妙なものだろうな。

——昔、あるところに、誰とでも寝る女の子がいた。

それが彼女の名前だ。」

この主人公の女性との関係は、三四郎と対照的である。彼らはほぼ同年齢だが、性に対する異なる倫理観をもっている。その差が彼らのその後に遭遇する者の差につながってきている。三四郎は美禰子に会い、片方は「羊男」に会う。もちろん、どちらも大変だし、会い方によっては完全に自分の人生を破壊されることになる。しかし、その程度は「羊男」の方がよほど大きい。それは狂気につながると言っていいだろう。

現在の青年は三四郎の臆病ぶりを笑うかも知れないが、当時としてはそれはむしろ新しい態度であったことを指摘しておくべきだろう。もちろん少しは三四郎の性格も関係しているだろうが、昔の日本の考えだったら、

「据膳食わぬは男の恥」ということになる。ところが三四郎は後でくよくよと考えたとき、「教育を受けた自分には、あれより外に受けようがないとも思われる」とも結論づけているのだ。つまり明治維新になって「新しい教育」を身につけたので、古い倫理観に従えなくなったのだ。

当時の新しい考えとは、西洋から輸入したものだ。「愛し合っている者のみが、しかもその愛の永続を決意している者のみが、性関係をもつことができる」という考えである。漱石は知っていたかどうか知らぬが、グリム童話「二人兄弟」のなかに、瓜二つの兄弟の兄が弟と人間違いをされて、弟の夫人とベッドを共にしなくてはならなくなったとき、二人の間に両刃の剣を置いて寝るところがある(この点について詳しくは、拙著『昔話の深層』福音館書店、一九七七年〔第I期著作集第五巻所収〕を参照)。グリム兄弟の信奉したロマン主義の倫理観の象徴として、両刃の剣が男女の間におかれているのだ。三四郎は西洋から到来した新しい倫理観に従って、両刃の剣の代りにシーツを長く捲いたのを置いたのである。

ある倫理に従って行動するとき、それは臆病と言われるときもある。これは倫理を失ったり、破ったりする行為が、時に「勇敢」と言われたりするのと表裏の関係にある。

発見的倫理《ヒューリスティク・エシックス》

現在の青年を考えると、その倫理観は極めて多様と言えるのではなかろうか。まだまだ三四郎以前の旧来の日本の倫理観で生きている者も相当にいる――と言っても、本人はそれで結構新しいと思い込むことも可能である。いろいろあって、簡単にどれがいいと言えぬところが現代の特徴であろう。しかし、迷羊《ストレイシープ》と羊男の差で示したように、倫理観の差によって、その後の人生は大きく変るのだから、自分がどのような倫理観で生きているかを、できる限り意識し、その帰結として押し寄せてくる現実の力に対抗するだけの覚悟と力を養っておかねばならない。さもなければ、後悔ばかりして暮らすことになる。

旧来からあるもの、慣習的に存在している倫理を一応道徳と呼んでおこう(この名前のつけ方も人によって異なるだろう)。人が道徳に従って行動しているときは安全である。大体おきまりのことが起こり、おきまりの結果が得られる。しかし、個人の内部から湧き起ってくるはたらきは既存の道徳に反することがある。そんなときに、その個人は自分の生き方を決定するための選択をなさねばならない。そのときに道徳に従えば問題はない――と言って、それはあくまで外的なことであり、自分の心をどうおさめるかという課題は続くときもあるが。そこで、道徳に反して行動しようとするときは、相当な慎重さや覚悟を必要とする。

旧来の道徳を破るための新しい倫理が確実に存在し、自分は後者に賭けるというときは、まだわかりやすい。しかし、そのような明確なものはないが、自分の内界のはたらきを重視したいというときは、自分の行為と、倫理的確かめが相互作用的に循環し、そのなかで新しい倫理を自分のものとして発見してゆくような感じになるだろう。

プリンストンの学生がただ「健全な」道徳を守って生きてゆく、とするのでは物足らない感じがする。そこで、性描写のある映画など見ないと言った学生に質問を続けてみた。「アメリカで村上春樹の小説が英訳され、若い人に読まれているが、それをどう思うか」と問うと、自分も読んでいるし、いい小説だとのこと。「それでは村上春樹の小説には性的な場面がよく出てくるが、それはどう思うのか」と尋ねた。そうすると、映画のように性の場面が映像でそのままでてくるのは困るが、文学の場合は作者の全体的な構想のなかで出てくるので受けいれられるのだ、とのことであった。

映画「鬼婆」の場合も監督の構想のなかに性の描写がはいっているのだが、アメリカの学生にはそうはとれなかったのだろう。この点についてはここに触れぬこととして、ともかく村上作品に対して、アメリカの学生の言ったことはうなずける。別に性のために性が描かれているのではない。そこには作者の意図や観念がこめられている。

こんなことを考えながら村上春樹の作品を読んでいたら、『ダンス・ダンス・ダンス』(講談社文庫、一九九一年)のなかにつぎのようなところがあった。これは『羊をめぐる冒険』に続くものと考えられる作品で、「羊男」も登場してくる。主人公の「僕」は既に三十四歳になっている。彼はふと知合った不思議な少女ユキと親しくなる。ユキの母親は途方もない自由人で娘のことなどお構いなく恋人ディック・ノースとあちこちとび歩いている。ユキはディックに対していい感情をもたず面と向かってひどい言葉を投げつけたりする。ところが、ディックは交通事故で急死し、ユキは彼のことを回想して、よい人だったと言い、それなのにひどいことをしたと後悔する。それに対して、「僕」はそんな考えは下らないと言い、「後悔するくらいなら君ははじめからきちんと公平に彼に接しておくべきだったんだ」ときっぱりと言う。

「僕の言い方はきつすぎるかもしれない。でも僕は他の人間にはともかく、君にだけはそういう下らない考え方をしてほしくないんだ。ねえ、いいかい、ある種の物事というのは口に出してはいけないんだ。口に出したらそれはそこで終わってしまうんだ。身につかない。(中略)口に出して「酷いことをした」なんて他人に言ってほしくないと思う。それは礼儀の問題であり、節度の問題なんだ。君はそれを学ぶべきだ。」

少女はこの言葉を静かに受けとめた。「たぶん体の中で泣いているんだろうと僕は思った。声も涙も出さずに泣いているのだ。僕は十三歳の少女に対して余りにも多くを望んでいるのだろうか、とふと思った。そして僕はそんな偉そうなことを口にできる人間なんだろうか、と。でも仕方ない。相手が幾つだろうと、自分自身がどういう人間であろうと、僕はある種のことに対しては手加減というものができないのだ。下らないことは下らないと思うし、我慢できないことは我慢できないのだ」。

ここで、「僕」は「礼儀」や「節度」について語っている。これはこの作品のなかで、「僕」が(そして、おそらく著者が)直接的に倫理観を表明している珍らしい場である。旧来の道徳に従って、この主人公の女性関係を非倫理的と感じる人は、この「僕」を、つまり作品を支えている倫理観を見失ってしまう。そこで、さすがの「僕」もたまりかねて、自分の倫理を直接的に表明したくなったのかも知れない。

「下らないことは下らないと思うし、我慢できないことは我慢できない」ことを自他に対して明確にすること、それがその人の倫理観である。

第三章　青春の夢

青春と夢とは切っても切れぬ関係にある。「夢多き」というのは「青春」を飾る常套語である。このような場合、夜に見る夢ではなく、青年たちの心に抱く理想や願望などを指している。そして、それは「夢」であるだけに、にわかに「現実」には結びつき難いもの、という考えをその背後に持っている。夜の睡眠から覚めて、その日の仕事に向かってゆくように、青年期の「夢」から覚めて、現実に向かってゆくようになるのが「大人」である、と考える人もあるだろう。

しかし、このような考えはあまりにも現実的すぎる。夢があってこそ人生に多くの彩りが生じてくると言える。もっとも、その夢をどのように生きるかは大問題で、そこには相当な危険も存在する。古来から多くの青年がその「夢」を大切にすることによって、偉大な仕事を成就したり、また逆に、命を失ったり、多くの人に迷惑をかけたりしてきた。夢にも大小さまざまあるし、それに対する対し方もまた異なってくるが、青年が夢をもつことはむしろ当然のように思われてきた。

現在の青年は、それほど「夢多い」生活をしているようでもない。まず第一に、かつての「夢」はあまりにも多く現実化されてしまった。夜見る夢で、空を翔ぶ夢を見た人は古来から多くあるが、月世界に行った夢を見た人は極めて少ないのではなかろうか。しかし、それは既に現実化されている。それと、一般に心に描きやすいような「夢」は現実の壁にあたって挫折することが多い、という事実を知りすぎたのではなかろうか。と言っても、青年の「夢」は消滅したのではない。それがかつてのそれとどのように異なり、どのようにして存在しているかを次に述べてみたい。

1　ロマン主義

夢を尊重する考えにロマン主義がある。かつての若者の多くはロマン主義に心を惹かれた。青年の好んで読んだり見たりする、小説や映画は「ロマンス」によって彩られていた。若い男女の恋に多くの若者がその「夢」を託したものである。そこで、まずロマン主義の小説をひとつ取りあげ、それについて述べ、後に、それと現在の作品を取りあげて比較してみたい。両者は異なると言えば大いに異なっているが、あんがいなところに類似点を見出すこともできる。

どちらの作品も「夢」について考えさせるものであるが、ロマン主義の作品として、E・T・A・ホフマンの『黄金の壺』(神品芳夫訳、岩波文庫、一九七四年)を、現在の作品としては、吉本ばなな『アムリタ』(福武書店、一九九四年)を取りあげることにした。前者は、私自身が青年時代に大いに感動した作品なので、これに決定したし、後者は現在の青年によく読まれている上に、青年の夢について語るのにふさわしいと思ったので、決めた次第である。

ホフマン(一七七六—一八二二)は、ドイツロマン派の鬼才として、かつては多くの青年に読まれる名作を書いたが、おそらく現在では、バレエの「くるみ割り人形」「コッペリア」などを見てその名を思い出す人はあるにしても、その小説が読まれることは少ないと思う。それで、荒筋を紹介しながら、『黄金の壺』について論じてみたい。

不器用な大学生

この小説の主人公、大学生アンゼルムスは、既に述べた青年期のぎこちなさ(adolescent awkwardness)の典型のような姿で登場してくる。彼は町を走ってきて「みにくい老婆が売っているりんごや菓子の入ったかごのなかへ一直線にとびこんでいったのである」。彼は嘲笑と悪口雑言のなかで、あまり金のはいっていない財布を老婆にわたして逃げ出してゆく。この日は昇天祭で、彼は少しはお酒を飲み、着飾った女の子たちを見て……などと思っていたのに、一文なしになってしまった。彼は「夢にえがいていたたのしみ」をすべて失ってしまった。

アンゼルムスは身の不幸を嘆いてひとり言をいう。新調の上着を着て外出すると釘にひっかける。枢密顧問官に会うときに帽子をおとしたり、床に足を滑らせてひっくり返るなどなど。「ああ、未来の幸福をえがいていた夢たちよ、きみらはどこへいってしまったのか。ぼくだってたぶんここで枢密秘書官ぐらいにはなれるだろうなどといい気になって広言していたものだが！」。その有力な後援者になってくれるはずの枢密顧問官に会いにいったときもまた、へまばかりやらかして、彼を怒らせてしまったのだ。

アンゼルムスのせっかくの「夢」も破れてしまったようだが、彼の最初に描いていた夢が、相当に現実的なものであったことに、まず注目したい。その小さい夢のひとつは、「お酒を飲んで、着飾った女の子たちを見る」というものだったし、大きい方も「枢密秘書官になる」というものだった。ところが、アンゼルムスの途方もない不器用さのために、それらは破れてしまった。

器用な青年というのも、世の中にはいる。それはまず「夢」などあまりもたない青年である。「夢」などというあいまいなことに心を奪われず、現実を処理してゆくので、ものごとがすべてスムースに運ばれてゆく。つぎに、たとい「夢」をもっても、それはその本人にとって実現しやすいものをうまく選ぶ。そして、本人の夢を実現しやすい条件をうまく整えて、その青年は「器用に」成長してゆくことだろう。

アンゼルムスは、なぜこんなに不器用なのだろう。彼は無能力ではない。彼は成績は優秀だし、将来は枢密秘書官か、あるいは宮中顧問官にさえなれるのではないかと期待されているほどだ。そこを見込んで、アンゼルムスの大学のパウルマン教頭は娘のヴェロニカが彼と結婚すれば、と願っているし、青いひとみのヴェロニカも彼を憎からず思っている。このように「夢」を実現する能力をもっていながら、それを潰してしまう不器用さがアンゼルムスを苦しめるのは、彼の知らないところで、もっと深い次元の「夢」が彼を捉えているからである。不器用さは深い夢への通路になる。

青年は夢を持つべきだ、と言ったりするがほんとうのところは、夢の方が青年を捉えているというべきだろう。アンゼルムスが「宮中顧問官」などという夢を持っているときに、もっと大きい夢がアンゼルムスを捉えつつあった。そのギャップから彼の不器用さが生まれてくる。青年が夢破れて八方ふさがりと思ったり、己の不器用さに腹が立って仕方ないと感じたりするとき、自分を捉えようとしている「夢」は何か、と考えてみると発見をすることがあるだろう。そこからまったく新しい道が拓けてくる。と言っても、それはそれ相応の苦しみを伴うものであるが。

アンゼルムスは絶望してひとりごとを言っているうちに、不思議な「声」をきく。彼は驚いてしまうが、それは「緑がかった黄金色にかがやく三匹の蛇」のささやく声であることがわかる。そのうちの一匹が彼の方を見た。

「魅惑的な濃い青の二つのひとみが、いいしれないあこがれをこめて彼を見つめたので、このうえないよろこびと深い苦しみのまざり合った生まれてはじめて知る感情があふれて、彼の胸は破裂しそうになった」。

緑の蛇に心を奪われ、呆然としているアンゼルムスを見て、道行く人は「あの人はたぶん頭がおかしいのね！」と言った。深い夢に捉われた者は、「精神病」というレッテルを貼られる危険と戦わねばならない。実際、アンゼルムスはこの後、いろいろな人から、「気でもちがったんですかい」とか「発作を起こした」とか、「気が狂った」とか言われるのだ。それらと戦い抜くことによって、アンゼルムスは幸福を手に入れることができるのである。

非日常の顕現

アンゼルムスの能力を評価しているパウルマン教頭と書記役のヘールブラントは、彼が貧乏なのに同情してよいアルバイトを紹介してくれる。古文書研究家で実験化学者でもあるという風変りな老人、文書管理役リントホルストのところに行き、彼の文書の筆写をすると高い給料がもらえる。アンゼルムスは喜んでリントホルストを訪ねてゆくが、そのドアのブロンズのノッカーをつかもうとすると、その金属の顔が「にやりとうすら笑いを見せ」、それは例のりんご売りの婆さんの顔になり、アンゼルムスに悪口を浴びせかけてきた。それを見てアンゼルムスは一目散に下宿へと逃げ帰ってしまう。

ところで、この文書管理人リントホルストは、実は「火の精」である。彼の祖先フォスフォルスは火の神で、竜と戦って勝ち、百合の女王と結婚した。リントホルストはそのような由緒ある血統に属するのだが、それを聞くと人々はどっと笑い、あるいは「いまのは東洋の伝説でしょう、リントホルストさん」と言ったりする。それに対してリントホルストは「これはでたらめどころか、ただのたとえ話でもなく、正真正銘、真実の物語ですぞ」と抗弁する。

アンゼルムスはリントホルストに会い、彼が声をきいて心を惹かれた三匹の蛇はリントホルストの娘であり、彼がその青いひとみに魅力を感じた蛇は、末娘のゼルペンティーナであることを知らされる。かくて、アンゼルムスはゼルペンティーナに会える楽しみもあるし、文書管理人リントホルストのところにアルバイトに通うことになる。

アンゼルムスは、文書管理人が実は「火の精」であることを知るし、蛇が「ゼルペンティーナという娘」であることも知る。そうなると彼は「通常の生活との外的な接触の感覚がすっかりなくなってしまったのだった。彼は、心の奥底の方にえたいの知れないあるものが動いていて、それが自分にあの歓喜のいりまじった苦痛をよびおこすのだということを感じていた。その苦痛は同時にまたあこがれとなり、より高度な別の存在に参入することを人間に期待させるものでもある」。

日常の生活では、自分の身のまわりにあまり変ったことは起こらない。見たり聞いたりすることは、大体自分の知っていることであり、予期していることである。学生にとって、一人の教授はあくまで大学の教授であり、講義の内容もそれほど変りばえしない。教授のなかには、十年間、冗談にいたるまで毎年同じことを繰り返している人さえいる。もちろん、時に教授が退官したり、助教授が教授になったりするが、それも大体は予期できる範囲のものである。こんなことに慣れてくると、日常の生活がまったくつまらなく思えるときがある。こんな同じことを繰返していて何になるのか、と思う。ほとんどのことに興味を失ってしまう。

しかし、そのような日常の世界に非日常の内容が顕現してくる。文書管理人の老人と思っていたのは実は「火の精」であった。しかもアンゼルムスは彼が鷹になって空を飛ぶのまで見るのだ。そして、一匹の蛇は実は世にも美しい娘なのだ。「実は――である」ということ。これは非常に大切なことではないだろうか。われわれは人間と思っていたのに、それは実は狸だったとか、オウムだったなどという体験をしたことがないであろうか。ところで、そういっている自分自身は「実は――なのである」と知っているのだろうか。

一般にはそこまで突っ込まなくとも、たとえば、「私は――大学の学生です」ということで満足するのではないだろうか。特に、その大学が一流などと言われているときは、ますますそれに満足する。そこを卒業したとしても「××会社」という一流会社に就職したことでよしとする。青年の「夢」もそんなことに関係している限り無難である。アンゼルムスにしても、はじめは宮中顧問官になること、そして、パウルマン教頭の娘ヴェロニカと結婚することを「夢」にしていたのだ。しかし、今ではすっかり変ってしまった。あまりにも深い非日常性の顕現に出会ったのである。

非日常の世界はすべて好ましいとは限らない。例の婆さんはだんだんと本性を発揮してきて、アンゼルムスの行動をいちいち妨害するのだ。それに、ヴェロニカをうまく使って、アンゼルムスがゼルペンティーナのことを忘れてしまい、ヴェロニカと結婚したいと思うように仕向けてくる。これにはアンゼルムスも混乱してしまい、ゼルペンティーナのことを忘れそうになったりする。

火の精とか蛇の娘とか、子どもだましのお話には関心がないという人があるかも知れない。しかし、ヴェロニカとゼルペンティーナの二人の女性のどちらを選ぶかという葛藤は、共感できる人が多いのではなかろうか。前者は、この世の幸福につながることは明白である。しかし、後者は未知で危険に満ちてはいるが、この世の幸福を超えることを予感させる。その選択にあたって、時に強い葛藤状況をひきおこすことは、誰しもよく知っているところである。

戦い

アンゼルムスは筆写の仕事をするために、リントホルストを訪ねる。アンゼルムスは筆写に自信があり、最上の中国産の墨を使って書いた自分の書を持参するが、リントホルストはそれを見て軽蔑の色を隠さない。それに墨も悪いと言って水に漬けると、字は全部消えてしまった。アンゼルムスは完全に圧倒されるが、「わたしのところでやれば、もっとうまくゆくだろうと思いますよ」と励まされて仕事にかかる。アンゼルムスはゼルペンティーナのおもかげを心に抱きつつ仕事をすると、「わたしはあなたのおそばにいます――」という彼女の声がきこえてくる。

アンゼルムスはゼルペンティーナの愛に支えられて筆写をした。仕事ぶりを見に来たリントホルストも今度は満足したようだ。彼はアンゼルムスに話かけた。「よろしいか。わたしは、きみが感づくよりも以前に、きみとうちの最愛の娘とのあいだにひそかなつながりの糸があることを知っていましたよ」。これに対して、例の婆さんが反対をしているが、「戦いに勝ちぬいてはじめて、より高い生活での幸福は得られるのだからね」。

ここには、よくある娘とその父のテーマがある。若い男性が恋人を見出したとき、恋人の父は若者に「仕事」を課す。それはしばしば困難なことが多く、若者はそれができずに恋を失ったり、時に自分の命さえ失ってしまう。恋人たちの愛が深いとき、その愛が支えとなって仕事は成就される。時には、女性が直接的に男性に援助を与えるときもある。

ここで、この男性にとって恋人の父は、極めてアンビバレントな存在として認識される。彼はまず己の娘を守るために、近づく若者をすべて殺そうとするような恐ろしい存在として見られる。しかし、彼は娘の幸福を願うが故に、娘の恋人を鍛え導く強力な指導者としての意味も持っている。リントホルストの場合は後者のような意味合いが強くでているが、このような一人の乙女をめぐっての二人の男性の間に生じる微妙な関係は、現在においてもよく認められる現象と言っていいだろう。もっとも、最近はこれだけの強さと知恵を持った年輩の男性が少なくなっているようにも思われるが。

リントホルストの、したがってアンゼルムスの敵の女性は魔女で、邪な黒い竜の翼からこぼれ落ちた一枚の羽と砂糖大根の恋愛から生まれてきたものであることがわかる。ところが非常に面白いことに、この魔女はヴェロニカが幼いときに世話をしてくれた乳母のリーゼばあやなのである。彼女は予言者ラウエリンとして生きているが、ヴェロニカはラウエリンの何だか怪しげな感じを嫌になりながら、それが実はリーゼばあやであることがわかると共に好意を感じ、彼女の仕事に協力しようと思うのである。

ここにも、両面性をもった人物——それは女性であるが——が登場する。リーゼばあやはヴェロニカを育ててくれた優しい女性だ。しかし、ラウエリンとなると、ヴェロニカとアンゼルムスの恋愛を成就させようとしながらも、結果的にはアンゼルムスを抹殺する側になっている。リントホルストも両面性をもっていたが、結果は望ましい人物として描かれていたのに対して、このリーゼ＝ラウエリンも両面性を秘めつつ、結局は極めて破壊的なイメージを与えられ、リントホルストとの戦いに破れ去ってしまう。

父親像と母親像(リーゼは乳母である)に対するこのような差については後で論じるとして、ともかく、リントホルストも強調するようにより高い生活の獲得のためには「戦い」が必要である。ロマン主義はそのような戦いによって成就されることを、われわれは認識しなくてはならない。このことの認識が明確でないために、日本人はロマン主義がわからない人が多いように思う。日本人が「ロマンチック」と言う場合は、多くは「センチメンタル」と言いかえた方が適切なように思われる。

母性はロマン主義の敵のようである。幼い時はそれはリーゼばあやとして育ててくれるのだが、青年となって詩の世界へ飛翔しようとするときは魔女ラウエリンとなって妨害する。したがって、それは退治されねばならないのだ。このことは、ロマン主義の精神性の優位をも示している。身体性を拒否しようとする力は非常に強力である。ここで非常に興味深いのは、ゼルペンティーナの父リントホルスト、ヴェロニカの父パウルマン教頭は登場してくるが、二人の娘の母親は話の舞台にまったく登場しない。代って、「母性」の象徴としてのリーゼ＝ラウエリンが活躍し、結局は消滅させられるのである。

ところでロマン主義は、人間の理性よりも感情の世界、外的現実よりも夢などを重視する考えである。人間の存在の深みに降りてゆこうとするものが、母なるものを殺し、身体性を否定することなどできるのだろうか。ここにロマン主義のもつ悲劇性があり、ロマン派の芸術家に自殺などの悲劇的人生が多いことと無縁ではないように思われる。

二組の結婚

ホフマンはロマン主義の矛盾を相当に意識していたのではなかろうか。彼は分裂の苦しみにひたすらに耐えて生きてきたのであろう。ホフマンの作品が「二重構造」をもつことは、しばしば指摘されてきている。ところで、この作品で、ゼルペンティーナとヴェロニカとして示された二重構造はどのように解決されてゆくのだろう。それはやや安易とも思われるが、アンゼルムスがゼルペンティーナと結ばれると同時に、パウルマン教頭のところの書記ヘールブラントが宮中顧問官の試験をパスして、ヴェロニカに結婚を申込み、ヴェロニカはそれを喜んで受けいれる。つまり、最後のところで二組の結婚が成立することになったのである。

あれほどまでにアンゼルムスと結婚したがっていたヴェロニカは、ヘールブラントのプロポーズを受けると、これまでのいきさつをすべて話して、「わたしはもう魔法とはいっさい縁を切りました。そしてアンゼルムスさんの幸福を心から祈ります。あの人はついに緑の蛇と結ばれました。あの小蛇さんはわたしよりずっと美しく、ずっとお金持ちです。わたしはね、宮中顧問官ヘールブラントさん、誠実な妻となってあなたを愛し、尊敬してまいりたいと思っています」ときっぱりと言う。ヴェロニカはまさに自分の限界をよく知っていると言うべきである。何もかもめでたしめでたしである。

話としては、まったく完結している。これはホフマンがロマン派の作者でありながら、「現実」ということを大切にしていることを示しているものとも言える。彼がロマン派に属しつつ、その作品においても現実描写が極めて的確なことも、つとに指摘されてきたところである。ホフマンにとっては夢も現実も大切であった。そのことは、この作品において彼がヴェロニカを普通のお嬢さんとしておとしめるのではなく、敬意をもって描き、幸福な結末を与えていることにも示されている。

作品は完結している。しかし、実際に生きてゆく上ではどうすればいいのか。心のなかで、二組の結婚を完成させることだ、というのもひとつの答かも知れない。しかし、そんなことが可能であろうか。このように考えてくると、ともかく夢を真剣に追求してゆくことの困難さが感じられるが、他にも答はあるようにも思う。それに対するヒントとして、この作品のなかのゼルペンティーナもヴェロニカも一人の人間としてのパーソナリティを感じさせない、という事実がある。つまり、この二人の女性はホフマンという男性の心のなかにある女性イメージではあっても、現実に生きている女性とは異なるのだ。

この作品のみならずロマン派の文学に出てくる女性は、男性にとって素晴らしい魅力を感じさせるものであっても、女性から見るとあまり面白くない人物と思われることが多いのではなかろうか。それは生きている人間としては描かれていない。ときどき女性のなかに、男性に愛されることを願って、ロマン派の小説のなかの女性のように生きようとする人がある。確かに男性は寄ってくるし、「女らしい女性」ということになって、大いにもてるだろうが、それは自分自身を見失い破綻をきたすことになりがちである。

それではホフマンの作品はまったくのナンセンスであろうか。これまでに説明してきたように、人間の心――特に男性の心――の内界を描いたものとして傑作である、と私は思っている。道具立が古いので、現在の青年たちにはあまり魅力を感じさせないかも知れないが、よく考えると現在でも結構通じることが述べられていると思う。しかし、これまで述べてきたこととほぼ同じことだが、現代の女性の目から見ると、それはどのように見えるかについて、次に示してみたい。そこでは、夢と現実との区別が極めてあいまいになってくるのだ。

2　夢と現実

ホフマンの作品においては、「現実」とファンタジーが微妙に交錯する世界が示された。主人公のアンゼルムスは何度も「妄想」に取りつかれていると言われたり、精神病者のように言われたりした。しかし、結果としてはすべてがめでたくおさまり、アンゼルムスの体験したことは、すべて意味があったことが明らかになった。つまり、アンゼルムスの体験したことはすべて「現実」のことなのであった。

いったい「現実」とは何であろう。われわれは「現実」についてよく知っている、と思いすぎているのではなかろうか。昔の人にとっては、さまざまの天変地異をどのように理解するか、大変なことであっただろう。現在は、それらによって時に予測不能な被害を蒙るにしろ、それが地震、台風、火山の爆発などによることを知っているし、それが生じてくる経過なども理解している。そして、何よりもそのような理解は普遍性をもっている。ある人はそこに神の姿を見たのに、他の人は竜の姿を見たなどということはない。誰にとっても「現実」は同じであり、ひとつである、と思っている。

近代の自然科学の急激な発展が、このような現実認識を強化したと思われる。自然科学的な現実認識を「進歩」させてゆくことによって、人間は自然を支配できる、という考えが近代には強くなり、「夢」の方までその延長上に考えられていたが、現代ではそのような夢は破れてしまい、「唯一の現実」を認識するという考えに対しても疑いが生じてきた。現実と夢とを明確に区別して考えている間は、どうしても夢の方が分が悪い。夢は現実によって無視されるか、現実の裏打ちとして奉仕させられるか。ところが、そもそも「現実」ということが、それほど明確でなく、そこにはさまざまの現実がある、と考えはじめると、夢の方もある種の「現実」として見るべきだ、ということになる。

夢と現実とを明確に区別するのではなく、それらを同等の「現実」として見る方が、いいのではないだろうか。もっとも「同等」と言っても、それをどのようにどの程度に考えるかが問題ではあるが。確かにそれらは「同じ」ではない。しかし、その重みを同等と考える、というべきだろう。このような現実認識に立つと、「青春の夢」はどんなふうになってくるのか。それを吉本ばななの『アムリタ』によって見てゆくことにしよう。

意識水準

『アムリタ』の主人公は、若い独身女性の朔美である。朔美がボーイフレンドの竜一郎と、竜一郎の友人のコズミ君と三人で飛行機に乗ってサイパンに行くところがある。「朔美」がうとうととしかけたとき、飛行機ががくんと揺れて目が覚めた。そのとき、友人の栄子が「飛びこんで来た」。つまり、「その匂い、画面、感触、すべての情報が私になだれこんで来た」のだ。「私はどぎまぎして、いても立ってもいられなくなり、頭がくらくらした」。トイレに行って何とか気持を整えて座席にかえって来ると、コズミ君は「今さっき、女の人が君のことを呼んでなかった?」と言う。「どんなひと」と訊いてみると、「うーん、よく見えない……けど、きれいな、細い人。声が高い」と言う。「当たってる。」コズミ君は、「着いたらすぐ、電話したほうがいいよ」と言う。

「私の動揺とはうらはらに当然のことのような口調でコズミくんは言った。寒いから、上着を持っていったほうがいいよ、と言うように。」

「寒いから上着を持っていったほうがいい」ということと、誰かの幻覚を見たときは「電話をしたほうがいい」ということが、まったく同等に当然のように取り扱われている。どちらも同じ現実なのである。ここで朔美は、「このリアリティになれなくてはいけないのか」と思いを新たにする。そうだ、これがリアリティというものなのだ。

「そんな馬鹿なことあるのか」という人がある。しかし、「あるのです」というより仕方がない。いつだったか私に対して、ある人が自分の夢のなかで友人が死に、朝目が覚めるとその友人の死亡の通知があったことを話をした後で、「こんなことってあるのですか」と言われたことがある。「あなた自身があったことを話されたのだから、それはあるのです」と答えたが、これがリアリティというものである。『アムリタ』は、そのようなリアリティを書こうとしている。いわゆる夢と現実は、ともにリアリティのなかに包摂されている。

『アムリタ』では、わざわざ「リアリティ」という英語が用いられている。これは一般的な意味での「現実」と異なることを明確にしたいからであろう。朔美の体験を説明するときに、「誰かの幻覚を見たら……」という表現をしたが、これも幻覚なのではなくて、「リアリティ」だということになろう。だからこそ「すぐに電話をかける」という現実行動へとそれはつながってくるのだ。

一般に「現実」と呼ばれているものは、人間が通常の意識によって認知したものを指している。最近になって、そのような意識のみではなく「変性意識」によっても「現実」が把握され、どれが正しいなどとは言えない、と考えられるようになった。このことは既に「現実の多層性」として述べたところである。

朔美の異父弟の由男は十一歳。いろいろな超常現象を経験しやすい少年である。不登校で悩んでいる彼を連れ出して、朔美は二人で友人が高知にもっているマンションに休養に来る。そこで彼らは「恐ろしい夕焼けを見た」。「透明で、赤く柔らかで、巨大なエネルギーが、町や空気の目に見えない壁を通りぬけて押してくるような迫力だった。息苦しいほどの、生々しさだった。一日は一日を終えるとき、何か大きくて懐かしく怖いほど美しいことをいちいち見せてから舞台を去っていくのだ、と思い知った。実感した」。

これは「激しい夕焼け」だった。「じょじょにその夕焼けが去っていくとき、何ともわかれがたい気持ちとすがすがしい感謝の気持ちが混じって、切なくなった」。

二人の体験した夕焼けは、その日に夕焼けを見た人たちに同じような体験をもたらしただろうか。答は否である。同じ景色を見ても、その人がどのような意識水準で受けとめたかによって、まったく異なるのだ。このことがわからない人にとって、夕焼けは一生単なる夕焼けであって、何の感動も起こらない。

このような夕焼けの描写を読むと、私は既に述べたホフマンの『黄金の壺』のなかの、アンゼルムスがはじめてゼルペンティーナのささやきを聞き、呆然として立ちつくしていたエルベ川のほとりの景色の描写を想起する。おそらく、ホフマンは『アムリタ』の著者と同様の意識水準にまで降りて、同様の「リアリティ」の体験をしたに違いない。ただ、当時の状況では、それをリアリティとして書いても通じなかったので、彼は「ファンタジー」という形式によってそれを述べるより仕方がなかったのだ。そのために、ホフマンは彼の作品のなかで、彼のファンタジーが絵空事ではなく「真実」であることを強調するのである。

意識水準の低下と言っても、それは意識がぼやけることを意味しない。意識水準の低下と意識の集中力が共存する状況にないと、超常現象の把握は起こりにくい。このようなバランスが崩れると、妄想の世界に生きることになってしまう。あるいは、不安が増大してパニックになるときもある。突然に不安発作に襲われ、パニックになった人が、自分の見る景色のなかの線という線がすべて刃物のようになって目に飛びこんできた、と言われたことがある。朔美たちの見た夕焼けは、それに近い意識水準の体験だが、パニックではなく、深い感動をもたらした。このあたりの差は紙一重とも言えるし、重大な差とも言うことができる。

「近頃の青年は夢がない」などと呑気なことを言ってはおられない。現代は夢と現実が区別をなくし、全体としてのリアリティを構成し、そのなかに生きる人間は、常に狂気の世界に陥る可能性をもっている。それを避けようとし過ぎると、安全ではあるが単調で無感動の世界に生きることになる。

二人の女性

ホフマンの作品と『アムリタ』の類似点をひとつ紹介したが、そのような目で見ると、他にも類似の点を見出すことができる。『黄金の壺』ではヴェロニカとゼルペンティーナという二人の女性の対比が、非常に大切な要素として描かれていた。『アムリタ』では、朔美とその妹の真由との対比が重要である。「真由は生まれつきなぜかすごく顔立ちが整っていて、父と母と私の誰にも似ていなかった。(中略)子供の頃なんかまるで天使の人形みたいだった」。このような容姿のために早くから芸能界にはいり、「芸能界を家庭として育つことになり、ずいぶんと前から家を出てしまっていた」。

「特別ひどい顔だというわけではないんだけれど」言わば「フツー」の女の子として家庭に育ってきた姉の朔美と真由とは、対照的な存在である。そして、妹の真由はノイローゼになって突然引退するのだが、そのときの彼女の状態がつぎのように的確に描写されている。「引退直前の彼女は顔もスタイルも化粧も服も、まるで独身男の妄想を女の形にしたみたいな状態になっていた」。「自分の弱さを、出来合いの板で次々に間に合わせの補強をしてごまかしていくうちに、つぎはぎの自我が形成されてしまったのかもしれない。ノイローゼは、彼女の生命力の叫びだったのだ」。

「まるで独身男の妄想を女の形にした」という表現は、『黄金の壺』について論じた際ロマン派の小説のなかの女性のように生きようとする人がある、と指摘したが、まさにそのとおりのことを真由がしようとしたことを示している。そして、そのように生きていると、「自分自身を見失うことになって破綻をきたす」と述べた。まさにそのとおり、真由は、「車を運転していて、電柱に激突して死んだ。飲酒運転で、その上、大量の睡眠薬まで飲んでいた」。

ところで、この小説で真由の死は、半年前に起こったこととして最初に語られる。つまり、この話のなかで真由は出る幕がない。それなら、朔美と真由の対比などと言っても、ヴェロニカとゼルペンティーナの場合のようには話が進まないではないか、と言われるだろう。ここに二つの作品を分ける重要なポイントがある。既に述べたように、ホフマンの作品の前提として、夢と現実の分離ということがある。そして、二人の女性は男性の心のなかに生じてきた女性像として分裂している。それに対して『アムリタ』では、女性の目から見た女性が描かれ、そこでは夢と現実との分離はない。そして、結論を先取りして言えば、この作品は、朔美が真由といかにして合体してひとつの女性となってゆくかが描かれている、と言ってもいいのである。ゼルペンティーナ、ヴェロニカの両面を合せもってこそ、ひとりの生きている女性となる。その女性にとって、夢と現実の境界は限りなくあいまいになってくる。

ここで二人の女性像がひとつになるためには、重要な体験が必要であった。それは、朔美が階段から落ち、頭を打って記憶を喪失し、母親でさえ誰かわからないほどの状態となり、そこからじょじょに記憶を取り戻す作業をしなくてはならなかった、ということである。いわば、これまでの朔美は一度死んで、新しい生をつくりあげるのだが、その過程の間に、真由を取り込んでゆくことがなされてゆく、と考えられる。

そのような「合体」を示す象徴的事件として、真由の恋人の竜一郎と「うっかり関係しちゃって」ということが起こる。このことを聞いた朔美の友人の栄子は「何それ！　おぼえてなかったの？　真由ちゃんの彼氏だったこと」と言い、「おぼえてたんだけどね、ほら、実感がなくて、記憶があいまいだから」と朔美は答えている。栄子は「わざと忘れてたんじゃない？　もともと気があったんじゃない？」と追究するが、「正直言って、それだけが今もわからないのよ」という様子である。

竜一郎は作家で、真由の死後は外国への旅ばかりしていた。帰国してきた彼は朔美の事故を知って驚いて病院に電話してくる。彼女は彼のホテルを聞いて病院を脱け出て会いに行く。朔美のほとんど坊主頭のような姿を見て、「朔美ちゃん、変ったね、すごく」と彼は言う。しかし、「彼もまた、私の知っていたはずの彼ではなかった」。旅をしまくっているうちに、彼も何かふっきれて、すっきりとした人間になっていた。

「そしてその後当然のことのように、部屋に上がり、泊ってしまった。それは、「長旅で女に飢えている」レベルから、「私が手術後初の外出で少し浮かれていた」こと、さらに、「もともとおたがいに興味があって、こういうタイミングを待っていて」「ほぼ別人として出会えた」「これは奇跡で、神に感謝する」という美しいレベルまでを全部包括した永い夜になった。

とにかく、いい夜であった。」

朔美・真由の結合の相手として、竜一郎という男性が必要であった。朔美と竜一郎との関係は決していわゆるロマンチックというのではなかったけれど、ここに述べられているようにいろんな要素を複雑に混合させており、そのなかのひとつとしてロマンチックなものを含んでいることは、これまで述べてきたことからも明らかであろう。

十一歳の弟

朔美が真由を取り込みつつ、自分を新しくつくりあげてゆくとき、竜一郎は非常に大切な人物であった。それとほとんど同じくらいの重みをもって、十一歳の弟の由男も朔美の仕事に協力する。一人の女性が青春を生きようとするとき、このような年齢の少年の助けを必要とするのは、興味深いことである。

由男は超常現象に心が開かれている類の少年である。彼が「面白いよ」と貸してくれた「ほんとうにあった世界のミステリー100」という本のなかに、「二人分の記憶を持つ婦人」というのがあった。朔美が読むと、テキサス州に住むメアリー・ヘクター(四十二歳)は交通事故にあって以来、自分自身の今まで持っていた記憶と共に、オハイオ州に住み、十七歳のときに死んだメアリー・ソントンという少女の記憶とを合せもつようになった、と書いてある。これを読んで夜、朔美は「おかしな夢」を見た。

夢のなかで、朔美は「空が恐ろしく青く、吸い込まれるように遠く」「生まれてから目にしたことのない、圧倒される景色」を見ていた。隣には「メアリーさん」が坐っていて、二人は話合った。メアリーさんは、もう一人のメアリーの記憶が自分のそれといかにとけあって自分のものになっているかを語る。これに対して、朔美は、「自分だけの自分なんていうものがあったかどうかわかりませんものね」と言い、「何だか自分をいっぺん死んだ人間のように思うのです」と続けると、メアリーはうなずいて、ほほえんだ。メアリーは、「こうして美しい眺めをふたつの魂が私の目をとおして寄り添って見ていると思いたくて」と幸せそうに言った。

日が照っているなかに雨が降ってきて、景色は不思議な美しさを示す。

「何もかもがきらきらと甘く見え、風景は潤い、あまりの気持よさとまぶしさに自分が泣いているのかと思ったが、天からの水分がほほをつたっているだけだった。

「単に今、全部で4人の人生が、空と地面と雲と天気雨を見ている、ということなのかもしれません。」

私が言った。静かにメアリーはうなずいた。」

この夢を朔美は「何だかわからないがとにかくありがたい」と感じる。これは、朔美が記憶を取り戻す過程で、真由のそれもとけこますことになるのを予見する夢ではなかろうか。そして、そのような夢を見るきっかけを、十一歳の少年が与えてくれているところに注目すべきだと思う。

由男はいろいろな超常現象にかかわりが深く、幻聴がきこえてきたりする(そもそも「幻聴」などと言えるのかどうかも問題だが)。ともかく、誰かの声がきこえてくる。そんなわけで、学校の普通の勉強が面白いはずがなく、不登校になっている。姉の朔美は弟に同情し、彼の心を癒そうとして、友人のもっている高知のマンションに出かけてみたり、竜一郎と一緒に行ったサイパンにまで呼び出したりする。しかし、不思議なことに、癒そうとする側が知らぬ間に癒される側になっていることがよくある。と言うよりは、深い癒しの場合は、このような相互作用がはたらくものなのだ、と言うべきだろう。由男を連れ歩いているうちに、朔美の方も彼によって癒されているのである。朔美が真由を「回復する」過程において、由男は重要な役割を演じている。

由男は朔美に真由が竜一郎の子供を「2人おろしてたこと」を知っていたかと訊く。朔美はそんなことをどうして知っていたのかと驚くが、由男は「夢で見た」と言う。夢で真由と会ったのだ。夢のなかで、真由は楽屋にいた。由男は「懐しくて真由にさわりたかったけれど、さわれなかった。その透けそうな白さと笑顔が神々しくてこわかったし、夢の中なのに真由が死んだことを知っていた」。真由は由男にやさしく接し、うまれなかった子供がふたりいる、くやしいのはそれだけだということを朔美に伝えて欲しいと言う。そして、自分は「急いだだけ。あとは誰も悪くない」「由ちゃんも早熟だから気をつけて、私みたいに急がないで」と忠告する。彼女はまた「実際生きてるとわかんなくなっちゃうけど、楽屋にいるとよく見えるの。空が青いのも、指が5本あるのも、お父さんやお母さんがいたり、道端の知らない人と挨拶したり、それはおいしい水をごくごく飲むようなものなの。毎日、飲まないと生きていけないの。何もかもが、そうなの。飲まないと、そこにあるのに飲まないなんて、のどが渇いてしまいには死んでしまうようなことなの」と非常に意味深いことを語る。

真由は超能力をもった由男を通じて、朔美に多くのことを伝えてきたのだ。「うまれなかった子供がふたりいる。くやしいのはそれだけ」という伝言は、朔美に竜一郎の子供を是非生んで欲しいという願いであろう。彼女はまた一般に外的現実と呼んでいることを「毎日、飲まないと生きていけないの」と言っている。それらを内にどと区別している境界が極めてあいまいになってゆくのを感じる。そのようななかに、現代の青春はあるのだ。とりいれ自分のなかで消化してゆかねばならない。このような言葉をきくと、一般に、外界と内界、夢と現実な

頭を打つ

かつての青春は、現実と夢とを明確にわけ、その夢をいかに現実化してゆくか、というところに意義を見出そうとした。しかし、この方法はどうもあまりうまくゆかないことがわかってきた。現代の青春は、夢と現実の区別があいまいになる。その両方をリアリティとして受けとめて、そのなかに生きることが大切となる。そのときに、『アムリタ』の場合、その生き方の導き手として十一歳の少年が登場しているのが興味深い。これは、言ってみれば、自分の「内なる少年」でもいいのである。ともかく、十歳頃の子どもというのは不思議な存在である。すべてがそうだとは言えぬが、この頃のある種の子どもたちは、青春と共鳴するものをもっている。

十歳頃の子どもについては、ここではあまり論じる場ではないので簡単にする。しかしこの頃の少年は由男のように、死について恋について青年も顔まけするようなことを考え、青年期の不安を先どりして、そのままに感じとったりする。真由は現実を「毎日、飲まないと」と言ったが、それの裏がえしが既に述べた拒食症であると言っていい。内への取り入れを頑強に拒絶している。このようなノイローゼは十歳頃から既にはじまるのである。

朔美は「頭を打つ」ことによって、記憶を失い、それを再構築することを迫られた。しかし、このことによって、彼女は忘れられていた過去にもかえって接近しやすくなったのではないだろうか。したがって、十一歳の弟とも非常にうまく波長が合ったのだと思われる。朔美もおそらく、由男と似たような十歳頃の不安の体験をしたのではなかろうか。

朔美が竜一郎との関係を深めてゆくためには、竜一郎の友人のコズミくんと、その奥さんの「させ子」というカップルを必要とした。ここにも二組のカップルという テーマがある。この二人はサイパンに住んでいる。先に紹介したが、朔美がサイパン行の飛行機の中で経験したように、コズミにとっては超常現象は日常茶飯事であり、それは妻のさせ子にとっても同様だ。竜一郎と朔美はサイパンに行き、コズミ夫妻の異能ぶりに驚かされる。

コズミ夫妻は霊の世界に住んでいると言いたくなるようなところがあるが、他方、つまらない痴話喧嘩もする。朔美は呆れて、「霊的に高尚なのか、普通の新婚なのか、忙しい人達ねえ」と言う。つまり、単純な二分法は通じないのだ。夢と現実がいり混じるように聖と俗も混在しているのである。

夢と現実、聖と俗などのいり混じる青春を味わうためには、意識の水準を相当に深くすることが必要だ。通常の意識の体験だけでは、そのようなことは理解できない。朔美はそのような深い意識水準の体験をするために、妹の死と階段から落ちて頭を打つ、という大変なことに出合わねばならなかった。朔美の深い体験の背後には死が存在している。少し誤ればあちらの世界に行くような境界を歩み続けることによって、朔美は現代の青春を生きたのだ。朔美がはじめてさせ子に会ったとき、させ子は「あなたは、半分死んでるんだわ」と言う。朔美は「かちんときた」が、させ子は「悪いことではない」と言い、「いつか半分死んだことで、あなたの残りの機能が全開になったのね。生まれ変ったのよ。ヨガの人達が一生かかってやるようなことよ」と言う。朔美のもっている機能を「全開」させるには、「半分死ぬ」ことが必要なのだ。

死と無関係に生きることは安全である。しかし「安全な青春」などというものがあるだろうか。それでは何も面白くない。と言って誰かの死を体験することも、自分が頭を打って半分死ぬことも不幸であることには変りはない。まかりまちがえばそれは破滅に通じることである。しかし、何らかの不幸や危険なしに意義深いことが成し遂げられることはない、と言えるのではなかろうか。したがって、『アムリタ』の最後は次のような言葉で終っている。

「頭を打つのもまた、いいものだった。

そう断言しよう。」

――・――

最近、東京の原宿あたりを歩いていると沢山の人だかりがしている。好奇心を出して覗きに行くと、若者たちが梶棒のようなもので頭をなぐり合っている。「今時、内ゲバの戦いでもあるまい」と思って見ると、確かに青年たちの表情が違う。あの内ゲバのときの敵意をむき出しにした顔とはまったく反対に、平和そのものとでも言いたい顔でなぐり合っている。「昔は、たけのこ族というのがいましたが、最近はバナナ族ですね」と見物の一人が、これも柔和な顔をして言っている。

まわりを見ると、沢山の幟が立っていて、「青年よ頭を打て」と書いてある。英語の幟もあって、そこには、"Boys be amlitious!"とある。これで私も様子が飲みこめてきたが、若者たちの頭の打ちようがあまりに激しいので心配になってきた。至福の表情をしながら、頭から血をタラタラ流している者もいる、私はたまりかねて、「君たち、頭を打つのはいいが、梶棒で打つのはあんまりだ」と、止めさせようとした。若者はジロリと私を見て、「これは梶棒じゃないよ、サイパン島にゆくとアムリタという大木のバナナがあり、それでつくってあるのだ」と言う。私はそれでも止めさせようと思い「アムリタなんかではなく、アキレタを使いなさい。アムリタは木で出来ているが、アキレタは気でできているので危険性が少ない。そんなことをしていると、キが違ってしまう」と大声で叫んだ。

私は自分の大声に驚いて目を覚ました。『アムリタ』をあまり熱心に読んだので、それが私の夢にはいってきたらしい、せっかく夢にはいってきてくれても、受け手が悪いと変な夢になるものだと思った。私も少し頭を打つといいのだろう。

3　夢を生きる

夢という場合、夜見る夢をどう考えるといいのだろう。一般に「青春の夢」などと言うときは、覚醒している状態で、自分の将来についての漠とした希望や願いをもつことを言っている。あるいは、時にそれは非常に明確なことであっても、それを実現する方法となると何もきまっていない、というときもある。そのような「夢」と夜見る夢とは関連はあるが同じではない。夜見る夢の方は意識水準が覚醒時より深くなっているが、一般には、覚醒時の意識とは簡単につながらないので、さっぱり意味がわからない、というのが実状である。しかし、夢を取りあげ正面から取組んでみると、あんがいその意味が明らかになるときもある。

筆者は心理療法において、夢分析を主な技法として用いているので、青年の夢を聞くことも多い。しかし、夢分析のこととなると、あらためて多くのことを説明しなくてはならないので、本書においては全体の流れのなかで関連してくると思われることについて、ごく簡単に述べることにする。

夢の意義

朝起きて夢を覚えていても、まったく荒唐無稽に思われることが多い。しかし、既に述べてきたことの延長として、夢もひとつの現実として大切にしてみてはどうだろう。

ひとつの例をあげてみよう。ある青年は父親と子どものときによく釣に行ったのだが、大学生になってから夢で、父親と一緒に釣に行った。「ここでは魚を釣ってはいけない」と立札の出ているところで父親が釣ろうとする。立札を指さして注意するのに、父はそれを無視して平気で釣ろうとする。

この夢を見た学生は、父親を尊敬している。父親はやさしいが厳しい人で、禁漁の立札を無視したりは絶対にしない人である。子どもの頃、釣に連れて行ってくれたときなど、父親に釣のことをいろいろと教えてもらって父親を「何でもできる人」のように感じた。夢のなかで父親が禁止を破って行動しているのが腑に落ちない。

実は夢分析をするときは、夢についてのみならず、その人の当時に考えていることと感じていることを聞くことが大切である。その人の通常の意識の状態について知ることが必要なのである。ところでそのような話を聞きながら、この青年が自分の父親を能力があり、不正を嫌う人として尊敬している、というのも現実なら、その父親が不正をはたらくという夢も現実として考えてみてはどうだろう。ここで大切なことは、どちらが正しいのかをすぐに決定せず、矛盾した事実を矛盾したままで、しばらくかかえていることである。

現実の多層性ということは既に何度も述べてきたところである。ここで、父親が不正を嫌う人だという現実のみを認めると、夢はナンセンスのこととして棄て去られてしまう。また、時に「夢好き」な人が犯す誤りのように、この夢から判断して「父親は本当は不正な人間だ」などと断定してしまうと、それは夢のみを現実として認めることになる。そのいずれにもくみすることなく、矛盾に耐えていると、いろいろなことが見えてくる。

まず、自分は父親を尊敬するあまり、父親と同一化してしまって、父親の考えや行き方をそのまま真似ようとしていなかったか、という点が反省される。「正しく生きよう」と思ってきたが、その「正しい」ということの根拠をもっと疑っていいのではなかろうか。正しいと思ってしていることが、あんがいそうではないかも知れないし、不正と思われていることにも意味があるかも知れない（ともかく、父親は平気で禁止を破っているのだ）。こんなことを考えていると、単に父親をどう考えるということを超えて、世間一般の道徳観に対する疑義にまで広がってくる。

こんなふうに考えてくると、この学生は、これまで父親の意見をすべてそのまま聞いていたが、これからは少しそれと異なる自分の考えを言うようになるかも知れない。あるいは、これまでは「不正」として見向きもしなかったことに意味を見出して、少し手をつけることになるかも知れない。もちろん、これらのことには困難な危険を伴うので、少しずつやってみては周囲の反応や、自分のそれ以後見る夢にも注目し、それを基に再考してゆく。このようなことを「夢を生きる」と私は呼んでいる。

つぎにもうひとつ、アメリカの二十五歳の男性の見た夢を示す（ヘンダーソン『夢と神話の世界』浪花博・河合隼雄訳、新泉社、一九八五年より）。

「私は大きなフットボール競技場にいる。そこにはまったく誰も姿が見えない。私は立ち去ろうとして、斜めの通路を下りて行く。そして、ほっと溜息をつく。」

これは青年期を終ろうとしている人の見る典型的な夢である。この夢のなかの競技場は学生のころ大学対抗のフットボールで熱狂的な応援をしに行った所である。スポーツの応援に熱中するとき、誰しも「母校」というのを身近に感じるし、自分のアイデンティティが母校によって支えられていることを実感する。しかし、夢のなかではそこには誰もいないし、自分もそこを立ち去ろうとしている。夢は、夢を見た人のアイデンティティが、大学という集団によってはもはや支えられず、孤独の道を歩むこと、あるいは、新しい集団を探し出さねばならぬことを告げている。

ここで「夢を生きる」ことをしようとするならば、この人は自分は「××大学の卒業で」などということによりかからず、自分の力で新しいアイデンティティを探索する努力を払うことになろうし、そうなるとまた、夢も新しいメッセージを送ってくるのである。事実、引用した書物にはその方向性を示す続きの夢が紹介されているが、それは省略しておこう。

以上、非常に簡単な例を二例示したが、このようにして夢を受けとめてゆくと、夜見る夢もなかなか大切な意味をもってくる。

ここで注意すべきことは、夢の内容を文字どおりそのまま正しいこととして受けとめないことである。そのような場合も時にはあるだろう。しかし、現実の多層性という点からわかるように、夢は極めて多義的である。そのような多義性に耐えて、そのなかから真に自分自身にとって意味深いものを取り出してゆく訓練を必要とする。たとえば、『アムリタ』のなかで、コズミとさせ子は初対面のとき、彼らは既に夢のなかで会っていたことに気づいて、それが縁で結婚する。この組合せはなかなかうまくいっているようだ。しかし、夢で会った人に実際に会って、この人こそと思って結婚しても、その後うまくいってない例もある。夢のメッセージを受けとめることは、なかなか難しい。しかし、考えてみるとこれはむしろ当然で、実際生活でわれわれは他人がいろいろと「いい話」をもってくるのを全部信じたり、それに乗ったりせずに、よく検討してから判断している。夢の場合も、それと同様と思えばいいだろう。

青年たちの夢

青年たちの見た夢で印象に残った例を少しあげてみよう。これは既に他に発表したものであるが、ある女子学生の見た夢である。この人は非常に厳格な家庭に育ち、性に対するタブーの非常に強い人であった。ところが、幻聴がきこえてきて、近所の人たちが自分のことを「いろきちがい」などと言っているのがわかる。それでたまらなくなって来談した。夢分析を何回か続けているうちに、つぎのような夢を見た。

「一人のお姫さま(自由奔放な人)が主人公であった。おつきの人が制止するのに短いスカートをはいたりする。シーンが変って、私が自慰をしたことがとってもいけない、ということ。Aさん(男性)に私が追いかけられるなどということがあった。またシーンが変わって、最後にお姫さまは恥ずかしがって自殺をした。」

ここでも『黄金の壺』や『アムリタ』について論じたときのように、私と王女という二人の女性の対比が見られる。王女の自殺は『アムリタ』における妹の死とパラレルである。ところで、この夢を見た人は、夢の中で、お姫さまは結局自分自身であるような気がしたと言った。つまり、二人の女性の隔壁は薄く、二人は同一人物かもわからない。このことは『アムリタ』で死んだ妹の真由は結局は姉の朔美に取りこまれてゆくと述べたことに相応している。

この夢に出てきたお姫さまは、夢を見た人のそれまで出来なかった自由奔放な生き方をする人として登場している。その間にエピソードとして、本人が男性に追いかけられたり、自慰に対する罪悪感を感じたりするところが出てくるが、お姫さまは「恥ずかしがって自殺する」のだから、このエピソードは本人のことかお姫さまのことかあいまいになってきている。このようにして両者の融合がなされていくのであろう。そして、夢のなかでのお姫さまの死によって、本人はその自由奔放さを少しとり入れた女性として成長してゆくことが期待される。

次に、もう少し年輩の大学卒業後就職して専門的な仕事についている二十歳代後半の女性の夢を示す。

「テーブルの上に何か道具の置いてある実験室。他にもいろいろ機械がある。私(男性で実験の指導者、白衣を着ている)が入っていくと、一人の女子学生が私に納得の出来ないところがあると言う。二人で話合う。最初はあまり乗り気でなかったが、結局最後は実力だけだから対決したら(?)ということになる(言葉はきついがそんな感じはない)。彼女と握手する。いつの間にか彼女が私になっており、私は何とも言えない感動に胸があつくなりながら、先生と握手する。」

これは女性が男性との肯定的な関係をつくりあげる感動的な夢である。男女が関係を築くためには、他を理解することが大切だが、そのためには異性の立場になってみることも必要である。この女性は夢のなかで男性になり、何か「納得のいかない」気持をもった女性と対決することによって、関係を深めている。夢のなかでは、異性になったりできるところがその利点である。

最後に、青年期に見た夢が、その人の人生を方向づけたと言っていいほどの夢を紹介することにしよう。京都の愛宕念仏寺住職で、仏教美術についての多くの著作もある、西村公朝が青年期に見た印象的な夢として自ら語っているものである(『千の手 千の眼』法蔵館、一九八六年)。

昭和十七(一九四二)年に、日本軍の兵士として中国にいたとき、西村は漢口から長沙に向かう夜行軍に加わっていた。疲労の極みのなかで、彼は歩きつつ眠っていた。その間に次のような夢を見た。

「私の右側に、破損した仏像が何百何千と、実に悲しそうな表情で一列に立ち並んでいます。その前を私は歩きながら、その一体一体をみつめています。そこには阿弥陀如来や薬師如来、千手観音や地蔵菩薩、その他いろいろの仏像が、手足の無いもの、頭や体部が割れているもの、それは哀れな姿となって、お互いが倒れようとする身体を、寄りそっているかの様子でした。私は無言で何百体かをみました。しかしその先には、まだまだ何百何千体といるように見えたのです。そこで私は、歩きながら、その仏像たちに次のことを言いました。

「あなた方は、私に修理をしてほしいのなら、私を無事に帰国させて下さい」

ここで私は夢からさめたのです。隣りの戦友は、私に寄りそうようにして、眠りながら歩いていました。何故か、心に安心感が沸き上ってきました。この時の仏像の姿と、何かわからない喜びのような感情は今も忘れられません。」

この夢を見た後、終戦までの三年半、西村は中国に留りながら、一発の弾も撃つことなくすごすことができた。彼は東京芸大で彫刻を学んでいる学生だったので、終戦時に帰国後その才能を生かし、仏像の修理に専念した。そして、その後に僧職についたのである。彼はまさに自分の夢を生きることによって、自分の人生を切り拓いてきたと言えるのではなかろうか。

彼の夢に見た破損した仏像は、身も心もボロボロになりながら行進を続けている彼の戦友たちとも言えるし、戦争によって相手を傷つけているうちに、自分の魂を傷つけることになった日本人たち、と言うこともできるだろう。西村が帰国後行なった仏像の修理は、傷ついた日本の多くの魂の癒しに通じる仕事であったと言えるだろう。それにしても、これは素晴らしい夢である。その夢を生きるための西村の努力はもちろん大変なものであったと思われるが。

以上、少しの例によって、夜見る夢も、相当に意味をもつことを了解していただけたことと思う。そして、その夢を生きることは、理想や願いとしての夢の場合とそれほど異なるものでもないこともわかったであろう。いずれにしろ、この多層的なリアリティを生きることが、青年にとっての大きい課題であることが認識されたことであろう。

第四章　青春の遊び

青春を謳歌する、というとき、自分という存在全体の若々しい在り方を歌いあげることを意味している。仕事のなかでそれができる人は、非常に幸福な人である。しかし、仕事というものは一般に制約されることが多いので、なかなかそうはいかない。特に若い間は年上の者によって管理される場合が多いので、なおさらである。とすると、遊びの場の方が青春を謳歌できる機会が多いのではなかろうか。

青年期は自分の心も身体も外に向かって拡大してゆこうとする力と、内に向かって求心的にはたらこうとする力とが共存している。その片方のみが強く意識される人もあるし、その強い葛藤状態にまきこまれてしまう人もある。そのような状態に関連して、その人の遊びの様相も随分と異なるものになってくる。遊びも一人で楽しめるのもあるし、集団で楽しむのもある。体力が大いに関係するのもあるし、まったく関係しないのもある。それらの遊びは青年の状態によって選択されていくし、逆に遊びの性格によって、青年の側から引き出されてくるのも異なってくる。青年期の遊びの種々相について考察してみたい。

1　遊びの意義

遊びは仕事と対比して考えられる。一般的な考えとしては、仕事の方が遊びより高く評価される。「遊び人」という言葉には軽蔑の気持がこめられている。もっとも、われわれの子どもの頃は「よく学び、よく遊べ」というのがあった。しかし、多田道太郎によると「タテマエとしては、勉強が主であり遊びは従であるのだろう。多田の『現代風俗ノート』（筑摩書房、一九九四年）にはその証として、明治二十七（一八九四）年刊の『尋常小学読書教本』巻四の次の言葉が引用されている。「人は幼き時より、いまを惜しみて、勤めはげみ、其のかたはらには、また色々の遊をなして、からだと、心とをやしなふべし」とある。仕事の「かたはら」に遊びをする、というわけである。

このような一般的な考えに対して、遊び本来の意義を堂々と主張したのが、周知のように、ホイジンハの『ホモ・ルーデンス』（高橋英夫訳、中央公論社、一九七一年）である。これに対してカイヨワの批判があるが、これらを勘案して、次に簡単に仕事と遊びの関係についての考えを述べ、それを手がかりとして、遊びの意義について広く考えてみたい。

仕事と遊び

既に述べたように一般的には、遊びは仕事に対して第二義的に考えられていた。したがって、遊びについても、「休養説」とか「生活準備説」、「余剰エネルギー放出説」などという論があったが、いずれも仕事を主たるものと意識して考えられている。このような諸点があることも否定できないが、やはり、ホイジンハが『ホモ・ルーデンス』によって主張したことは、遊びの第一義性を明確にしたものとして画期的なことと言うべきである。ホイジンハは、それまでの仕事第一義の考えを根底から覆し、「文化は遊戯のなかに始まる」と主張する。確かに人間の営むことのなかで「文化」と呼べるものは、遊びから始まっていると言われると、なるほどと思われる。「文化」というものは、生きることの最低条件から見ると余計なこととも言えるわけだ。しかし、そのような余計なこととしての遊びがあってこそ、文化も生まれるのだから、

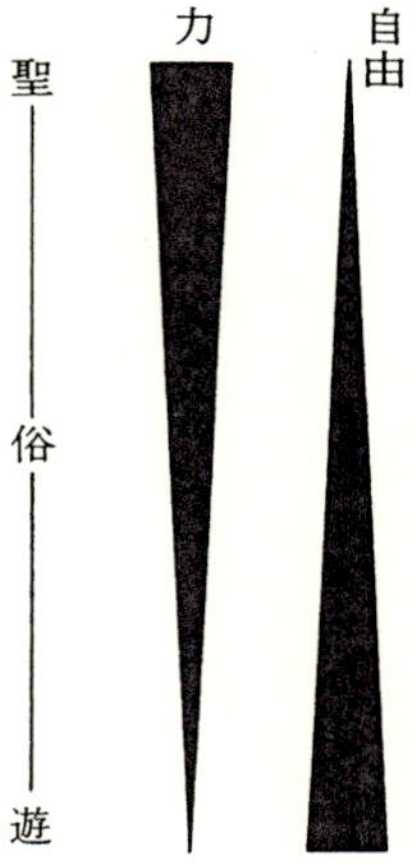

聖・俗・遊の階層構造（カイヨワ）

ホイジンハが遊びは「いかなる文化よりもさらに根源的」というのもうなずける。

このように考えると、真の文化は何らかの遊び内容をもたぬかぎり存続していくことができないということになる。そして、ホイジンハは十九世紀以降、社会生活の組織化が進むにつれて、遊びの要素が喪われ、マジメ傾向が強くなっていくので、そこに現代文明の危機が存在する、と警告する。確かに、後にも論じるが、現代は「効率」の時代なので、遊びも「効率よく」などと考えはじめると、ホイジンハの述べているような意味での「遊び」ではなくなってくるかも知れない。レジャーなどと言っても、上手に「組織化」されて、そこにアソビがなくなる、などという変なことも起こってくる。

遊びは「あらゆる文化よりも古い」と主張するホイジンハの主張は、それまで貶しめられていた遊びの価値を一挙に引きあげたものとして画期的であった。これに対して、カイヨワはその重要性を高く評価した上でホイジンハの説に対して次のような批判を加えている。それはホイジンハの説のなかで、遊びの概念に、遊びと聖という異質なカテゴリーに属するものが混在している、というのである。カイヨワの『人間と聖なるもの』(せりか書房、一九六九年。改訳版、一九九四年)によって、彼の考えをごくごく簡単に紹介する。

カイヨワによると、遊びと聖はともに日常性と対立する点では共通しているが、その対立の仕方はむしろ逆に

なっている。聖は超越存在にかかわるものとして、そこに行われる儀礼は細目に至るまで前もって決められており、細心の注意をもってそれを行わねばならない。聖は儀礼によって引出した超越的な力によって日常を支配している。たとえば、古代であれば神託によって戦争の仕方や、中止することまでが決められる。これに対して、遊びは儀礼のように細目まで決められていない。自由で気楽なものである。実際生活のほうが重要になると、それは遊びの世界を簡単に壊してしまう。会社の昼休みに、どれほど遊びが面白く、クライマックスに達していても、始業のベルが鳴るとやめねばならない。

カイヨワの考えによると、聖と遊びの二つの領域の中間に俗(日常の世界)が存在している(図参照)。つまり、この三者は一種の階層的構造を有している。そこで、勢力の強さという点では、上から順番になっているが、その世界に参与する個人の自由という点から見れば、下からの順で逆になっている。このカイヨワの意見は妥当と感じられるところもあるが、ホイジンハがせっかく指摘した遊びの本質が、遊びと聖ということで切断されてしまった感を受ける。この点を踏まえて、カイヨワの考えを次のように変えてみてはどうであろうか。

聖・俗・遊の円環構造

遊びの場合を例にとって考えてみよう。カイヨワは、俗の方が遊より強力であると言っている。しかし、遊びのために仕事をサボルことはないだろうか。オリンピックで地元出身の選手が活躍している。仕事を放り出してテレビを見ることは、ほとんど公認となっていないだろうか。聖は俗を支配するとカイヨワは言っているが、国家権力や富豪などの力が聖なる世界に支配的な力を及ぼすことはなかっただろうか。それらは例外であると言うにしては、例が多すぎるのではないだろうか。このような点をいろいろと考えていると、カイヨワのいう階層構造は、それほど明確ではないように感じられる。

特に「現代」という時代は、このような階層構造を極めて曖昧にしている、と言っていいかも知れない。実際に人々が生活している状態を考えてみると、この感をますます強くするのではなかろうか。たとえば、あるビジネスマンは、書類の書き方など形式を厳しく守り、部下の少しのミスをも許さないのだが、親の法事など、別にやかましく言うほどのこともない、家族の誰かが代りに出席すればいいだろうと思っているし、法事の「儀礼」にしても、厳しく定められてはいない、などということになる。このようなことから、次に述べるような事実とを考え合せ、聖・俗・遊の円環構造を考えてみてはどうであろう。これらはいろいろな意味で極めて相互交流的であり、相互滲透的である。聖なる世界の儀礼が遊びとなって行くことは数多くの例がある。そもそも角力というのも最初は宗教的な儀礼から発している。オリンピックもそう言っていいだろう。子どもの遊びのなかに昔の儀礼の片鱗が残っていることも、つとに指摘されている。また、仏僧がお布施の高さによって戒名を考えたりするときは、聖の世界は限りなく俗の方に接近する。「庭の観賞は宗教行為であるか」などということは、日本人の宗教性を考える上で重要な問いであると共に、「税金をいかにして逃れるか」という極めて俗な領域にも直結している。

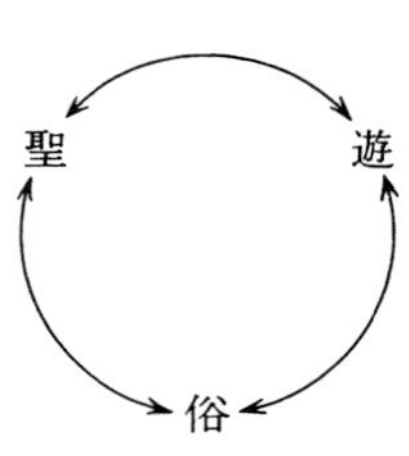

聖・俗・遊の
円環構造

遊びの世界も同様である。現代は遊びを職業とする人が出現し、しかもその地位も高くなったことが特徴的である。その最たるものは「芸術家」である。芸はもともとすべて遊びであったが、それが「芸術」に高められ、職業となることによって、俗世界の仕事として、高い地位をもつようになった。また、多くのスポーツも職業として成立するようになった。現代では儀礼による聖なる世界への参入があまり信頼されていないので、遊びを通じて聖に至る道が非常に重要になってきた。芸術による感動は宗教性を呼び起こすことがあるし、スポーツによる感動も宗教的と呼んでいい場合もある。本人はそれを意識しているかどうかはともかく、プロ選手の名技に心を打たれ熱狂するのは、宗教性に接近してくる。そんなこともあって、プロ・サッカーの選手がシュートした後で「××ダンス」と言われるような「儀礼」を行うこともある。これは細部までちゃんと決められた行為で、カイヨワの定義によると「遊び」ではなく「聖」に属することになるだろう。

俗なる世界の仕事もまた、二つの領域に接近してゆく。欧米に比して日本では特に、仕事が聖なる世界に接近する傾向が強い。自動車の部品ひとつを作るにしても、規格と寸分の違いもなく作るのみならず、できる限りよいものを作ろうとする態度には、宗教的なものが感じられる。いわゆる「職人気質」と言われる態度のなかには利益を度外視しても、自分の心に決めた規準を守る、という意味で儀式に等しくなってゆくのが認められる。また、仕事を遊びとしてしている人も沢山いる。別にお金が儲からなくともいい、好きでやっているのだとか、「道楽」として仕事をしている、と言う人もある。

このように考えてくると、聖・俗・遊は階層的に見るよりも、円環的に捉える方が実状に合っているし、特に現代における遊びのもつ潜在的な宗教性を考える上で、有用ではないかと思われる。これは、おそらく一神教の神の存在を強く前面に押し出すときは、階層的構造になるが、そうでないときに円環的な様相を呈してくる、とも考えられる。したがって、わが国ではもともと円環的構造が顕著であったが、欧米においては一神教の神のイメージがだんだん弱くなるにつれて、円環的構造が顕われてきた、とも言うことができる。

さまざまの遊び

遊びにもいろいろな種類がある。先程の考えによると、限りなく仕事に近い遊びもあるし、限りなく儀礼に近い遊びもある。身体を用いるもの、身体を用いないもの、個人でするもの、集団でするもの、勝負の明白なもの、勝負と関係のないものなどと、いくらでも分類できる。また、カイヨワが遊びの原理として、(1)競争、(2)偶然、(3)模擬、(4)めまい、の四つを立てたことは周知のことであろう。これらの原理の組合せによって、いろいろな種類の遊びが生まれてくる。

青年の遊びでひとつ注目すべきことは、それは必ずしも「楽しい」からしているとは限らないことである。もちろん、スポーツなどで強くなるための苦しみというのがあるが、それは本人が求めてしているものである。ところが、こんな苦しいことはやめた方がいいと思いつつやめられない遊びというのもある。たとえば、ある青年は「パチンコなどしていて何も面白くない。早くやめて家へ帰った方がいいと思いつつやっている。いわば、パチンコを苦しむためにやっているみたい」と言う。どうしてこんなことが起こるのだろう。時間とお金を使って、ただ苦しんでいるだけ、というわけである。

多くの場合、このような遊びを苦しんでいる人は、ほんとうになすべきことをある程度意識しながら、そこから逃げている場合が多い。前述の青年は、「家に帰っても何も面白くない」と言い、家が面白くないので仕方なくパチンコをしているのだと嘆いていた。しかし、そのような嘆きにこちらが耳を傾けて聴き続けていると、家が面白くないというのがもっぱら母親に対する不平不満に変わり、とうとうその母親と対決することによって、状況を変化させ、パチンコに苦しむ必要はなくなった。結局のところは母親から自立してゆく仕事が困難なので、それをうすうす感じつつ逃げていたのである。

この学生が、「先生、パチンコでもほんとに楽しんでやってる人は、偉い人やと思います」と言ったが、これは名言だと思う。何であれ、それを本当に楽しむということは意味あることだ。この学生は、「見ていると、パチンコを苦しんでいる人も多いように思えます」と言っていたが、そうかも知れない。堅い道徳観から見れば「悪」と見えるようなことでも、青年に対して私は「あなたが、それが本当に好きで楽しいのなら、やってみては」と言うことがある。そして、その人にとって意味のないときは、その楽しみも長続きがしないようである。

パチンコを苦しむなどという範囲をこえて、破滅型と言いたいような青年期の遊びがあるが、これについては宗教性との関連で次節に論じることにしたい。

遊びについて考えるとき、もうひとつ無視できないのが、機械類のアソビという概念である。車軸とその軸受けは、その直径があまりピッタリだと、固すぎて回転しない。そのときの車軸と軸受けの直径の少しの差をアソビと言っている。このアソビが大きすぎると、今度は軸がガタガタして回転が悪くなる。適度なアソビが運動を円滑にする。

人生を円滑にすすませるには、このようなアソビも必要である。このような「アソビ」として思いつくのは、会話の際のジョークである。話の内容とは関係ないし、無駄と言えば無駄だが、このアソビによって会話がスムースにすすむ。このようなジョークは欧米人に比して日本人は下手であることがつとに指摘されていたが、最近の青年たちは相当にうまくなったと思われる。これからは国際的な交流がますます激しくなるので、日本の青年のジョークの才能はもっと磨かれる必要が生じてくるだろう。

アソビとしてのジョークはわかりやすいが、冗談は時に普通には厳しくて言えぬ真実を語っていたり、何気なく言ったジョークからまったく新しい考えがひらめいてきたりするときもある。こうなると、ジョークが単なる「アソビ」を超えて、次元の異なる真実に至る道としての意味をもってきたりする。ともかく、遊びというものは価値の極めて低いものより高いものまで含んでおり、しかも、低いものが高いものに通じたりする逆説を含むので、いずれにしろ一筋縄で議論をすすめられないのである。

遊びはカイヨワによると聖なる世界とかかわる儀礼からもっとも遠いものと考えられているが、後に円環構造として示したように、この両者に秘かな関連があるところが興味深い。すべてを合理的に効率的に考えて、極めて割切った態度で生きていた青年の研究者が、強迫症状に悩まされはじめた。家を出るときに、火の元や電気のスイッチなどを確かめないと外出できない。自分でもこんな馬鹿なことはないと思うのだが、電気をつけたり消したりして、消したことを確認する動作を何度も繰り返さねばならない。これほど不合理で非能率的なことはないと思うのだが、やめられない。やめると強い不安に襲われてしまう。

このような強迫行為は儀礼とそっくりである。そのこと自体は意味はないが、それをちゃんと決められたとおりにしなくてはならない。これはまた、仕事とは関係のない無駄なことだが、これをしないと仕事がすすまないという意味では「アソビ」に似ている。結局は、この青年の合理的で効率的な生き方があまりに一面的なので、このような儀礼ともアソビとも言えるような不思議な行為をしないと、自分の自我を守ることができないことを示している。このような症状は、したがって彼にとっては生きてゆくために必要なことなのである。彼はもちろん宗教などということは否定しているのだが、彼の症状は彼の潜在的な宗教性を暗示している。このような点が、遊びを広く考えると興味深いこととして浮かびあがってくる。

2　遊びと宗教性

既に述べてきたように、遊びは思いの外に宗教性をもっている。たとえば、『古事記』上巻の天若日子の死んだときの叙述を見てみよう。天若日子が死んだときに、彼の父や妻子などが集まり喪屋を作り、「日八日夜八夜を遊びたりき」と記されている。おそらく八日間の連日連夜、歌舞などを行なったのであろうが、これは明らかに宗教的儀式である。死者の霊を弔うか、あるいはけがれを払う意味合いでなされたのであろう。そもそも当時は「遊ぶ」という動詞そのものに宗教的な意味合いがこめられていたのではないかと思う。

近代になって、遊びが聖からも俗からも分離したのではあるが、聖の存在が稀薄になるにつれて、遊びが無意識的に宗教的意味合いをもつようになってきたものと思われる。この点は、あまり意識されていないために、歪んだ形であらわれることも多いようだ。青年期のことになるべく限定して話をすすめたいが、このような傾向は現代という時代の傾向であるので、やや一般論的になるところもあるだろう。

青年期の宗教性

いったい宗教性とは何であろうか。筆者がここで取り扱おうとするのは、個々の宗派のことではない。人間に根源的に備わっている、自分という存在を超えたものに対する深い畏敬の感情について考えようとしている。人間は死ぬべき存在であるし、そのことをよく知っている。しかし「自分自身の死」について、自分の人生観、世界観のなかにそれを定位づけることは容易なことではない。「死ということ」を知的に理解することは出来る。

しかし、自分の死は生きている間に経験できない。にもかかわらずその存在を無視できないのだから、人間にとってそれをどのように自分の世界観に組みこむかは大変なことである。このことを解決しようとして古来から多くの宗教が生まれてきた。それぞれの宗教は、そのためにそれぞれの教義や儀礼や戒律などを生み出してきた。

近代になって自然科学の知が急激にすすむと、それによって宗教の教えに疑いをもつ人が多くなった。既成の宗教の教えはそのまま信じ難いものが多いのである。天国や地獄の実在を信じるのは、現代では難しくなっている。その上、近代の科学・技術の発展は人間が「いかに生きるか」という点で、予想外の貢献をした。このまま科学が発展すると、人間はいつまでも快適で便利な生活が続けられるのではないかと錯覚するほどになった。

青年期は人生の伸び盛りである。「いかに生きるか」ということに心が焦点づけられているとき、死の影は後退する。このような青年にとっては宗教はあまり関心がない。ときには軽蔑の対象とさえなるであろう。その青年はつぎつぎと新しい知識や技術を獲得したり、身体を鍛えたり、あるいはこの世の多くの楽しみを経験することだろう。それはそれでいい。結構なことである。しかし、死は後退しても消滅はしない。機会があると、それは顔を出してくる。

人生にはどうしようもないことがある。死はその最たるものである。自分にとってどうしようもないことがあると知ることは、自分を超えることが存在するという自覚のはじまりである。遊びのひとつとしてスポーツの場合を考える。スポーツでは強い方が勝つとは言っても、そこに偶然の因子がはいるのを誰も否定はしないだろう。勝つにしろ負けるにしろ、そこに自分を超えた力がはたらいていることを感じ、それに畏敬の念をもったとしたら、そこに宗教性がかかわっていると言っていいだろう。

平素は死のことなどほとんど考えていない青年が急に死を意識するときもある。ある大学の学生相談室に一人の学生が真青になってとびこんできた。不安でいても立ってもいられないと言う。話を聞くと、自分の尊敬していた先輩の学者が急死した。葬式のときは思ったほども悲しくなく、こんなものかと思っていたが、先ほどキャンパス内を歩いていて、あの人が死んだのに、研究室も大学もそれをとり巻く景色も何も変っていない、と思うと、急に死とは何か、自分が死ぬとどうなるのかという問いが湧き起ってきて、不安でたまらなくなったと言う。カウンセラーは、今時の学生に珍しく根源的な問いに直面しようとしている青年と思い、丁重に応対し、不安が強いので来週ということではなく、三日後に会う約束をした。

学生が帰った後で、カウンセラーも深く考えこんだ。死ということは本人にとっては一大事件である。にもかかわらずそれを取り巻く事物は不変のまま存在し続ける。カウンセラー自身にとっても大きすぎるほどの問題である。しかし、学生の本人があれまで真剣なのだから、ともかく自分もその考えに従ってゆこうと思った。三日後にカウンセラーは待ち受けていたが、彼は来なかった。何の連絡もなかった。

カウンセラーは不安になった。自殺するということは考えられないが、不安で家から出られなくなっているかも知れない。ところが一週間ほど後に、カウンセラーは例の学生が楽しそうに友人たちと球技をしているところに通りかかった。すると学生はカウンセラーを見つけて走り寄ってきた。「この間はお世話になりました。先生に熱心に話を聴いていただくと、何だかさっぱりしてもう元気でやっています」。どうやら彼は三日後に面接の約束をしたことさえ忘れてしまっていたようだ。

これはこれでいいのである。死が一時的に青年の心を捉えたが、彼の「生きる」ことへの関心と楽しい仲間たちの力の方がそれにまさっていた。彼が真剣に死のことを考えるべきときは、また後にやってくるだろう。

遊びのなかに生じる種々の「融合体験」も宗教性にかかわるものと言えるであろう。スポーツにしろ、音楽の演奏、演劇など、人間と人間との間に不思議な一体感が生まれるときがある。演劇においても、演技をする者と観客との間に「一体感」が生じると、演技をする者は、自分でも不思議に感じるような名演技をしてしまう。あるいは、スポーツの団体競技の場合、サインなど出さなくとも、お互いの間に意志が通じて、不思議な協同関係ができる。いずれの場合でも、普通状態の自分がやったというより、何か他者によって動かされたように感じる。

その際に感じられる「他者」が絶対他者として「神」というような名がついていると、それは何らかの宗教になる。しかし、スポーツなどの遊びにおいて生じるとき、別にそれは既成の宗教とは関係ないが、既に述べてきたような人間の宗教性とかかわってくる。時にわれわれは「神がかりの技」だなどと、それを表現したりするところにも、このことが示されている。「遊び」もこのような体験に結びついてくると、その魅力は大きくて、簡単にはやめられない。

遊びと死

深い融合体験を経験するためには、遊びも訓練されたものでなければ駄目である。スポーツでも芸術でも相当な修錬を経てこそ、そのような体験をすることができる。訓練の苦しみを避けて、深い融合体験を経験する方法がある。それも「遊び」のなかにはいると思われるが、集団によるシンナーの吸引などがそれである。シンナーの吸引を集団で行うと、時に集団の成員が同一の幻覚を共有することができる。これは不思議なことであるが、時に生じることがある。ある非行少年のグループはそのような集団のシンナー吸引によって、全員が観音様の姿を幻覚に見て、心休まる体験をしていた。こうなるとまさに宗教性にそのままかかわると言っていいだろう。ただし、この「遊び」は続けると脳に障害が起こるという危険性と引きかえである。この世には努力なしにいいことがあるのは、まず無いと言っていいだろう。

それにしても、これほどの危険を冒してまで、なぜ融合体験を望むのだろうか。人間は一人一人が異なる存在である。生まれるときも死ぬときも一人である。人間の持つ本来の孤独を補うものとして、人間のもつ他者との一体感がある。この両者の間には適切なバランスが望ましい。一体感に傾きすぎてしまうと、人間の個人としての存在が消えてしまうし、あまりに孤立すると淋しさに耐えられなくなる。それぞれの個人や文化は、このバランスをそれに固有な方法で保っている。

青年が孤独に耐えられなくなったとき、つまり、その程度があまりに強いか、それに耐えるだけの強さをもっていないとき、一体感への希求は急激に高まり、手段を選ばない。そして、その背後には常に死の影が動いている。死は人間が自然に還ることと考えると、融合体験の際たるものとも言える。

破滅型の遊びというのがある。麻雀にしても賭金が大きくなり、結局は負けがこんでくると、それを続けることは莫大な借金を背負うことになるとわかっていながらやめられない。多くのスポーツはまかり間違うと命を落とす危険性をもっているが、そのようなことがないように出来る限りの防御策が考えられている。しかし、そのようなことを無視して、みすみす死を望んでしたのではないか、というような行為をする青年がいる。明確にその人間が自殺を企図しているのではないが、死によってひき寄せられている、と言いたくなってくる。

遊びの背後に死がはたらいてくるもうひとつの大きい要因は、近代になってわれわれが通過儀礼《イニシエーション・ライト》を喪失したことにある、と思われる。この点についてはこれまで他によく論じてきたので、ここでは簡単に触れておく。子どもが大人になるとき、非近代社会においては通過儀礼があり、その社会のもつ宗教的儀式によって、子どもは大人になることができた。ところが、近代になって人間が社会の「進歩」という概念を大切にしはじめると、通過儀礼はその本来的な意味を喪失してしまった。これは仕方のないことである。

社会の仕組として、子どもを集団的に大人にする方法はなくなったが、各個人の内的体験としての通過儀礼が個々に生じているし、それは必要なことであると、われわれ深層心理学を専門にする者は考えている。子どもが大人になることは実存的な変革であり、筆者が既に述べてきたような意味での宗教性が深くかかわってくる。ところが近代になって聖はどんどん俗化していったので、通過儀礼を本来的な重みをもって行う聖なる場も、ほとんど消失している。となると、残された道は、遊びしかない。遊びの場において、人生にもっとも大切な通過儀礼が起こる。

通過儀礼の中核は象徴的な「死と再生」の体験である。子どもが死に大人となって再生する。青年たちは何らかの意味で死を体験しなくてはならないし、死の吸引力を感じている。このことが死の可能性をもった遊びが青年を惹きつける要因のひとつである。あるいは、遊びの要素としてカイヨワが指摘した「めまい」は、一種の擬死体験としても受けとめられるので、めまいの要素をもった遊びが魅力をもってくる。

もちろん、死と再生はあくまで象徴的体験なので、そこを一歩誤まって死んでしまうのは残念なことである。しかし、時に青年の遊びとしてのバイクの暴走やシンナーなどから死者を出すこともあるのも事実である。イニシエーションの儀礼が適切に行われないまま、それが歪んだ形で生じているものと考えられる。あるいは芸能人や作家などで、若者にとっての「ヒーロー」と見なされる人が、破滅型の生活によって死に至るのも、若者たちの代表選手として、死の体験をさせられることになったものと考えられるときもある。

遊びで死ぬのは馬鹿げているし、さりとてそこに死がかかわる方が魅力があるし、というので、プロのスポーツの観客が応援のときに可能な限り激烈な言葉を使い、スポーツ選手と一種の同一化の体験をしながら、殺したり殺されたりの擬似感覚を楽しむことも生じてくる。あるいは、スポーツや勝負事の遊びに、戦争用語が用いられたり、勝負の経過のなかで「殺し」たり「死」んだりする、ということが頻繁に出てくる。軽くてもどこかで死を連想させることのある方が、遊びに熱がはいるというものである。

3 遊びと教育

遊びと教育など関係があるのか、と言われそうだが、このような項目を立てて遊びについて考えてみなくてはならないほど、日本の現代の教育は困難な状況にある。教育というよりは、日本の現代の問題なのだが、それが教育という分野につとにその問題を露呈している、と言うべきである。したがって、教育をどのようにするかというよりは、日本人の生き方全体にかかわってくるものである。

日本は教育に熱心な国と言われている。確かに大学進学率などは世界でも有数であろう。子どもの学力の国別比較などをすると、日本は実に高いランクに位置づけられる。ところで小学校から大学まで実にいろいろなことを学んだわけであるが、自分が実際に生きてゆく上で、そのなかのどのようなことが役立っているかを考えてみて欲しい。専門職についているような人を別にすると、学校教育というものは、人間が実際に生きてゆく上で役に立つことをあまり教えないことがわかるであろう。

何を学ぶのか

人間は生きていく上でいろいろな知識や技術などを必要とする。生まれてからそれらのことを少しずつ学んできて、「一人前」になって社会に出る。ところが、それが現代においてはなかなかうまくいかないのである。ある一流企業の課長さんから新入社員のことで相談を受けたことがある。一流大学の出身で優秀で真面目な青年というので期待していたが、まったくの無能力で驚いている。高校出身の女性社員に馬鹿にされて、言われるままに動いているが失敗も多い。本当に彼は有名大学を卒業してきたのか疑わしい、と言うのである。本人に会ってみて、話を聞いているうちに様子がわかってきた。彼は「経済学」の知識は相当にもっているものの、そんなのは会社にはいってもすぐには役に立たない。まず根本に人間関係ということがあるが、彼はそれがまったくうまくできないのである。

新しい職場のなかでわからないことがあったときに、誰にどのように訊いていいのかわからない。極端に言うと挨拶もろくに出来ないのだ。人との距離をどうとっていいのかわからないのでチグハグする。雑談ができない。と並べたてていくと、ここにあげたことは会社内で重要なことではあるが、誰も「学校教育」としては教えないことであることがわかる。彼のもっている豊富な知識は、実際生活と無縁のものである。

ここにあげたようなことは、かつては家庭教育や、子ども集団の人間関係――つまり子どもたちの遊びのなか――で学んだことである。特にかつての子ども集団は年齢の異なるものが集っていたので、上から下へと伝えられることが多かった。しかし、現在は、何と言っても入学試験に直結する知識を身につけることに、教育が傾きすぎている。と言って、これは教育制度や入試制度の問題以前に、日本人全体が「序列」にこだわり、大学にしろ企業にしろ序列づけをして、少しでも高いところに自分の子どもを入れることが幸福だと考えるので、このような傾向を特別に強化してしまったのである。このような点についても他によく論じているので、ここではこれ以上触れない。ともかく「教育」が知識の吸収に重点をおくことになり、よい大学に入学するための勉強に時間をとられるので、一人前の人間を育てるという意味での教育は極端に忘れられてしまった。

この傾向に拍車をかけたのは、大人たちの自信喪失であろう。終戦のときにまず自信をなくした。その後は「民主主義」ということが錦の御旗のようになったが、日本的民主主義というのは権威の意義を認めない上に、社会の変化があまりにも早いので、大人は子どもに対して、自信をもって教えることができなくなった。このことは特に親子間で著しい。かくて、「学問」としての豊富な知識を持ち、生きる上での知恵はほとんどもたない人間が大学を卒業し、一人前の人間として振舞わねばならぬようなことが生じてきた。

前述のような新入社員の話を大学生にしていると、「その人は大学で何のクラブにもはいっていなかったのと違いますか」、「私らはクラブで実社会にはいる教育を受けていると思いますよ」という答が返ってきた。ある女子学生は家庭ではただ勉強さえしておればよく、一流大学へストレートで入学したと親は喜んでいるが、自分は大学入学以来、こんなままで社会へ出てゆけるのだろうかと思っていた。ところが、クラブに入ると、たとえば合宿のときは料理の仕方を覚えるなど、つぎつぎと大切なことを学んできたと思う、とのこと。こんな話を聞いていると、日本の教育の一面性を補償するものとしてのクラブの意義を強く感じさせられた。それと同時に、その在り方についても少し突っ込んで考えてみる必要を感じたのである。

教育機関としてのクラブ

どの大学にも実に多くのクラブがある。同好会というのもあるが、ここではそれらをすべてひっくるめて考えることにしよう。先にも述べたとおり、大学のクラブは日本の教育の一面性や家庭教育の喪失を補って重要な役割を果している。最近の子どもたちは同年齢集団が多く、昔のように年齢を異にする集団で遊ぶことが少ない。

しかし、大学のクラブでは一年から四年までの差があるので、先輩からいろいろなことを学ぶことになる。

ここでひとつの非常に大きい問題は、クラブの集団がほとんどの場合、日本的集団であることが多く、しかもその程度が強い場合が多いことである。ここに日本的と呼んだことは、筆者の表現を用いると母性原理が優位であることを意味する。全体がひとつに包まれていることが大切で、その集団の個々の成員の個性が時により、その集団のために無視されたり、潰されたりすることがある。そして母性的集団においては「長幼序あり」つまり古参の者が新参者に対して絶対的優位に立つという特徴をもつ。母性的集団では個人差を認めず本来的には全員が平等であるが、序列をつけるとするならば、個人の能力差を認めないので古い者から順番ということになる。したがって「先輩」は「後輩」に対して絶対に上位にある。この際、その集団への帰属の古さによるので、たとい後輩の方が年齢が上であったり、能力が上であったりしても関係がない。

これは運動系、文化系のクラブどちらにも共通することだが、どちらかというと前者の方にその傾向が強いだろう。「先輩」が絶対的な力を有するので、確かにクラブにおいて対人関係と日常生活のことなど家庭で教わるべきだったことを、いろいろ学べるのはいいのだが、時に先輩の歪んだ価値観や人生観をそのまま受けいれてしまう、という欠点をもっている。カウンセリングに訪れる学生が、極端に古い価値観をもっているために苦しんでいるので、いったいそのような価値観をどこで身につけたのか、と訊いてみると、クラブのなかで、というのがあんがい多いのである。現代の子どもたちは何とか早く自立しようと、両親の言うことに対して反抗したり無視したりするが、知らず知らずのうちに、クラブのなかで妙な擬似親を見つけたような状態になっている。

母性集団のもうひとつの特徴として、全体的一体感が強調されるので、個人としての生活や個人の意志などが無視されやすい。もちろん、父性原理も母性原理もどちらが正しいとか不正とか言うのではなく、この両者のバランスの上にいかに自分というものを生かしてゆくかが課題なのであるが、ある集団のクライメートが母性原理優位になりすぎると、どうしても個人の存在ということがおろそかになる。

困ることは、集団の成員がすべて同一傾向をもっていると、その方向が「正しい」とか「立派」とか倫理的な評価を受け、それに反するものは悪者ということになる。こんなときにトリックスターがうまく活躍すると、集団の中に一面的な傾向に対する反省が生じたり、集団の改変が行われたりするが、トリックスターの力が弱いと、集団の一体感の強化のための犠牲になるだけのときもある。

このようなことすべてを含めて、集団のなかのもめ事や争いなどを生きるための「教育」の場と考えると、クラブ内に、ある程度の葛藤が存在するほうが面白いかも知れない。演劇や音楽などのグループで、公演の前日に「公演中止」というところまでいきながら、さんざんもめたあげく、翌日に何とか公演をやり抜いて一同の感激がずっと大きくなった、ということを体験したことはないだろうか。一種の死と再生の体験がグループとして生じている、と思われる。

グループの各人の個性を生かしつつ、かつ、一体感のよさも知るという集団をつくることはなかなか難しいが、そろそろ現代の青年たちは伝統的母性集団の倫理を改変するための努力を払っていいのではなかろうか。最近ではスポーツの世界でも、「のびのび野球」というようなキャッチフレーズで、これまでのような一体感のみを強調する傾向が少しずつ破られてきているのは望ましいことである。なお、若者の興味が野球からサッカーに変ってきつつあるのも、このような点を反映していると思われる。競技の性格上、野球の場合は多くの点について細かい監督の指示に従わせることが可能であるが、サッカーの場合は選手個人の一瞬の判断が非常に大切になるので、どうしても選手の個性を生かすことを考えざるを得ない、という点もあろう。最近盛んになってきたサッカー熱は、日本の母性原理優位のスポーツ界を改変する力になるのではないか、と筆者は見ているが、まだもう少し先までよく見ていく必要があるだろう。

遊びの指導者

遊びの指導者としては随分と年輩の人もいる。大学の運動クラブの監督など、青年もいるし高齢者もいるしいろいろである。あるいは、中、高校生や少年××というようなスポーツクラブの指導者として青年がなっているときもある。そのような点も考えて、ここに一応、遊びの指導者の問題について簡単に触れておきたい。監督ということにならなくとも、既に述べたように先輩は後輩を指導するわけだから、遊びのなかで青年が何らかの指導をすることになることは多いであろう。

随分以前のことだが、アメリカの友人が日本の中学校の野球部の練習を見ていて、「われわれは子どものときは野球を楽しんだが、日本では野球を苦しむためにやっているみたい」と言った。その上「苦しんでやってる割に強くならないね」と言われて参ったことがあった。これは何も外国でスポーツのハードトレーニングが無いと言っているのではない。スポーツも真剣にする限り、どうしてもハードな練習を必要とする。しかし、日本の場合の苦しみ方には他の国と比べて根本的な違いがある。

これは日本の修行という考え方から来ている。既に遊びと宗教の結びつきについて論じたが、日本では多くの遊びが「道」という観念として高められ、宗教的な色彩をもってくる。簡単に言ってしまえば、欧米においては、スポーツにしろ芸能にしろ、そのような技術を身につけた強い自我を形成することに主眼が置かれるので、どのようにして鍛えると強い自我ができるかと、その可能性をできる限り伸ばして育ててゆこうとする。これに反して日本の「道」は、むしろそのような自我を棄て、自我を離れたところで体験する意識によって把握されたものを尊ぶことになる。後者の場合は、したがって宗教的な修行に通じてゆくが、スポーツとか技術の修得として見た場合、西洋流の方が長所をもっているというべきであろう。苦しい修行的訓練によって精神力を鍛えたはずの日本の選手が、オリンピックなどで自分の実力をまったく出せずにいるのなどを見ると、このことはよくわかる。日本人の精神力は苦しみに耐えるときには効果的であるが、自分の力をのびのび発揮するときには、あまり役に立たない。

　ここで、日本の修行が悪いという気はない。それを宗教のこととして、はっきりとした意図をもってなされるとき、もちろん宗教の修行としてはいろいろあるが、それはそれとして意味をもっている。しかし、問題は確たる経験も知識もなく、それをスポーツなどの練習の方法と無批判に取入れ、その指導者になる、という点にある。その場合は、擬似修行などして苦しまなくとも、アメリカの友人が言うように、本人の可能性を伸ばすようにしていった方が、はるかに楽しく効果的である。安易な楽しみは長続きがせず、楽しみを深めるためには苦しみを味わわねばならないが、あくまで楽しみを中心に置きながら苦しむのと、苦しみのために苦しんでいるのとでは大きい差がある。しかも、前者の方が効果的であるなら、なおさらである。

　このようなことは割に明白でありながら、日本的指導法がなかなか変らないのには理由がある。この方法は指導者の地位を安泰にするからである。西洋流であれば、指導者は弟子の能力を引き出すためにいろいろと工夫しなくてはならない。そして、もし効果があがらないと指導者にも責任がかかってくる。これに対して日本流であれば、ともかくもっと頑張れとか、それでは生ぬるいと言っておればよい。試合に勝つと苦しんだお蔭と感謝されるし、負けたときは、「お前たちの苦しみが足りないからだ」と言えばいい。つまり、指導者は常に上位にいて、安泰なのである。

このような安易さがあるので、指導者は日本的になりやすい。その上、もし負けたり失敗したりしても、選手もあれだけ苦しんで練習していたのだからと他に対して弁解しやすい。このため、ともかく苦しい練習を続けることになりがちである。ところが、最近はこのような点に対する反省が出てきて、既に述べたように「のびのび野球」などと言われるのが現われてきた。そうなると、以前の傾向のまったくの裏返しで、監督は選手の好きなようにやらせる。別に負けても楽しくやっているのだからいい、などというのも出てきた。これはナンセンスである。まったくの裏返しというのは、本質的にあまり変りがない。

選手の力を本当に伸ばそうとし、楽しみを深めようとするなら、単なる放任は駄目である。選手に必要なことをやらせようと指導者はするが、選手は選手で自分なりに考えてよい方法を見出そうとする。この両者がぶつかり合ってこそ、本当の新しい発見や創造がある。このような人間関係をもってこそ指導の面白さもでてくるし、指導される側もやり甲斐がある。このような望ましい関係も、最近はわが国のスポーツ界で認められてきたように思う。

4　遊びの成就

遊びは遊びなんだから何をしようと勝手である、とは言っても、その遊びの仕方によって満足感や達成感が異なることは否めない。たといレジャーに出かけても、何だか損をしたような気がしたり、疲れだけが残るときもある。したがって、遊びとは言ってもそれをどう行うかについて、工夫したり、考えたりする必要がある。

遊びの仕事化

遊びをどうするかを考えすぎると、それは妙に「仕事」に接近してくる。山や海へ遊びに出かけるにしても、能率よく楽しもうと思いすぎるとスケジュールが盛り沢山になる。そのため全員がだんだんといらいらしてきて、疲れるためにレジャーに行ったように感じる。あるいは、旅行業者に依頼して、その言われるままに遊んでいると、旅行業者の「仕事」に自分が協力しているような気がしてくる。遊びもうっかりしていると変なことになってしまう世の中になった。

遊びの仕事化という点で、現代においてどうしても考えねばならぬことは、遊びから派生して多くの職業ができてきたことである。芸術、芸能、スポーツなど、気まぐれ程度の遊びとしてできる一方、それらを職業とする人ができてきたのである。そして、それは時と共に増える一方である。また、その職業によって得る収入もまったく莫大な額になった。普通の青年がいかに努力してもとうてい得ることのできない金額を、これらの遊びの仕事師は手に入れることができる。一般人が一生かかっても儲けられない金を一年間で獲得する青年がいる。

金額だけではない。彼らの活躍ぶりはＴＶや新聞、雑誌などを通じて一般に知らされる。つまり、彼らは時代のヒーローとなる。かつての英雄は戦争と結びついているものが多かった。しかし、今は遊びを職業とするヒーローに変った。これは嬉しいことである。平和なことはいいことだ。

ヒーローやヒロインになった人、あるいは、ならされた人は青年の夢の担い手になる。これは遊びなどというものではなく、大変な仕事である。既に述べたように、現代人は聖に接近する道を失っている者が多いので、遊びの世界に無意識的に宗教性がはたらく。そこで、スポーツのヒーローに対して宗教的と言いたい熱狂ぶりを示したり、芸術家のヒーローに神を崇めるような態度で接したりする。

こんなときに、ヒーローやヒロインがその取り巻きが投げかけてくるイメージに同一化してしまうと、しばらくの間はお互いに他と比べようのないような体験をする。それは端的に言えば神の姿の顕現とさえ思われるだろう。しかし、しょせん、人間は人間なので、多くの場合、この後に悲劇が訪れる。ヒーローがにわかに人間の姿を露呈して取り巻きに棄てられてしまうか、ヒーローが自分の担うイメージの重さに耐えかねて潰れてしまうか、ということが生じ、自殺という悲劇も起こりかねない。『アムリタ』の真由のことを思い出していただくとよくわかるであろう。このような「仕事」に従事する人は、周囲から期待されるイメージを生きてみせつつ、あくまで人間としての自分の限界を意識して生きてゆかねばならぬので、なかなか大変なことである。

早くから青年の夢の担い手としてのヒーローやヒロインになろうと努力する人たちがある。それが成功すると実に華やかな生活が待ち受けている。しかし、普通のサラリーマンなどのような仕事に従事しているのと比較すると、「遊びの仕事師」の場合は、ヒーローになり損ったときの挫折感が非常に大きいものがある。そして、ヒーローへの道が閉ざされたときの転進の道が極めて難しいという特徴がある。

私はこれまで、相当沢山のこのような挫折体験をもった人の相談を受けたことがある。たとえばスポーツの場合を考えてみよう。スポーツの道で他に秀でようとするには、相当な練習が必要で、スポーツ以外のことをほとんどできないと言っていいくらいである。しかし、才能があると周囲に認められて、言うなればローカルなヒーローとしての体験をもつので、夢はますます広がってゆく。しかし、最後のところで、プロフェッショナルとして本当に成功することはないという限界にぶち当る。そこで転進するにしては、自分は他に何らの技能や知識を身につけていないので、困難は倍加する。このようなとき自暴自棄の行動や、抑うつ症、ひいては自殺ということも生じる。

スポーツの場合は、先輩―後輩の結びつきが非常に強く、特にスポーツは誰しも年齢的な限界が来ることもわかっているので、このような悲劇をできるだけ避けるように、スポーツ関係者の相当に強い組織があり、アフター・ケアが行きとどいている。(もっとも、そこに極端な日本的集団が発生して、その人間関係の苦しみに喘がねばならないときもある。)

芸術、芸能関係の場合は、体育関係者のような人間関係がそれほど強くないし、スポーツの場合に比して企業との関係も薄いので、このような挫折の悲劇はもっと大きいように思われる。青年期には自分のもつ才能が開花してくる。その勢いに乗って青年は大きい夢を描くことになるが、その栄光が輝かしいだけに、その影の部分の暗さという点をよく考えて、己の進路を決定すべきであろう。遊びを遊びとして、一生それを楽しむ方が、それを仕事とするよりも、かえってその本質に触れやすいこともある、と思われる。

自己表現の場

カイヨワも言うとおり、遊びは自由度の高い行為である。それが「仕事」にもなってくると、そうとばかりは言っておられないが、自分勝手に遊びをしている限り、相当に自由である。ところで、人間の、特に現代社会における、行為について考えると、実にさまざまの制限が設けられていることに気づく。会社に行く時、帰る時。それに服装も自由とは言うものの、そこに相当な制限があるのを認めざるを得ない。日常会話にしても、言いたくても言ってはならぬことなども沢山ある。これらのことに慣れているので、平素は意識はしないが、それを窮屈に感じはじめるとたまらなくなるときがある。自分が何だかがんじがらめに縛られているように感じられてくる。そんなときに、遊びがわれわれに解放感を与えたり、リフレッシュされる感じを与えてくれたりする。

遊びは時によって人間にとってもっと深い意味をもつことがある。そのことをわれわれ心理療法家が体験するのは、子どもに遊戯療法を行なったときである。遊戯療法といっても特別なことをするわけではなく、治療者が子どもに対して、時間と場所を決めて、できる限り子どもの自主性を尊重して遊ぶようにするだけである。そうすると、子どもは遊びのなかで攻撃性や怒りや悲しみや、いろいろの感情表現をして自ら癒されてゆくのである。ここは子どものことを述べるところではないのでこれ以上は述べないが、子どもが遊びを通じて自己表現を深める間に、自らの力で癒されてゆくのは印象深い事実である。

深い自己表現が癒しに通じてゆくのは、大人の場合も同様である。それが極めて洗練された形で表わされているのが芸術作品である。芸術によって多くの人が癒される。スポーツの場合も、そこにうまく自己表現がなされるときは癒されるであろう。人により時によっては、パチンコのようなものでも、あんがい効果のあるときもあろう。

このような表現活動は自分でしなくとも、他人のするのを見ることによって癒されることもある。私のところに相談に来ている人たちが、しばしば、スポーツの名選手の姿を見て癒された経験を語ってくれた。完璧と言いたいような人間の姿というものが、もちろんそこで言語はまったく語られないのだが、実に多くのことを語りかけ、それによって癒しが生じる。このような話を聞くと、心理療法をしている私などよりは、有名なスポーツマンの方が余程多くの癒しの仕事をしているかも知れぬ、と思ったりする。

有名なスポーツマンの名演技のみではなく、彼らの挫折体験とそれに対処する姿を見て、癒される人もある。どのような大選手も時に思いがけない失敗をするし、運命のいたずらとしか言いようのないことも起こる。そのようなとき、それらの選手がそれを正面から受けとめ、敗れ去って行く姿が、多くのことを、心に傷をもっている人たちに語りかけ、そこに癒しが生じる。たとい、敗れたとしても、そこにはその選手なりの達成感があり、それが人々に伝わるのではないだろうか。人間の生命というものは、いろいろな形でその仕事の成就をはかるものではないだろうか。勝ち負けや成功、失敗という評価は、もう少し浅いレベルでのことなのだろう。

芸術やスポーツなどの洗練された形のものを先に述べたが、自分自身が行うことであれば、ブラブラと散歩すること、旅行、仲間と飲んで喋り合うこと、などなど日常茶飯事に近い遊びも、それなりに癒しのはたらきをもっているときもある。遊びのもつ自由度の高さのために、日常的な世界にふと非日常の世界が顕現する経験をする。いつも歩いている散歩道であるのに、ふと垣根に咲く花を見て立ち止まらざるを得ないと感じる。今までは日常の世界に埋没してしまっていた小さい花が、突如としてその完全な生命力を示してそこに存在しているのを感じさせる。

日常茶飯事のなかの非日常性をうまく掬い取って表現してみせると、それは自己の表現になっている。別に自分の感情とか思想を伝えようとしたわけではないが、意識のレベルの変化により、そこに何らかの自と他との融合が生じるのであろう。このような遊びの精神を芸術的に形にしてゆくことでは、日本人は相当に優れている。俳句などというのは、おそらくそのなかの傑作であろう。と言っても、無理して俳句などつくる必要はない。既に述べた俳句の精神のようなものが、一見くだらなく見える遊びの背後にもはたらいており、それは癒しの機能をもっていることを認めることが必要である。

遊びは自由だと言いながら、そこに規則があるのはどうしてだろう。スポーツにはすべて規則がある。芸術は自由と言えば相当に自由だが、連句などは相当な規約をもっている。これは、人間は無制限な自由には耐えられないし、規則がないと「自由」を実感できない、という逆説的な事実によっている。さりとて、規則が多いほどよいなどというものではない。遊びのもつ性格と自由の逆説の在り方がうまく作用し合って規則ができあがり、そこに遊びの面白さが認められる。無制限に近いダラダラとした遊びは、癒しにつながらないと思われる。

遊び半分

遊びは、まったくの遊びとして考えられるときもあるが、既に述べたように、にわかに仕事のような様相を帯びることもあるし、ときには聖なる空間に迫るための適切な通路としての役割ももっている。昔、遊撃隊というような表現があった。戦いの最中にどこからともなく現われて、効果的な戦いをする。全体の戦略にがっちりと組み入れられていないのが特徴で、必要なときと場所に自由に出現してくるところに、その重要な役割がある。こんな考え方をすると、遊びを人生の遊撃隊的に使用できないか、と思われる。

普通は、勤務時間というのが決まっている。テニスがしたいと思っていても、その間には出来なくて、午後五時以降にしようとか、休日にしようとか予定を立てる。レジャー旅行ももちろんである。もし一週間も旅行しようとなると、大分前から仕事のことなどを調整しなくてはならない。こうなってくると、「旅行に行きたいが、その暇がない」ということになる。あるいは、一週間の遊びのために一カ月間人より多い仕事をしなくてはならない。現代の特徴は、どうしても何らかの行為が計画的になされねばならぬ、ということである。それが嵩じてくると、遊びも管理体制のなかに組み込まれてしまって、面白くなくなってくる。

このようなことを避けるひとつの方法として、儀礼も仕事も遊び半分にやる、ということが考えられる。もっとも「遊び半分」というのは一般に価値の低い言葉であるが、もともと低く見られてきた「遊び」の価値を十分に認めてきたのだから、「遊び半分」の価値を少しは見直してもいいだろう。

かつて大学のなかで、学生たちが勢いよく行動し、教官の方が旗色が悪いように感じられるときがあった。幸か不幸かその最も激しいときに、私はまだ京都大学にいなかった。少し遅れて一九七二年に着任したが、それでもまだ相当に問題は残っていて、学生と教官の間の話合い——これを学生は団交と呼んでいた——は続いていた。私は何となくそれの専門係のようになってしまって、長期間にわたって仕事をしたが、それを「遊び半分」にやっていたのがよかったのではないかと思っている。

学生を見ていると、学生運動と言っても「仕事」としてやっている人と「遊び」としてやっている人に分けられるように思われた。それに類は友を呼ぶで、これらの人は違うグループに分れて行動している。ところが相手をする私は遊び半分なので実に強いのである。遊びグループの方に対しては、遊びのレベルでつき合っているが、こちらがにわかに真剣な仕事としてやると、真剣さが足りないので彼らは負けてしまう。次に、仕事グループの学生とは、マジメにつき合うのだが、悲しいことに相手は余裕がない。つまり「アソビ」がないので、そこを突くと困ってしまう、というわけで、私が「団交」を楽しんでいるうちに、多くのことは解決してしまった。

私が「団交」に強いなどということがだいぶん学内でも評判になったらしい。「団交の極意は遊び半分にやることだ」などと、飲んだときに私が言っているのを伝聞したある学部の教授が、これでやろうと決心された。ところが結果は散々であった。遊びグループからは先生の生半可にマジメなところを突かれるし、仕事グループからは先生のフマジメサが厳しく追及され、さっぱりやられるばかり。この先生は「遊び半分のような中途半端なことは、やっぱり駄目だ」と言われたとか。

風聞は当てにならないので、この話の真偽もどうせ半分くらいのところであるが、この話で大切なところは、この先生が遊び半分を「中途半端」と誤解したため失敗した点にある。遊び半分は全力をあげてやらないと駄目なのだ。そして、実はこれはなかなか難しいことで相当な修錬を必要とする。

考えてみると、遊び半分の効用などは相当な年季を積まないと出て来ないものだから、青年期の話としては適切ではないだろう。やはり、青春は、遊びのときは遊びに、仕事のときは仕事に全力をあげるべきで、はじめから遊び半分を狙うのは無理な気がする。

もっとも、この節は遊び半分に書いたので、読者があまりマジメに受けとられない方がいいのではなかろうか。

第五章　青春の別離

春がどれほどいい気候だと言っても永遠に続くわけではない。いつかは夏になる。青春にも人間は別離してゆかなければならない。そこには別れの悲しみや苦しみが伴う。しかし、別れることによって獲得する新しいものの方に注目すると、別れは嬉しいことでもある。いずれにしろ、別れの経験をせずに大人になることは出来ない。ただ、それをいかにするかに個人差が生じてくる。

青春は多くの場合、何らかの集団のなかで経験される。あるいは、仲間たちと共に経験する、と言っていいだろう。しかし、青春の終りはその仲間たちとの別離として経験されねばならないときがある。もちろん、形としてはそれまで通り共に暮らすとしても、心のなかでは強い別離の悲しみや苦しみを経験すると言うこともあるし、それまでの関係性と異なる関係に変化する、ということもある。このような別離の苦しみに耐えられず、いつまでも大人にならずにいる人もいる。

既に述べたように、現代ではイニシエーションによって一挙に大人になる、などということはない。したがって、本当のところはここで青春は終り、二度と来ない、と言うことはできない。すべてのことについてボーダーレスの時代になってきている。とすると、一度や二度別離の体験をしたからといって、大人になったとも言い難いだろうし、大人になってしまったので青春と無縁ということでもなさそうである。このあたりの微妙な在り方をよく知っていないと、せっかくの人生を単調なものにしてしまったり、まったく取りとめのないものにしてしまったりすることになる。青春における別離の在り様について、その種々相を考えることによって、本書の最終章にしたい。

1 卒業

学校には卒業式というのがある。日本に比べて「式」の少ない外国でも卒業式は盛大にするところが多い。卒業式は米国では commencement と呼ばれるところが多く、それが「開始」を意味していることは周知のとおりである。米国の大学の入学は比較的容易なところが多いので、卒業式をイニシエーションの儀式として受けとめたい気持があるからだろう。ただ残念なことに、このような制度としての卒業式は、かつて非近代社会の子どもたちが体験したような実存的変革につながることは少ないので、本当の卒業は、各個人個人がそれぞれの体験をして行わねばならない。ここに現代の難しさと面白さがある。

家族

青年はまず家族から離れてゆかねばならない。自分を育み自分を保護してくれた家族から離れることは恐ろしいことでもあるし、また、自立の意志が高まってくるときは、是が非でもやり遂げたいことになる。動物の場合は、親離れ——したがって子離れも——がどれほど見事に行われるか、TVなどでよく紹介されるので見た人が多いと思う。それまで子どもがすり寄ってくるのを喜んでいた親が、子どもがある年齢に達すると急に態度を変え、寄ってくる子どもを突きとばしたり、嚙みついたりする。子どもは驚き苦しみながらも、親離れをしてゆく。このようなことが、自然にプログラムされているところが実に素晴らしい。

これに対して、人間というのは自然に手を加え自分の好きなように支配しようとしているうちに、自分の内なる自然の破壊を相当に行なってしまった。そのために親離れ、子離れがなかなかうまくいきにくくなったことは、あちこちによく論じられているので、周知のことと思う。

しかし、現代におけるもっと大きい問題は、出立してゆく土台となるべき「家」が存在しないという青年が増えてきている、ということではなかろうか。家庭において必要なだけの一体感の体験があるからこそ、それを土台として離れてゆくことができる。ところがその体験が不十分なときは、本当の意味での「家」がないので、自分の住んでいる家を出て、他に本来的な家体験を求めることになる。ホームレスは現代の大きい問題である。家があり両親があり、物が豊富にありながら、心理的には「ホームレス」の子どもたちがいる。

心理的ホームレスの人の「家庭」への希求は大きい。その夢はふくらむばかりで、普通の人間関係に満足できない。少し親しい人ができはじめるとその関係がすぐ悪化する。多くを求めすぎるので相手が耐えられなくなったり、相手のちょっとした心の動きを捉えて、自分のことをおろそかにしたと感じ(それは見当はずれではないのだが、判断が厳しすぎるのだ)、関係を断ってしまう。時には、相当に破壊的な行動に出ることもある。

心理的ホームレスの人は、その問題を内的に克服しない限り結局は強力な一体感を強調するグループ、暴力団、シンナー吸引グループ、ある種の宗教集団、などに属するか、グループに所属できないときは、自殺未遂の繰り返し、薬物依存、極端な無為、などに陥ることになる。

ホームレスの問題を論じると、また長くなるのでこれくらいにしておくが、言うなれば、すべての人間は内的にはホームレス状況をもっているとも言える。したがって、よい家庭に育っていても、自立の衝迫が強くなると、突然に自分を「ホームレス」であると感じたりするものだ。しかし、その人は既に述べたような危険性の高い道ではなく、何とか自分の力で自立してゆく道を選ぶことになる。

　ここで、「家族語」ということを考えてもいい。家族には家族にだけ通じる言葉がある。たとえば誰かが「あの時は、あれは傑作だった」などと言いはじめても、家族の全員にはそれがどの時を意味しているのか、その時の何事を指して傑作と言っているのかがわかる。そして「傑作」という表現によって家族一同には、その感じがわかるが、他の人たちの言う「傑作」という意味とそれは少しずれている、などということがある。子どもたちは「家族語」を普遍的でどこでも通じる言葉だと思っているが、家の外では通じないことを体験する。そこで、子どもたちは「外」の言葉も覚えねばならぬことを知る。

　青年は時に家族語に強い嫌悪感を感じるときがある。そして、外来語を家族のところに投入するように努めたりする。「家族語に頼って生きているのではないぞ」と宣言したいのだ。これが極端になると、家族とは口をきかない、と言うことになったり、家から離れて下宿して全然帰ってこない、ということになったりする。

　いったん家族から離れても、青年は自立の程度に応じて、また家族と接触をはじめる。しかし、これまでのように、その一体感のなかに包まれる一人としてではなく、自立した人間としてつき合うことになる。このような意味で欧米人の方が日本人よりは家族間の交流が親しく深いと言えるだろう。それは「しがらみ」から自由になった者同士として、つき合えるからである。家族を「卒業」した同窓生としての関係が生じる、とも言える。もっとも、日本はこの逆で、同窓生が「家族」的であることを誇りにしたりするが、それらの関係のなかで、各人がどの程度の自立を基にしているかが大切なことである、と思われる。

キルプの軍団

大江健三郎『キルプの軍団』(岩波書店、一九八八年)は、青年期の初期に、一人の青年がいかにして家族との関係のなかで「卒業」を体験するかを、その深さと意義を感じさせせつつ示してくれている作品である。ここにその筋を紹介する余裕がないので、興味ある読者は原作を読んでいただきたい。ここでは、もっぱら「卒業」というところに焦点を当てて述べることにしたい。

主人公の高校生、オーチャンが家族から離れ、外の世界の空気を吸った人間として家に帰ってきた時点で「卒業」するのだが、この筋は実に重層的に構築されている。まず、キルプである。これはオーチャンが英語の勉強のために、ディケンズの『骨董屋』を忠叔父さんに習っているという設定になっていて、その話にキルプという人物が重要な役割をもって出てくる。彼についてのディケンズの描写がながながと引用されるが、その一部を示すと、「かれの黒い眼はおちつきがなく、こすっからく、ずるそうでした。かれの口もとと顎は、不精に伸びた粗く剛い口ひげでとげとげしいのです。それにかれの顔色は、決して清潔にも健康にも見えない種類のものでした。しかしなによりかれの顔のグロテスクな印象を強調するようであったのは、もの凄い薄笑いでした」。このキルプが少女のネルを脅かすのである。ネルは十四歳の少女で、彼女は「これでもか・これでもか、という具合に愛らしく描かれていま す」。

オーチャンはその後相当な体験をするが、それは『骨董屋』の話とどこかで重なり合ってくる。それのみならず、少女のネルはドストエフスキーの『虐げられし人びと』のなかのネリーという女性と重なってくる。話が進んでゆく間には、旧約聖書のなかの、アブラハムとイサクの話まででてくる。それに、全体のなかのちょっとしたエピソード、オーチャンがオリエンテーリングをやっていて、もう少しで動物園の檻の下に穴を掘って、猛獣の犠牲になりそうだった、なんてことまで、何やかやがすべて重層的に関連してくる。

このことは、一人の青年というものがいかに歴史を背負っているのか、ということを示している。一人の人間は生きた歴史であり文化である。自分のことをやっているつもりでも、それは歴史や文化と関連している。大したことにも思われない問題の解決に相当な努力を必要とするのもこのためであるし、また、個人的問題の解決に思いがけず周囲の援助があったりするのもこのためである。

忠叔父さんは暴力犯係の刑事だが、ディケンズを読むようなところもある人物である。この叔父さんがふとしたことで守ってやったことのあるサーカスの団員の百恵さんという女性が、その夫と子どもと共に東京近辺の山のなかに、借金の無理矢理なとりたてを避けて逃げ住んでいることがわかる。叔父さんのところに送られてきた地図が、オリエンテーリング用のものだったことから、オーチャンは叔父さんの要請を受けて、叔父さんの百恵さん救出の仕事の手助けをすることになる。これは危険な仕事なので両親にも秘密だが、叔父さんに「大人扱い」された嬉しさが、オーチャンをふるい立たせる。

青年が家を離れてゆくとき、忠叔父さんのような人がよく現われる。その人は父親代りのような役をしつつ、かつ、青年が家を出ることを助けてくれる。時にはそれは誘惑のようにさえ感じられる。両親から見れば、自分の子どもの成長を助けてくれる有難い人でもあるし、自分の子どもを危険に誘い込んだり、家族の一体感を破ろうとしている、困った人のように思えるときもある。

オーチャンの人生にとって重要なときがやってきた。ここでオーチャンが「幾度か同じ夢を見た」という、その夢を紹介しておこう。夢のなかで、サーカスのテントに縦横に張りめぐらした針金の上に百恵さんが乗っている。百恵さんは「山口百恵さん」のように美しい。彼女は上半身はサーカスのシャツを着ているが、「下半身はキューピーのセルロイド人形そのままという具合！」。この百恵さんが針金を半分渡ったところで、反対側からヤクザが襲ってくる。そこで十字に交叉している針金に乗り、赤いペラペラの生地のオリエンテーリング部のユニフォームで、オーチャンが救助に行く。ところが、自分は縄跳びはしたことがあるが、綱渡りの練習など一度もしたことがないことに気づく。これが夢である。

青年期の夢の特徴をよく備えた夢だ。オーチャンは人生の「綱渡り」をしなくてはならない。それは美しい女性、百恵さんをヤクザから救うためだ。それにしても「なぜ針金の上の百恵さんがキューピーのセルロイド人形の下腹部をしていたのか？」。オーチャンはこれについて「おそらく僕の年齢の人類の一スペシメンにおける、性的現象の反映だったのでしょう」と難しい言葉で解釈している。それではどうして本当の裸体ではなく、キューピーのそれになっていたのだろう。これはキューピーという存在の面白さが関係している。キューピーはキューピッドの変形であり、そのもとはギリシャのエロスの神である。エロスはもともと人間的な姿をもたない、人間にとっては把握し理解することの出来ない存在であった。エロスの力のもつ恐ろしさを古代の人はよく知っていたのだ。その後、人間がだんだんと傲慢になり、自分の力で何でもコントロールできると思いはじめた頃からエロスは人間的な姿となり、最後はもっとも健全な家庭においてさえ裸のままでいることを許されるキューピーさんにまで下落してしまった。

オーチャンは百恵―ネル―ネリーのイメージに示される、弱くて清らかな乙女を救出しなくてはならないが、そこには性の問題を避けて通ることはできない。しかし、一言に性と言っても、それはキューピーからエロスの神に至るまで広範囲にわたっている。それは簡単に一筋縄では捉えられない相手であることを覚悟する必要がある。それにオーチャンは縄跳びは出来るが、「綱渡り」の練習などしたことがなかったことを思い出す。青年になって家の保護の外に出てゆこうとする者は、それまでに思いもかけなかったことに遭遇するという覚悟がいるのだ。

ところで、百恵さんに向かってきたヤクザ集団とは何者だろう。これこそ「キルプの軍団」だ。集団で百恵さんを捕えようとしている。オーチャンはこれらの軍団と戦えるのだろうか。しかし、ディケンズの作品を読んでいたとき、オーチャンは作中のキルプに、奇妙なことだが、感情移入をするようなところがあるのに気づく。それに、キルプは一人なのに、どうしてそれが軍団にまでなってしまうのだろう。

遅い人

夢というのは不思議なものだ、夢に出てくる人物はすべて自分の夢に出てくる限り「自分」なのだという見方もできる。百恵さんも(下半身キューピーの)、ヤクザも、もちろん夢に出てきた自分も、すべて「オーチャン」の一部だとも言える。オーチャンは百恵さんを助けようとする。しかし、「キルプの軍団」に恐れおののいている、弱くて清らかな百恵さん(それはネルやネリーと重なってくる)も、自分のことだと言えぬことはない。そんなふうに考えていると、百恵さんは自分の心の中の、いつまでも子どもでいたい部分で、キルプはまさに「大人」の代表(特に百恵さん、あるいはネルの目に映る)大人の姿そのものと言えないだろうか。こんなふうに考えると、それは「軍団」であるのも了解できる。大人たちは集団を組んで、子どもを大人にしようとする。

こんなふうに考えてくると、人間が大人になると言うことは、キルプによってネルが犯されること、清らかな世界が穢されることになる、と考えられないだろうか。とすると、キルプの軍団は大人の社会から送られてきたもの、ということになる。そんな馬鹿なことはない。大人になると言うことは、キルプの軍団と戦い、征伐して百恵さんを自分の伴侶とすることなのだ。もしそうだとすると、オーチャンはヤクザ集団と一人で戦えるのか。「綱渡り」の練習さえしたことがないと言うのに、針金の上で集団を相手に戦えるのだろうか。こんなときに、命を失う青年もいるのではなかろうか。

残念ながら『キルプの軍団』の興味深い話は全部カットせざるを得ないが、オーチャンは百恵さん救出の仕事のなかで、過激派の戦いに巻きこまれ、自分の命を失いはしなかったが、家を出て外の世界に出ることの恐ろしさを体験し家に帰る。その上、オーチャンは腎臓まで悪くして寝こんでしまう。それに詳しい話をしていないので申し訳ないが、いろいろなイキサツから、オーチャンは自分が「キルプの軍団」の一員ではなかったか、という恐れさえ感じるのである。

熱にうなされながら、オーチャンは次のような体験をする。オーチャンは熱にうなされている間、両掌を合わせて、と言っても指の角度を六十度に開いて、さかんにそれを右、左に動かした。それは「僕は自分が一個のモーター・ボートであり、またそれに乗っている人間でもある、と感じていたのです」ということだった。「僕は一所懸命に舵をとって、波頭を切り疾走していました。一瞬でも気をぬけば、大変なことになるのです。複雑に暗礁のいりくんでいる・難かしい水路を辿り、地獄へ行くか煉獄へ行くかの、まさに分岐点にさしかかっているように、夢のなかの僕は思いこんでいたのでした」。

これは凄い夢だ。今まで家族という大船に乗って生きてきたオーチャンは、この世の荒波を乗り切るのに自分自身が船になり、それに乗り込んで苦闘している。確かに「一瞬でも気をぬけば、大変なことになる」のだ。恐ろしい体験のなかで傷つき、再び家に帰ってきたオーチャンはどうして癒されるのだろう。もう、かつてのように父や母が心を癒してくれることはない。オーチャンは今までのような子どもではないのだから。

癒しは思いがけないところから生まれてきた。オーチャンの兄は養護学校に行っていたが、作曲が得意であった。それらの曲の自家版を出すときに、ピアノ曲のひとつに歌詞をつけようと言うことになった。ところが兄さんは「私は詩が不得意でございます」と言う。そこで、「卒業」というピアノ曲に詩をつけることになったので、兄さんの養護学校の卒業のときのことを思い出してみようということになり、家族で話合った。

オーチャンは気まぐれもあったが、「いま話していたことをまとめればいいんじゃないの」と言って、その作業に没頭する。午前二時までかかったが気がついてみると、「病気になってから、あのことを考えずそんなに長くなにごとかに没頭できたのは初めてで、自分でも驚いた」のだった。詩はできあがった。

「兄のメロディーにあわせて僕の書いた言葉を家族みんなが歌ったのでしたが、やはり自然な作られ方の歌、という感じじゃないのです。それでも、兄が正確な音程の小さな声で歌うと、澄みわたって清すがしい気持プラス悲しみが浮びあがるようでした。苦しい夢のなかで、なんとか地獄をまぬがれて煉獄に行きたいと、両掌でへさきを作り、一所懸命に動かしながら、そのためには、——新しい人間になりたい、これまでの性格は変えたい、と考えていた、その自分が変って行く方向と、この歌が感情的につながっているという気もしたのです。」

オーチャンはひとりになってから、自分だけで「卒業」を歌ってみた。「そして自分がやったことは、ピアノの音ですべて表現している兄の音楽を、言葉でなぞっただけだと思いました。また言葉でなぞるために、何回も何回も聞きなおしているうち、兄の音楽が僕を治した、と感じもしたのでした」。

兄の音楽が僕を治した、というところが感動的である。実際オーチャンは翌日から起き出すことになり、病院では腎臓についても今後心配ないと言ってもらう。オーチャンは実は大学など行かずにひとりで勉強すると言っていたのだが、大学進学の意志を表明して、両親を喜ばせる。オーチャンにとって、それほど両親に盾つく必要はなくなったのだ。オーチャンはこれで本当に高等学校を「卒業」できる、と言うべきである。

両親に盾ついたり、両親に秘密のうちに危険なところに飛びこんでいったり、命にかかわるようなことをして、オーチャンはもう一度家に帰ってきた。しかし、家族のなかに取り込まれている子どもとしてではなく、自分なりの判断力をそなえた青年として、帰ってきた。もちろん、現代は一回のイニシエーションによって大人になってしまうようなことはなく、オーチャンには次のイニシエーションがまたやってくるだろう。それにしても、この重要な儀式の司祭とも言える役割を、人よりは「遅れている」と思われている兄が務めたことは忘れてはならない。オーチャンは兄の「卒業」の音楽によって癒される。おそらくこのことは、オーチャンの年齢の若者がともかく人より先へ先へと進むことばかりを考えている、現代の風潮と無関係ではないだろう。

本来はイニシエーションが絶対者の名のもとに行われたことを考えると、オーチャンの兄さんの姿を「遅れの神」の顕現として見ることもできるように思う。現代の青年の心の癒しに遅れの神が登場する必要のあったことを、心に銘記しておきたい。

2　永遠の少年

オーチャンは心に深い傷を負い、それを癒されることによって、「卒業」を体験することができた。しかし、「傷つかない」人たちというのもいる。あちこちと跳び歩いて華やかに行動する。沢山のことをしているようで、よく見ていると本当にまとまった仕事をしているわけではない。どこか途中でやめてしまうところがあるので、それに乗せられた人たちは苦労したり、傷ついたりする。ところが御本人はそんなのは平気で、また次の新しいアイデアを考えている、というような青年である。もっとも、これは青年とは限らず、高齢者のなかにもこのような人がいる。「万年青年」という言葉は、いい意味にも悪い意味にも用いられているようだが、どちらかと言えば、前者の方が強いのではなかろうか。

越境の不安

ユング派の分析家が重視する元型に「永遠の少年」(puer aeternus)というのがある。よく似たような人が多く分析室を訪れてくるので、それにヒントを得て考えついたものであろう。その一端は先に示したとおりであるが、それを人間のタイプとしてではなく、人間の心のなかにある「元型」として記述したところに面白味がある。つまり、すべての人は、この「永遠の少年」の元型をもっているのだ。ただそれとの関係がどうなっているかに問題がある。

元型と人生について考えるとき、私はよく交響楽のことを思う。沢山の楽器がそれぞれ元型であって、人生のそのときそのときに応じて、優勢な元型というのが、メロディーを受けもっている楽器である。その間に他の元型ははたらかずにそのままのこともあるし、他の元型のなかで言わば伴奏役にまわっているのもある、というわけである。ところで、永遠の少年の元型があまりに強い人は、交響楽を聴きにきた人に対して、独奏を聞かせているようなものである。つまり、元型としての「永遠の少年」はすべての人に存在しているが、それがあまりにも優勢になり、その人を乗っ取ってしまうところに問題がある、と考える。

北欧神話にバルズールの話というのがある。バルズールは病身だったので母親が心配して、すべてのものに彼を傷つけないようにと約束させる。ただ、やどり木だけはあまりにも弱そうだったので約束するのを怠った。ところで神々は退屈すると面白い遊びを考え出した。バルズールを前に立たせ、神々が手当り次第にそこらのものを投げつける。たとい、当ったとしてもバルズールは全然傷つかない、というわけである。

ところで、皆が楽しく遊んでいるのを見た神のロキは、バルズールの母からやどり木の一件を聞き出してくる。そこでロキはやどり木でひそかに一本の槍をつくり、盲目であるために競技に加われずに淋しく立っていた神ホートに、あなたも皆と一緒に楽しんではと話かけ、例の槍をもたせて、この方向に投げなさいと教えてやる。このためバルズールは一瞬のうちに殺されて、それまで楽しんでいた神々も慄然としてしまう。

北欧の神話はこの後も続くのだがそれは省略して、先の話について考えてみよう。全然傷つくことのない神バルズールは永遠の少年の姿にふさわしい。そして彼を守るために母親の途方もない努力があった、というところも注目すべき点である。傷つくことのない人は大人になることができない。そのときに何とかしてバルズールを傷つけようと考えたのがロキである。ロキは北欧神話のなかのトリックスターである。トリックスターは破壊と建設のすれすれのことをするが、この際は結果は悲劇に終ってしまう。

バルズールの話は、永遠の少年が大人になることの難しさをよく示している。うっかり大人になろうとすると命を失ってしまうのだ。永遠の少年元型と同一化して生きている人たちが、大人になることに対して強い恐怖感をもっているのも当然のことである。このような人は、なかなかの才能をもっていて、よいアイデアを思いついたりする。そこでそれを発展させてゆけばよいのに、と思っているのに、必ず途中のあたりで投げ出すか、何か他に興味のあることを見つけて、そちらの方に手を出してしまう。

それはひとつの境を越えるということに、強い不安をもっているとしか言いようがない。境を越えない範囲で何やかやと目まぐるしく動くので、大活躍をしているように見えるが、本当の仕事はしていない。境を越えるためには、どうしても傷つかねばならないし、バルズールの話でロキが必要であったように、何らかの意味で悪ということが関与してくることもある。悪を引き受けるのを拒むことが、大人になることを拒むことにもなる。さりとて、安易に悪と同盟して大人になる、というのもどうかと思われる。というわけで、永遠の少年は大人とすれすれのところに来ては、境を越えることなく逆もどりをすることになる。

永遠の少年の元型は、創造的な活動には必要なものである。その上昇の勢いというのは凄いものである。しかし、いつもそれと同一化していては、本当の作品はつくれない。永遠の少年元型をはたらかせつつ、それと同一化しない、という難しい状態のなかで、創造的な仕事ができるものと思われる。

永遠の少女

永遠の少年と同様に、永遠の少女という元型もあると考えられる。永遠の少女の元型に同一化した女性は、永遠の乙女として大人になることを拒否する。少女の透んだ目は大人たちのしているさまざまのカラクリや、「汚い」仕事をいち早く見破って、それに対する強い嫌悪感を感じる。時には残忍と思うほどに、大人の影の側面を暴き立てることもある。本人にとっては残忍などというよりも、ただ事実をそのまま言ってるとしか思えないときもある。

先に取りあげた『ＴＵＧＵＭＩ』の主人公も、多分に永遠の少女元型が背後にはたらいていることを感じさせる女性である。病身で親から極端な庇護を受けていたところなど、バルズールを思わせるところがある。最後のところで、ツグミが死の体験をするところは、彼女が永遠の少女元型の支配から脱却してゆくことを示唆している。

永遠の少年に比して、永遠の少女の場合は身体性が深くかかわってくる。男性よりも女性の方が身体との結びつきが強いからである。永遠の少女は、自分の身体が妻とか母とか呼ばれる女性と同様のものになってゆくのに耐えられない。このため、思春期拒食症という症状は永遠の少女元型と深いかかわりをもつことになる。身体の成長を拒もうとする強い力がはたらくので、食事を取ることができない。あるいは、他人から見れば、ただただ痩せているとしか見えない身体も、本人から見れば「美しい」と感じられるし、普通の体形は「醜い」ということになる。

少女らしい気転や清すがしさ、それに美しさ(永遠の少女元型が強くはたらく人は、美貌のことが多い)などのために、多くの男性が惹きつけられて、彼女の周りに集ってくるが、一定以上の距離に近づこうとすると、彼女はどこかに飛んで行っていなくなる。後には少女らしい笑いだけが残されている、ということになる。彼女たちは明るく笑う姿でその魅力を示しつつ、笑いによって距離をとることもよく心得ている。

永遠の少女元型がはたらきつつ、少女が死に至らずに年をとってくると、時にその女性は多くの従者、あるいは取巻きとしての男性をもつが、一対一の関係を作らないという形をとるときがある。男性たちはひたすら彼女に憧れ奉仕することを喜びとするが、一定以上の親しさをもつことはない。このようなときは、その女性はだんだん両性具有的になり永遠の少年的要素も加わってきて、ますます魅力ある存在となることもある。

永遠の少女元型に強く支配されている女性が、多くの男性と性的関係をもってもバルズールの話のように「傷つく」ことはない、という生き方をするときがある。このときは、彼女は男性と性的関係をもつことに抵抗を感じないし、傷つくことがないので、いくら男性との関係があっても、その外見は乙女の美しさを保っている。

このような女性に惹きつけられる男性は一般に弱い人が多いが、彼女との関係によって自分は特別に親しい関係になったと思い、そのつもりで次に彼女に接近してゆくと、彼女の興味は他に移っているため、深く傷つくということもある。考えてみると、傷をバネにして青年は大人へと飛躍してゆくのだから、このことも別に悪いとばかりも言っておられない。このような永遠の少女タイプの女性が、男性のイニシエーションのための巫女の役割を無意識的に行なっているときもある。

元型の力が優勢になるときは、人間の力では止められない、と感じるときが多い。しかし、ある元型が常に強い力を及ぼしてくることは少なく、ある時期がくるとそれは自然に力を弱めてしまう。永遠の少女元型の強いはたらきのなかで、多くの男性と関係をもった女性が、元型の力が弱まると共に「普通」の女性らしくなり、普通の女性の生活に戻ることがある。そして一般的な幸福な生活をしているときに突如として、自分のこれまでしてきたことに対して強烈な罪悪感に襲われることがある。このような例に接していると、先に「傷つく」ことはないという表現をしたのは間違いで、あまりにも深いところで傷つくので意識されることはほとんどない、という表現の方が適切だと思わされる。

強烈な罪悪感に突然に襲われると、傍目には幸福そうに見える人なのに、重い抑うつ症になるとか、その幸福な生活を破壊してしまうような行動をするとか、自殺を企図するなどのことが生じる。このようなことを避けるために、永遠の少女元型の力が収束し、普通の生活に戻ってゆくとき、その人と私との治療関係はそこで終りになってゆくが、別れるときに、「もし、急にものすごく憂うつになったり、死にたくなったりしたら、必ず連絡するように」と言っておくことにしている。「もう死のうかとまで思ったが、先生に言われていたことをふと思い出して」と言って訪ねてきてくれた人もある。そのときは、その傷を癒すための仕事をしばらくは引受けねばならない。

3　裏切り

傷つくことや、傷つけたことに対する自責の念によってこそ、青年は大人になってゆける、と述べた。傷つき、傷つけられる大きいことに「裏切り」ということがある。いろいろの悪のなかで、裏切りだけはしたくないと思う人は多いのではなかろうか。いろいろな悪に対して、あんがい同情心が湧いたりすることはあっても、裏切りに対してだけは「許せない」という感情が湧いてくることもある。そこには弁解の余地がない。

昔から偉人とか天才とか言われている人の伝記を読んでいると、その人が思いがけない「裏切り」をしているのに驚かされることが割にある。「こんな人でも！」と思ってしまう。伝記作家のなかには、その人物に思い入れをするあまり、それが裏切りでないように強調しようとしたり、それはやむを得なかったと大いに理由づけを試みる人もあるが、読んでいる方としては、「これは何と言っても裏切りじゃないか」と思わざるを得ない。このような例に接しているうちに、裏切りということの人生にもつ意義について、大いに考えさせられた。青春においても、裏切りは重要なテーマである。そのことを具体的にわからせてくれる作品として、次に今江祥智の『牧歌』(理論社、一九八五年)を取りあげる。

仲　間

主人公の洋は、産休用の臨時教師として中学校の図画の先生となって赴任する。まず最初、最前列の男生徒が鉛筆を丁寧にけずり、その後で芯をぽきと折る、というのを繰り返しているのを見る。座席表で確かめると、根元という名であった。普通の教師ならすぐそこで注意をするか問いただすかしたであろうが、洋は根元少年の行為があまりに常識はずれなので、ものが言えず立往生してしまう。

洋はまだ独身の青年教師である。私も大学を出てすぐに中学と高校が併設されている学校の教師になったが、青年教師というのは、不思議な存在である。生徒に対しては一人前の大人として振舞っていても、校長・教頭などからは、未だ子どもである、という認識で見られている。自分自身も教師集団の一員として生徒に対しようとしているときと、青年の一人として、大人の教師たちに対抗したい気持になったり、時には実際にそうしてしまうこともある。このあたりのことは生徒たちもよく知っていて、上手に「青年教師」を手玉にとったりすることもある。

洋は他の大人の教師たちと異なり、根元を「お客さん」としてほっておかずに、ともかく家庭訪問をする。一度目は両親とも留守だったが、次はちゃんと約束をしておいたので両親に会えた。両親は教師が家に来てくれることはめったにないと喜んで、無理矢理にビールをすすめ、根元少年の兄が成績優秀だったのに「日本人でないため」に就職できず自殺したことを告げる。根元少年は自分たちの努力がまったく無駄に終ることを知り、鉛筆を削っては芯を折るという無駄な動作を学校で繰返しているが、教師たちは見て見ぬふりをしているだけだった。

根元が絵の才能のあることがわかってきたこともあって、洋と根元は急速に親しくなる。根元は洋がどこで外食したか、何を飲んだかまで、そっとついて行って見ているほどに洋に気持を寄せてくる。根元だけではなく、洋は生徒たちに好かれる。生徒たちは「ひろぼん」という仇名をつけて親しんでくれる。ある生徒は母親に「ひろぼんて誰です」と訊かれ「友だちだ」と返事をする。それを聞いて「友だち——か」と洋は生徒と同級生になったような気持になり、足どりまで中学生気どりで歩くほど、気持のはずみを感じる。

洋の仲間は中学生であって、教師集団ではない。洋は既に述べた永遠の少年的要素を多分にもっている。おだてられると水泳や陸上競技に出て、成功したり失敗したり、という「活躍ぶり」を見せる。それに何となく、「世間を騒がせる」ようなことをつぎつぎとする。徹頭徹尾「大人」に出来あがっている教頭先生は、何かにつけて洋を目の敵にするが、仲間の生徒たちは、洋の気持を汲んでうまく行動してくれる。こんなところの、永遠の少年的な洋の姿は、実にうまく表現されている。

それでは、洋はどうして根元と急激に親しくなったのだろう。それはもちろん洋の正義感とか、性格的なところも多分にある。しかし、一般論として言えば、永遠の少年は弱い者、傷ついた者に同情を寄せることが多い。大人はそんな者は構っておれない、と思っている。大人は自分のことで忙しいのだ。永遠の少年は傷つかない、と言った。しかし、既に述べたように深いところの傷が意識に届かないというのが本当のところであろう。とすると、自分の傷には気づかないにしろ、傷ついた人を見ると放って置けない。あるいは弱い人を見ると——自分の弱さの自覚はないが——「他人事《ひとごと》と思われない」のである。ここで、永遠の少年がそのままで変らないときは、一時的に同情しても、また新しい同情の対象が現われると、そちらに鞍替えしてしまうことが多い。洋の場合はそうでないことが後ではっきりとしてくる。

洋の仲間にもう一人、異色であるが非常に重要な人物が加わってくる。洋のクラスに転校してきた女性、安芸《あき》伊代《いよ》である。伊代は年齢よりもはるかに大人びて見え、洋をはじめ他の教師も、むしろ生徒の姉か母親かとさえ思ったほどである。伊代の父がパイロットでアメリカに好きな女性《ひと》が出来て、そのために家族中がなかなかの苦しい思いをして生きている。そのためもあって、彼女はぐんと大人びた中学生になったものと思われる。洋はこの伊代に恋心を抱くようになる。洋が永遠の少年だからと言って、普通の中学生を相手にティーンエージャーの恋愛はできない。さりとて同年輩の女性は大人くさすぎる。そんなときに、丁度その中間にいる魅力的な存在が現われたのだから、恋愛になって当然である。そして、この伊代と根元とが、洋が大人になってゆくための重要な役割を演じてくれることになる。

言ってはならぬこと

洋は漱石の『坊っちゃん』のような活躍をし、大人の教頭先生と渡り合う。ここは『坊っちゃん』とは異なるが、そこに話の実によくわかる校長先生が出現して話がすすんでゆく。それらの詳細は原作を読んでいただくことにしよう。洋は母親のすすめで気の乗らない見合いをするが、かえってそのことによって、伊代への自分の愛を自覚し、母親から年が離れ過ぎていると言われるが、ともかくそのことを母親に打ち明ける。

ところで、ここでまた羊が現れる。しかし、これは三匹目の羊というよりは、三四郎の羊の再来と言った方がいいであろう。洋が母親に伊代への愛を告白しているとき、彼女はニューヨークにいた。彼女の父親が自分の愛人を彼女に引き合わせようとした。つまり、父は離婚・再婚のことを考え、伊代にどちらの「母」を選ぶか選択させようとしたのである。そのような難しい状況にあったので、伊代からの便りを待ちに待っている洋のところには何も手紙が来なかった。しかし、根元のところには伊代から短い文面の便りがあり「ニューヨークはすてきな街ですが、迷子になりそう」とあった。

「迷子」から洋は『三四郎』のストレイ・シープを連想した。「迷える小羊《ストレイ・シープ》——と口に出してつぶやくと、それは自分でもあるような気がしてきた」。その夜眠れぬ間に洋は浅い夢を見る。典型的とも言えるような永遠の少年の夢である。要約しつつ引用してみよう。

夢の中で、「ね、羊の絵を描いてよ」と誰かがささやく。うるさがっているうちに、それは「星の王子さま」だとわかる。洋はサハラ砂漠のなかを星の王子さまと歩き、あまりせっつかれるので、伊代の顔を描きなぐると、王子さまは、「ちがうよ、この羊は病気だよ」と言う。仕方ないので高層ビルの林立する姿を描き、羊はこの街のどこかにいる、というと、王子さまは喜んで、羊を探しに行ってくる、とその絵の街のなかに入りこんでゆく。洋はサハラ砂漠に一人とり残されてしまった。するとはるかかなたの地平線に太陽が昇りはじめた。太陽はあっと言う間に頭上に輝くようになり、洋は暑さとのどの渇きに耐えられなくなる。その上、地平線上に竜巻が起こり、洋の方に飛来してきて、洋を天にまで吹きあげた。巨大な太陽が目の前にあり、洋はまばゆさに目が開けられない。

「(溶ける……)

洋は火球の熱い渦の中でもがいた。

――手足を動かせ!

誰かが叱咤した。

洋はとにかく手足を動かした。熱さが足許から遠ざかり、洋はほっと息をつき、思い切って目を開けた。

早い夏の朝の陽の中で、洋は目を覚ましていた……。」

夢は、ストレイ・シープの連想からはじまった。考えてみると「洋」という名はその中に羊という字をもっているのも面白い。羊の絵をねだりに来た「星の王子さま」は、御存知のとおり永遠の少年の代表選手である(ユング派の分析家、フォン・フランツがそれについてながながとコメントを書いている)。星の王子さまにとっても羊は大切な存在であったが、洋にとっても羊は大切であった。ただそれは、伊代というストレイ・シープであった。

現代のストレイ・シープは草原の中ではなく、高層建築の林立する街の中にいることを知った後で、洋は完全に孤独になり、続いてかつてのもう一人の永遠の少年の代表であるイカロスと同様の体験をする。イカロスは父親の戒を破り、太陽に急接近を試みて墜落してしまう。永遠の少年の急上昇は急降下につながるものである。イカロスは命を失ったが、洋は助かった。彼は「手足を動かせ！」という声に従ったからである。夢の中できこえてくる声は真実を語っていることが多い。洋にとって「手足を動かす」とは何を意味するのか、それは後にわかることである。

洋は酔った勢いで言ったことを実現することになって、先輩の教師とストリップを見に行く。警官が来たのに「ポリ公　帰れ」と叫んだりして少し派手に動きすぎたが、帰り途を歩きながら、ストリップを見ながら、その踊り子に伊代の面影を一瞬でも重ねてみたりした自分に厭気がさしてきた。「それは孤独に悩んでいるにちがいない伊代に対する一種の「裏切り」のように思えた」。確かにこれはひとつの裏切りである。しかし、こんな裏切りよりも、もっとひどい裏切りを洋は体験することになる。

洋はストリップを見に行ったとき、後にいるヤクザの見るのを邪魔したとかで、下駄でなぐられたり、それもよくなると盲腸で入院とさんざんな目に会う。ニューヨークから帰った伊代は入院中の洋を見舞うが、他に人がいて親しく話せない。伊代は父親の愛人に会ってきて相当なショックを受けていた。洋は退院した日に伊代から下宿に送られてきた葉書を見た。「あのこと、聞きました。父さんと同じだったのですか。良くも悪くも父さんは男性でした。私、今回の渡米で、悪くも男性である父さんばかり見た気がします。先生も同じだったのですか」。「裏切り」へのしっぺ返しはすぐやってきた。「あのこと」はもちろん、洋のストリップ見物である。洋の苦しみは深くなる。「あのこと聞きました」という言葉が重くのしかかり、誰が言ったのかと疑心暗鬼になるうちに、根元ではなかろうかと思った。彼の気持は落ちこんでゆき、悪い酒を飲んだ。したたかに酔ってひと眠りした後で、風呂屋に行き、洋はそこで根元に出会った。風呂桶に共につかりながら、酔った勢いで洋は思わず、根元が伊代にストリップの一件を話したのではないか、と訊いた。少年は、洋がえらく酔っていることを確認した後ではあったが、酔っていたとしても「言っていいことと、悪いことがある」と哀し気に言って帰ってしまう。

洋は酔いを引きずったまま帰り床につくが、しばらくたって、根元少年の言葉を思い出し、自分のしたことの意味を悟った。朝までまんじりともせずにいた洋は朝の六時に根元の家まで行ったが、出て来た母親の目を見ると、何も言えなくなった。母親は根元は今日は学校に行かないと告げた。

洋は大変な裏切りをしてしまった。伊代に対する裏切りは、男というものはというような弁解もできたかも知れない。しかし、根元の場合は違った。おそらく、裏切りということも何度も経験し、人間というものあるいは日本人は信頼できないと思いかけていた少年。その少年と両親まで引っ張って、信頼関係というのがこの世にあると思わせたところで、あっさりと裏切ってしまった。これは、海で溺れかけている人に手を差しのべ、喜んであがってきたところでもう一度海の中に突きとばすのと同じことではないか。根元少年は、どんなに酔っていても「言っていいことと、悪いことがある」と言った。まったくそのとおりだ。どうして洋はそんなことをしたのか。

ところで、洋はこの後どうしたのか。洋は思い切って休暇願いを出し、故郷に帰っているように見せかけ、この前から計画していた個展を実行するため、自分の作品の完成に没頭する。そのなかには根元少年の絵も、伊代の絵もあった。「手足を動かせ！」という助言は、自分の身体を使って創作に没頭することを意味していたのだ。こんなときに借物の倫理観や教育論などでいくら考えてみても、何の答も出て来ないものである。

洋は夢遊病者みたいになって、二週間を創作のために使った。「絵の中の根元少年を、洋はしかと見すえて描いていた。その分だけ、根元少年の方も、洋の心底まで見すかすように、真正面から見すえていた。目には強い光があったが、あのときのように、洋のことを見放した目ではなかった。贖罪の気もちをこめて、洋は根元少年像と真向から組み打っていた。洋は根元少年の中にもぐりこみ、根元少年の目で自分を見すえていた」。

洋は贖罪の気持をこめて絵を描いた。ここの描写を読むと、洋という人間は本当に根元少年のような人間と向い合うのは、絵を通じてこそ可能なのだということがよくわかる。人にはそれぞれその人にふさわしい道があり、洋は教師という道で根元少年に会うタイプではなかったのだ。そのことを洋はよく認識し、学校をやめ東京に出て、絵の道の方に専念することを決意する。洋は自分が社会に出てゆくべき方向を見出したのである。

洋がもし「裏切り」を経験しなかったらどうなっていただろう。人生には思いがけない展開があるので予想などできるわけがないが、もしこのままズルズルと行っていたら、洋と根元少年とその家族の融合関係が深くなってゆき、洋は教師になってゆくにしても、センチメンタルな道を歩み、どこかで続かなくなると、職業を変えるか、学校を変えるかして、みすみす永遠の少年のパターンに陥ってしまうのではないだろうか。誰かに本当に役立つことをするのは同一化することではない。既に述べたように、それはある程度は必要であるが、どこかでは別個の存在としての自覚が必要である。

同一化の程度が強いときは、ひょっとして裏切り以外には分離する方法がないのかも知れない。これが先にも述べたように、これはと思うような人が思いがけない裏切りをすることの秘密なのかも知れない。相手に何らかの欠点を見出したからとか、二人の関係の維持が難しくなったからなどというのではなく、「裏切り」という絶対的な傷を自分が負うことによって別れる。ここで何と言っても悪いのは自分であり、弁解の余地がない。そのような自覚と共に離れることに意味があるのかも知れない。

大人になるということは大変なことである。ひとつの境を越えるにふさわしいだけの傷を負わねばならない。しかし、それが本当に意味をもつときは、その傷が創造の源泉にもなる。あるいは、真に創造的行為によってのみ、その傷は癒されてゆく、と言うことができる。洋の体験した夢遊病者のような創作活動は、おそらくそれまでのものをはるかに超えるものであったろうし、それだからこそ高い評価を得たのである。そして、この作品によって、伊代も根元も洋を許してくれることになった。そこに説明や弁解があったわけでもないし、理屈で考えて許してくれたのではなく、作品の訴えるものから直接に、二人は洋の「裏切り」は避け難いものであることを感じとったのである。

青年期に裏切りを体験しなかった人は、中年になってもっと凄まじい裏切りを体験することになる。しかし、このことは本書の範囲をこえることなので触れずにおく。

4 ボーダーレスの青春

洋は深い傷の自覚と共に、大人になっていった。彼は青春に別れを告げ大人になってしまい、もう二度と青春を体験することはないのであろうか。私はそうは思っていない。たとえば、創造的な人と会うと、その人の中で永遠の少年の元型がはたらいているのを、たといその人が高齢者であっても、感じることがある。元型と人生の関係について、交響楽のたとえを出したことを思い出していただきたい。

人生のある時期に、あるいは、あるときに、ある元型が優勢になったとしても、それは他の元型が消滅したことを意味しない。交響楽のなかで、ある楽器がメロディーを受け持ったり、長い間休んでいたりするのと同様である。と言っても、人間全般としてみれば、そこにある程度の傾向があることも否めない。そのような観点から青春を見直し、かつ、これまで述べてきたことのまとめともしたい。

人生の段階

人間が生まれてから死ぬまでには、それ相応の段階がある。非近代社会においては、子どもと大人の区別が明確で、子どもはある年齢を期して大人になる、ということは既に述べた。このような単純な区分けよりも、もう少し詳細な段階分けを試みることは、古来からなされており、よく知られているものとしては、孔子の唱えた説や、インドにおける四住期などがある。これらについては、ここでは触れない。

近代になってから、西洋において心理学が発達してくるにつれて、人生の段階を乳児期、幼児期、児童期、青年期、と分けて考えることが通常のこととなった。そして、人間の進歩、発達ということを重視する考え方と共に、青年期に対する関心がにわかに高まってきた。そして、それは単に成人になる準備段階としてよりは、新しい進歩の可能性をもたらす時期として注目され、その時期に少々の荒れが生じるのも当然と考えられた。それは夢多き時期のはずであった。

このような型どおりの青年期の理解が、ごく最近になって急激に崩れてきだしたし、これまでに述べてきたように、そこにおける「夢と遊び」ということも型どおりの理解ではすませられないようになってきた。現代の問題は、あらゆるところでボーダーレスになってきたということである。これまで相当に明確と思われていた、男と女、長と幼、教師と生徒、仕事と遊び、現実と夢、などが思いの外にボーダーレスであると考えられはじめた。したがって、善と悪ということもそれほど明確には区別できなくなってきた。

こう考えてくると、人生の時期をある程度区切ったり、その特徴を知ったりすることは必要はあるにしても、それを絶対的と考えるのも、やはりおかしいのではないか、ということになる。極言すると、青春は至るところにあり、と言うことになる。これまで述べてきたことから思い返しても、『アムリタ』のなかの小学生の由男は相当に青春の本質にかかわっていた、と言えないだろうか。あまり詳述はしなかったが、『キルプの軍団』で、百恵さんという女性を助けるために努力を払う忠叔父さんの心の中に、青春のはたらきを認められないだろうか。『TUGUMI』の主人公は、時に幼児のように無防備であったり、老人のように狡猾ではなかっただろうか。年齢と関係のない、心のはたらきというのがあるのだ。

ただし、このことは発達段階の考えが無効だとか有害だとか言うのではない。そのことを知っていることは大切だ。しかし、それが「科学的」だから絶対だなどと思わない方がいいのである。本当に科学的に研究すると、それはある程度のことであって、絶対的でないことなどすぐわかるはずである。

それに加えて、夢と遊びなどという、言わばボーダーを壊すのを専門にしているようなものを対象にすると、ますます話は相対化されてきてしまう。そのなかで、これまである程度の筋をつけて述べてきたと思う。これで何の筋もなかったら、まったく混乱してしまうからである。『牧歌』のなかの洋も、一種の「卒業」を体験したと言えるが、それは、『キルプの軍団』のオーチャンのそれとは様相を異にしている。やはり年齢差ということを歴然と感じさせられる。

青春と言っても、その様相は種々様々である。青春のなかのどのような側面が、今の自分にとって大切なのかを自覚する必要がある。確かに七十歳になっても、青春が訪れてくることもあるが、さりとて、そのときは自分が若者と同じように行動できるなどと思うと大失敗をしてしまう。ことに、青春というのを人生の一番いい時と勝手に決めて、いつまで経っても若者の真似をしようとするのなどは、まったく馬鹿げている。人生の味はもっと多様で深い。

現代日本における特殊な問題は、大学入試までの「勉強」が厳しいために、そして大学における課題が欧米に比して安易すぎるために、大学生になるや否や「遊び」に力を注ぎすぎることであろう。しかも、それはあくまで、勉強対遊びという単純な対比のなかで考えられるので、これまで述べてきた遊びの多様さと関係なく、ボーダーレスな遊びのもつ不思議な味を失ってしまうことになる。それは単純な休養や解放にのみつながって、深みを失いがちになる。

その点で『キルプの軍団』のオーチャンという高校生が、勉強対遊びという図式と関係なく、遊びとも仕事とも、現実とも夢とも区別しにくいようなことに巻き込まれていって、最後は思いがけなく「遅れの神」という時代を超えた存在によってイニシエートされていったことは、示唆するところが大きいと言わねばならない。

春の布置――エピローグ

青春というのは私にとっては最も苦手な主題だと思う。これまでいろいろと本を書いてきたが、青春を取りあげたことはなかった。自分の青春時代は、戦争中と敗戦後の灰色の世の中のことで、あまり「青春」という感じがしなかったということが大きいと思う。文献を調べたり、頭で考えたりしたことよりも、自分の体験を基にして書いていることが多いので、私が青春について書けなかったのも当然である。

編集者から「青春の夢と遊び」というテーマをいただいたとき、私は自分の中で何か新しいものが動き出しているのを感じ、あまり自信がなかったにもかかわらず同意をした。今年で停年退官だということも大きかったことと思う。退官して本当にもう一度何か新しいことができるのか、あるいは、今までの財産を少しずつ食いつぶす形になるのか試してみようという気持もあった。そんなことを思いつつ、気分を一新するつもりで、アメリカのプリンストン大学の客員研究員として、この春に渡米した。

プリンストンでは学生に混って講義を聴講したり、ディスカッションに出席したり、久しぶりに学生気分を味わった。そのときの経験の一端は既に少し述べた。ところで滞米中に面白い経験をした。プリンストンには四月のはじめに行ったので、はじめは木々も冬の姿のままだったが、だんだんと芽が出てくるし、あちこち花も咲きはじめ、春を満喫することができた。そのうち、ミネアポリスの箱庭療法研究会に招かれ五月はじめに、そこに講義に行くと、なんとそこはまさに春！　だったのである。その上、五月末に帰国の途上に、これまたアンカレッジの箱庭療法の研究会に招かれて行くと、アンカレッジは春たけなわなのであった。つまり、私は今年は春を三回も経験したのである。

私は「春」のコンステレーションのなかにいるなと思っていたら、アンカレッジで不思議な夢を見た。

夢の中で、私はあらたに就職することになっていた。不思議なことに私は大学を卒業してはじめて就職する、という感じになっていた。就職するのは神戸のあたりの高校ということだった。私は神戸工業専門学校というのを卒業しているので、また神戸の友人たちとつき合うことになり、なつかしいなと思い、友人のHのことを思い出す、そして、もう一人の友人Iのことを思い出したときに、おかしいなIは亡くなっているはずなのだが、と思ったときに目が覚めた。

これは私にとって極めて印象的な夢であって、退官後にどんなことをしようかとか、どんな方向にすすむのかなどと思っていたが、夢は明確に私が高校の教師になることを示していた。このことは、私が大学を卒業したときに一生高校の教師をすると明言していたことと密接に関連している。そして僅か三年で高校をやめて大学に移ることになったとき、「敵前逃亡」のような後ろめたい気持を感じながら最後の挨拶に生徒たちの前に立ったことを覚えている。夢は幸いにも私に青春が返ってきて、再び高校の教師に挑戦し得ることを示している。

ここで二人の友人、HとIのことを想起しているのも面白い。この二人は神戸工業専門学校電気科に在学していたときの親しい友人で、Hは高校の教師になりIは大学の教官になった。Iが亡くなったのも事実で、最近亡くなったのだが、私は葬式に参列できず心残りがしていた。しかし、ここで夢がこの二人の友人を選んだのは特徴的で、大学の教官の友人の方が死亡しているのは、私が大学を退官し、再び「高校の教師」となることを暗示している。Hはおそらく高校教師のベテランとして私のよきガイドになるに違いない。

ここで、高校の教師になるということを文字どおりにとる必要はない。私はもう残念ながら高校の数学の教師にはなれないだろう。しかし、高校生程度の学力のある人たちに役立つ仕事を私が今後続けてゆくべきこと、およぴ、「大学教授」として何だか難しいことを言う必要がないことを示している。しかし、夢の最後のあたりで、私が青年教師として就職するということと共に、大学を退官した老人であることも意識しているわけだから、この両者を兼ねそなえた意味での「高校教師」でなければならない。

本書はこんなわけで、私の「高校教師」としての第一作になったが、読者の方々はどのように受けとめられるだろうか。

II

中年クライシス

はじめに

ここに中年の問題に焦点を当て、一章ごとにひとつの文学作品を取りあげて、それを通して論じることにした。中年は壮年とも言うことができるが、もっとも意気盛んで、問題のないときとも考えられるし、相当な危機にあるとも考えられる。このように相反する見方ができる時期だが、中年の危機が強調されるようになったのは、むしろ、最近のことである。それはどうしてなのか、そもそも中年をどう捉えるのかについて少し考えてみることにしよう。

心理学では乳幼児心理学にはじまって、児童心理学、青年心理学がある。人間の成長について考えるのはここまで、ということであったが、最近になって老人問題が取りあげられるようになって、老年心理学も出てきた。しかし、現在の日本の大学で「中年心理学」の講義をしているところはないであろう。つまり、それまでの考えでは大人になると安定して変化もあまりないし、研究の対象にならないと考えられていたのである。

心理学で中年を大切に取りあげたのは、スイスの分析心理学者、C・G・ユングである。彼は自分のところに相談に来る人に、中年以後の人が多いと言っている。それに興味深いことに、彼のところに来る約三分の一の人は、一般的な意味で言うと、何の問題もない、むしろ「適応がよすぎることが問題」とでも言いたいほどであった、と言っている。そのような人は、財産、地位、家族などについては、問題がないどころか、むしろ他と比較すると、はるかに恵まれた状況にあった。しかし、彼らのすべてが「何かが足りない」と感じたり、「不可解な不安」に悩まされたりして、ユングのところを訪れたのである。

ユングはこのような人々に会い、また自分自身の体験をも踏まえ、中年において、人間は大切な人生の転換点を経験すると考えるようになった。彼は人生を前半と後半に分け、人生の前半が自我を確立し、社会的な地位を得て、結婚して子どもを育てるなどの課題を成し遂げるための時期とするならば、そのような一般的な尺度によって自分を位置づけた後に、自分の本来的なものは何なのか、自分は「どこから来て、どこに行くのか」という根源的な問いに答えを見いだそうと努めることによって、来るべき「死」をどのように受けいれるのか、という課題に取り組むべきである、と考えたのである。太陽が上昇から下降に向かうように、中年には転回点があるが、前述したような課題に取り組む姿勢をもつことにより、下降することによって上昇するという逆説を経験できる。しかし、そのような大きい転回を経験するためには、相当な危機を経なければならない、というわけである。

エレンベルガーという精神科医は、フロイトやユングなどの深層心理学者の人生を丹念に調べ、その結果、「創造の病《クリエーティブ・イルネス》」という考えを提唱した。つまり、偉大な創造的な仕事をした人は、中年において重い病的体験をし、それを克服した後に創造活動が展開される、というのである。フロイトは神経症症状に悩まされているし、ユングは精神病かと思われるほどの病的体験をしている。そのような病を克服しようとして、両者ともに自分の内界の探索を行い、そこで明らかになったことを基にして、彼らの理論をつくりあげていったのである。エレンベルガーの「創造の病」の考えは、他の学者によっても多くの跡づけがなされ、中年における身体的病気や思いがけぬ事件、などもそのような意味をもつことが明らかにされた。

本書においては、夏目漱石の作品を二つ取りあげているが、彼も典型的な創造の病を体験している。いわゆる

「修善寺の大患」がそれで、胃潰瘍による大量の吐血によって、死に近い体験をするが、その後で彼の作風が大いに変化し、深いものとなったことは誰しも認めるところである。最後に取りあげる『道草』も晩年に書かれたものである。そこに語られる事実は、彼の「大患」以前の経験を素材としているが、創造の病を体験した後の彼の目でそれを見ているので、作品に深まりが生じているのである。フロイトやユングの場合は心の病であるのに対して、漱石の場合は身体の病であるが、その病の体験が彼のその後の創造活動のひとつの源泉となったのは疑いのないところであろう。

このような偉大な人に比べるとわれわれ凡人は別に大した「作品」を残すわけでもないのだが、人間誰しもそれぞれの個性をもち、他とは異なる人生を生きるという事実に注目すると、われわれにとっては、自分の人生そのものが「作品」であると言うこともできる。つまり、かけがえのないひとつの人生を、われわれは「つくり出す」のであり、そのような意味で、どのような人間であれ、「創造活動」にかかわっていると考えられる。そのように考えると、どのような人にとっても、「創造の病」にかかる可能性は高いわけである。

次に、現代に生きる中年にとって、大きい問題を生ぜしめるのは、平均寿命が長くなったという事実である。人生五十年などと言われていた頃には、一所懸命に働きづめに働いて、六十歳になるかならぬうちに疲れ果てて「お迎え」がくるというような、生まれてから死ぬまでが、一山越える形の軌跡をとったものだが、現代は平均寿命が長くなったので、八十歳くらいまで生きることになる。人間の人生を「効率」という点だけから見る考え方によると——そんな見方をする人が増えてきたように思うが——随分と効率が悪くなってしまってから、まだ大分長い人生を生きねばならない。それを今までどおりの「働け働け」や「効率主義」の考え方で生きることなど不可能である。老年になってくると、それまでの生き方とは異なる人生観や価値観をもって生きることが必要になる。それはつまりユングの言う「人生後半」の生き方を自分なりに見いださねばならぬことを意味しているが、それを行うためには中年からの心がけが大切である。このように考えると、これからの人生は、一山型のカーブではなく、双子型の山の軌跡をたどることになり、一回目の山を越え、二回目の山にとりかかろうとするあたりが中年に当たると考えられる。

中年の危機において、上述したような根源的問いかけに答えるというものではないにしても、何らかの転回を経験する例は多い。これらの多くの人は大なり小なり抑うつ症的な傾向に悩まされる。今まで面白かった仕事にまったく興味を失ってしまう。あるいは、何もする気がしなくなる。そして、重いときには自殺の可能性さえ出てくる。このような人が相談に来られると、その話に耳を傾けながら、その人がどのような転回を必要としているのかを明らかにしようと努める。ある人は仕事に極めて熱心で能力も高く、そのために認められて同僚の誰よりも早く課長になった。本人も喜んでいたが、そのうち仕事がさっぱり面白くなくなってきた。あまりにも無能力なのでこんなことでは会社に申し訳ないというので、課長をやめさせてくれと言ったが聞きいれてもらえない、死んだ方がましだとさえ思うようになった。

この人の話をじっくりと聴いていると、次のようなことが明らかになってきた。彼はそれまでは仕事がよくできるという場合、上から命令されたことをできる限り忠実にやり抜いてきたのである。その点では非常に有能であったが、課長になると自分が命令を与えねばならない。それに部下のなかにはあまり仕事熱心でないものや、お互いに反目し合っているものもいる。彼は自分の経験から、部下というものは命令さえ与えると、どんどんはたらくものだと思いこんでいたので、そのような部下たちをどのように扱い、どうまとめてゆくべきか、考えがつかない。つまり、それまでの彼の仕事とは仕事の次元が変わったのについてゆきかねるのである。そのようなことが話し合いのなかで明らかにされ、彼も自分の新しい仕事に対処してゆく方法をだんだんと見いだすことができるのに従って、抑うつ症から解放され、以前にも増して仕事に熱心に取り組めるようになった。

このようなのも中年の危機の一例である。ともかく、現在は社会の変化が激しいので、その変化についてゆくことができなくなるために、中年の危機を迎える人もある。職場のみならず、家庭においても、夫婦や親子の関係のあり方が以前とは異なってくるので、そのために適応に困難を生じることもある。何かひとつの考えや方法を確立して、それで一生押し通してゆくことはできず、どこかで何らかの転回を経験しなくてはならない。

以上のような中年の問題を踏まえながら、本書を書いたのであるが、そのなかで文学作品を取りあげたことについて一言述べておきたい。われわれのような職業のものは守秘義務があって、自分がお会いした人について詳しく一般公開の場で述べることは許されていない。そのために、ここに取りあげたような文学作品を通して語るという方法をとることになった。しかし、それは単純に小説を「利用して」語るというようなものではないことは、本文を読んでいただくとよくわかるであろう。文学作品は「利用」などできるものではない。時には自分の言いたいことに、そっくり利用できそうな作品もあるが、そのようなのは、あまり読んでいて感動が起こらない。おそらく、文学的にもあまり高いものではないのであろう。

本書を書くために、つぎつぎと小説を読んだが、何らかの意味で自分が感動しなかった作品は、それがどれほど論じるのに「便利」であっても取りあげないことにした。そして、やはり自分も動かされた作品に対しては、一般に言われているような意味での「分析」や「解釈」などできることではなく、それとの「格闘」が必要になってくる——実はそれこそが本当の「解釈」と思うのだが——。その結果がここに示されているのだが、やはり作品の性質や筆者自身の能力やらが作用して、そして感動の種類や程度などもからみ合って、それぞれが異なる色合いのものになっている。おそらく読者もそれを感じとられるであろう。

このようなわけで、これは文学の評論や書評でもないし、深層心理学のテキストに小説を利用したなどというものでもない。私が体験した——と言っても私のお会いしたたくさんの方々の体験もこめて——「中年」というものを背景にして、文学作品にぶつかっていった結果生まれてきたものである。読者がこれを手がかりとして、それぞれが自分の考えに従って文学作品を味わい、自分の人生について考えて下さることになれば、まことに幸いなことと思っている。

第一章　人生の四季——夏目漱石『門』

崖の下の家

『門』の主人公は、宗助といい、妻の御米《およね》と一緒にひっそりと暮らしている。夫婦仲は良さそうだし、子どもはいないものの、何の問題もなく平穏にすごしているようである。ところで、彼ら夫婦の住んでいる家のことが次のように描かれている。

〈茶の間の襖《ふすま》を開けると、すぐ座敷である。南が玄関で塞《ふさ》がれているので、突き当りの障子が、日向《ひなた》から急に這入《はい》って来た眸《ひとみ》には、うそ寒く映った。其所《そこ》を開けると、廂《ひさし》に逼《せま》る様な勾配《こうばい》の崖《がけ》が、縁鼻《えんばな》から聳《そび》えているので、朝の内は当って然るべき筈の日も容易に影を落さない。崖には草が生えている。下からして一側《ひとかわ》も石で畳んでないから、何時《いつ》壊《くず》れるか分らない虞《おそれ》があるのだけれども、不思議にまだ壊れた事がないそうで、その為か家主も長い間昔のままにして放ってある〉

ある程度は間数のある家だが、南が玄関で塞がれているうえに、座敷の縁鼻から廂に逼るほどの崖がある。その崖は「不思議にまだ壊れた事がないそう」だが、どうも壊れそうな感じを抱かせる。この「家」の描写は極めて象徴的である。

大丈夫といえば大丈夫。しかし、ひょっとして大雨でも降れば崖がくずれてきて大変なことになるのではないか、というのが、「中年の家」のひとつの特徴なのではないだろうか。どこかに不安を潜在させているのだ。『門』を読むと、宗助と御米という夫婦がそっと肩を寄せ合うようにして生きている姿が目に浮かぶような気さえする。ところが、平和なはずの夫婦の上に、何か暗い影がさしているのを感じる。読者はそれを何だろう、何だろうと感じながら読みすすんでゆくうちに、三分の二くらいのところに来て、はじめて重大な秘密を知らされるのだ。ここで暗い影の正体を知って、読者は「そうだったのか」と納得するのである。

御米はもともと宗助の友人の安井と結婚していた。宗助は友人を裏切り、御米は夫を裏切って、二人は結婚したのだ。二人は世間に顔向けができなかった。

当時のことを思い出して、宗助は次のように感じる。

〈凡てが生死《しょうし》の戦《たたかい》であった。青竹を炙《あぶ》って油を絞る程の苦しみであった。大風は突然不用意の二人を吹き倒したのである。二人が起き上がった時は何処も彼所《かしこ》も既に砂だらけであったのである。彼等は砂だらけになった自分達を認めた。けれども何時吹き倒されたかを知らなかった〉

〈曝露《ばくろ》の日がまともに彼等の眉間《みけん》を射たとき、彼等は既に徳義的に痙攣《けいれん》の苦痛を乗り切っていた。彼等は蒼白い額を素直に前に出して、其所に焔《ほのお》に似た烙印《やきいん》を受けた。そうして無形の鎖で繋がれたまま、手を携えて何処までも、一所に歩調を共にしなければならない事を見出した。彼等は親を棄てた。親類を棄てた。友達を棄てた。大きく云えば一般の社会を棄てた。もしくはそれ等から棄てられた〉

このような過去を背負って、二人は暮らしている。「崖」はいつ崩れるとも知れない、という不安をかかえて生きているのだ。しかし、「町内に二十年も住んでいる八百屋の爺《おやじ》」などは「崖だけは大丈夫です。どんな事があたって壊《く》えっこはねえんだから」と力んで保証してくれる。いったいどちらが正しいのだろうか。

中年の危機は思いがけないときにやってくる。同輩の誰よりも先に課長になり、出世頭と見られていたエリート社員が突然に自殺する。やっと新築の家ができて、皆から祝福されているとき、その家の主婦が抑うつ症になってしまう。事故、病気など、思いがけないことが、平穏であるべき中年を直撃するのである。私は職業上、そのような人や、その家族にお会いし、「中年の家」が崖の下に立っている姿を思い起こすのである。

潜在するX

『門』には、宗助と御米の仲の良い夫婦の姿が、実に巧みに描かれている。二人の間の会話に、互いを思いやる気持ちがよく出ているのだ。そこには西洋流の「愛し合う」という感じは見えないにしても、二人の絆の深さはよく感じられる。「夫婦は世の中の日の目を見ないものが、寒さに堪えかねて、抱き合って暖を取る様な具合に、御互同志を頼りとして暮らしていた」のである。

さきに述べた夫婦の「秘密」は、二人にとっての大変な重荷である。しかし、その重荷こそが、この二人を結びつけているものではなかろうか。もしこの重荷がなくて、宗助の弟の小六、それに叔父との遺産をめぐってのゴタゴタがあり、宗助が「崖の上の家」である坂井の結構な暮らしぶりに触れたりしていたら、この夫婦は「御互同志を頼りとして」仲良く暮らしていただろうか。おそらく、ここに描かれているような関係ではなく、二人の間はもっとギスギスとしたのではなかろうか。そうして、次のような話もすぐ可能なのである。

宗助と御米は平和な夫婦として暮らしている。そこへ無頼な男、安井が登場する。御米は宗助の優しさより、荒々しい安井に惹かれてゆく。悩んだ宗助は御米や安井と争うこともせず、禅寺に行って問題を解こうとするが、答えが見つかるはずがない。とうとう御米は宗助を棄て、安井と同棲するようになる。
つまり、宗助と御米との間の「過去」として述べられていることは、現在でもあるし未来でもあり得るのだ。それは中年の夫婦というものに常に「内在」しているテーマであり、いつどのような姿をとって現れてくるかわからないのである。すべての中年の夫婦にとって、「突然不用意の二人を吹き倒」す大風は、彼らの内に潜在しているのである。

宗助と御米は幸か不幸か、それを過去に体験したために、そのような大風の存在を自覚している。そのような自覚の苦しみが、二人の仲の良さを支えているのである。それは、本来的には常に内在しているものであって、過去、現在、未来のどこかの一点に生じてきて、それを原因とか結果に見たてて説明できるような類のものではない。自己の内部に内在する根源的な不安。その自覚によって生じる重苦しさを漱石は書こうとしていたのではなかろうか。したがって、「秘密」に関しては、ずっと後のほうになって述べることにしたのであろう。あの事件を「原因」とし、その結果としての宗助と御米の現在の夫婦生活がある、と読まれてはたまらないからであろう。

原因―結果という思考パターンを武器にして、多くの夫婦が争いを繰り返す。夫が酒を飲みすぎるから、家計を圧迫し家庭が暗くなってくる。だから子どもが非行になど走るのだ、と妻は主張する。あるいは、夫が妻に対して、お前があちこち出かけてゆくから、子どもはやる気をなくし、不登校になってしまう、と非難する。確かに、論理的に筋道が通っていて、夫の飲酒や妻の外出が、悪の原因であるように思われる。

ここで、片方が黙っておれば、論議には片がつく(多くの場合、事態は変わらないが)。しかし、片方も黙っていないとなると、「どうして俺が酒を飲むのかわかるか」とか「どうして私が外出ばかりするかご存じですか」

とか、話が始まって、おそらく相手のほうが原因であるという論理が展開されるだろう。要するに、自分は悪くないが相手が悪い、とお互いに言いたいのである。勝負は、力の強いほうや声の大きいほうや、舌の回転の速いほうなどが勝つことによって終わる。しかし、問題は片づいていない。

問題は原因—結果などと、論理的、継時的な筋道によっては把握できないところに、その本質があることなのだ。夫婦になったというその途端に、そこに潜在するX。それが原因と言いたければ原因なのである。実のところ、それは永遠に不可知のことなのかもしれない。宗助と御米は、そのXの存在の片鱗を結婚前に知ったのである。

「彼等は蒼白い額を素直に前に出して、其所に燄に似た烙印を受けた。そうして無形の鎖で繋がれたまま、手を携えて何処までも、一所に歩調を共にしなければならない事を見出した」という文章は、少し言いかえて、「彼等は微笑を浮かべて前に出て、神父の祝福を受けた。そうして指輪を交換し、手を携えて何処までも、一所に歩調を共にして生きてゆくことを誓った」などと言うと、結婚式の描写にまるまる重なってゆくのである。それが夫婦というものなのである。結婚式はこのような二重性を背負って行われているのだ。

父母未生以前

先に引用した文の続きには、「彼等は親を棄てた。親類を棄てた。友達を棄てた。大きく云えば一般の社会を棄てた。もしくはそれ等から棄てられた」と文章が続く。これも全体の文脈のなかで暗いイメージを与えるが、多くの華々しいロマンチック・ラブにも、そのまま適用できる表現であることも知っていなくてはならない。つまり、「愛し合って」「祝福されて」はじまった新婚生活も、宗助と御米のテーマをそのときから内在させているのである。

彼らの場合は特別だが、一般的には、新婚の間からしばらくはそれに気づかず、中年になってはじめて、夫婦の間に存在するXに気づくのではなかろうか。そのXはいろいろな形で顕現してくる。夫婦のいずれかに愛する人ができてくる。病気、事故、災害、いろいろなことがある。現在において比較的多いのは、子どもの問題として露呈することであろう。それについてはいつか論じることになるだろうが、はじめは子どもの問題と思っていても、結局は夫婦の問題だと気づかされることは、あんがいに多いものだ。

ところで、宗助と御米は結婚したときから、Xの存在に気づいていたと言える。

〈彼等は自己の心のある部分に、人に見えない結核性の恐ろしいものが潜んでいるのを、仄《ほの》かに自覚しながら、わざと知らぬ顔に互と向き合って年を過した〉

が、知っていて知らぬ顔をすることは長続きしなかった。

宗助がなんとなくつき合いだした「崖の上の家」の坂井は、宗助を好いてくれ、宗助の弟の小六を書生においてやろう、などと言いだし、宗助は嬉しく思っていた。ところが、坂井は自分の弟が訪ねてくるので一度会ってみては、などと言い、その弟が安井という友人を連れてくると言って、宗助を驚かせる。偶然といえば偶然だが、あの安井が坂井の弟と知り合い、坂井を訪ねてくるというのである。

〈偶然の度はあまりに甚だしかった。過去の痛恨を新にすべく、普通の人が滅多に出逢わないこの偶然に出逢うために、千百人のうちから撰《え》り出されなければならない程の人物であったかと思うと、宗助は苦しかった。又腹立しかった〉

中年の危機は「偶然」によってやってくることも多い。宗助も「腹立し」い思いをしているが、偶然を怒り、呪う人も多い。「どうしてこの俺が……」偶然に交通事故に遭ったのか。誰にもわかるはずのない悪事の現場を、どうして偶然に知人に見られてしまったのか。このような話はいっぱいある。それは確かに偶然である。しかし、その話を聞いている者には、「内的必然性」が感じられることが多い。その人は偶然に悪事がバレたと嘆いている。しかし、それは「見つかるべくして、見つかった」と言いたくなる感じがするのである。

宗助は遂に思い切って、禅寺を訪ねた。勤め先には十日間の休暇願を出して、わざわざ鎌倉まで、寺を訪ねてやってきたのである。宗助は老師に会い、「父母未生《みしょう》以前本来の面目は何だか、それを一つ考えて見たら善かろう」という公案をもらった。

〈宗助は線香を持って、本堂の前を通って自分の室《へや》と極《きま》った六畳に這入って、ぼんやりして坐った。彼から云うと所謂《いわゆる》公案なるものの性質が、如何にも自分の現在と縁の遠い様な気がしてならなかった。自分は今腹痛で悩んでいる。その腹痛と言う訴を抱いて来てみると、豈計《あにはか》らんや、その対症療法として、むずかしい数学の問題を出して、まあこれでも考えたら可かろうと云われたと一般であった。考えろと云われれば、考えないでもないが、それは一応腹痛が治まってからの事でなくては無理であった〉

宗助はどうして禅寺まで行ったのだろうか。彼は自分の不安に耐えられなくなる、というよりは、何かにつけ不安定で、しかも、偶然の力にもてあそばれている自分を何とか救い出したかったのだ。自分を救うには「悟り」というものがあるのではなかろうか。

〈彼は悟という美名に欺かれて、彼の平生に似合わぬ冒険を試みようと企てたのである〉

しかし、彼の努力は実らなかった。「父母未生以前本来の面目」など、いくら考えてもわからないし、それはそもそも腹痛を治してほしがっている人に与えられた数学の難問のように思われた。宗助はとうとうあきらめて帰宅することにした。

〈彼自身は長く門外に佇立《たたず》むべき運命をもって生れて来たものらしかった。(中略)彼は門を通る人ではなかった。又門を通らないで済む人でもなかった。要するに、彼は門の下に立ち竦《すく》んで、日の暮れるのを待つべき不幸な人であった〉

これは宗助のどうにもならぬ姿をよく描き出している。中年の門ということを考えると、すべての中年にとって、門はこのような性格を持っているのではなかろうか。ところで、宗助はどうにもならないと思って帰宅したが、その後、なんとなくものごとが少しずつ好転して、「春の訪れ」を感じるようになる。これはどうしてだろう。

宗助は「父母未生以前本来の面目」という公案を与えられ、それを「数学の難問」のように思い、必死に考えたが答えを得られなかった。私は禅にはまったく無知なので、勝手なことを言わせていただくが、ここまでに書いてきたXというのは、まさに「父母未生以前本来の面目」ではなかろうか。それは夫婦の間にあると言ったが、夫婦のそれぞれが内にもっているものなのである。不徳義と知り、世間から棄てられると知りつつ、なお宗助をして友人を裏切り、御米と結ばれようとせしめたもの、二人を知らぬ間になぎ倒した大風を吹かせたもの、安井の影によっておびやかそうとするもの、それらこそ、「父母未生以前本来の面目」ではないだろうか。それは考えてわかるはずがない、今生きていることそのものなのではないだろうか。

「道は近きにあり、却ってこれを遠きに求むという言葉がある」と宗助に、ある禅僧が言っている。父母未生以前本来の面目を今生きている、と気がつけば鎌倉まで行く必要もなかったのではなかろうか。

中年の危機は思いがけなくやってくるが、それはまた思いがけなく解消してゆくときもある。といっても、何もせずにいるとよい、というものでもないが、宗助のように御米と相手を気遣いながら話をしたり、禅寺へ行ってみたり……ということをしているうちに、冬が終わると春が来るように、氷が自然にとけてゆくように、問題が消えてゆくのである。

安井にはうまく会わずに済んだ。小六は坂井のところに書生としておいてもらうことになり、叔父との間のごたごたも、なんとか落ち着きそうだ。それに月給も五円昇給した。

〈御米は障子の硝子《ガラス》に映る麗《うらら》かな日影をすかして見て、

「本当に難有《ありがた》いわね。漸くの事春になって」と云って、晴れ晴れしい眉を張った。宗助は縁に出て長く延びた爪を剪《き》りながら、

「うん、然し又じき冬になるよ」と答えて、下を向いたまま鋏《はさみ》を動かしていた〉

これが『門』の終わりである。「冬来りなば、春遠からじ」という言葉がある。これは若者の言葉だろう。中年は「春来りなば、冬遠からじ」と思うのである。

寒い冬も耐えていると春が来る。そして、やがて夏の盛りを迎えるのだ。というように順序立てて、自分をつくりあげてゆくのが、人生の前半の仕事である。しかし、後半に向かってゆくときは、「春来りなば、冬遠からじ」なのだ。そこでは自分の知っている「自分」を超えて、「父母未生以前本来の面目」が動きはじめるのだ。「父母未生以前本来の面目」が動きはじめると、クライシスが来る。クライシスとは分岐点であるし、山の尾

根のように空間を二つに割る線である。尾根のどちらに落ちてゆくかによって、まったく様相は変わってしまうだろう。人生の分かれ道なのである。「ああ、あのときにあいつに会わなかったら」とか、「あのときに判をつかなかったら」とかの嘆きは、クライシスに見舞われ、崖を転落した人からよく聞かされる。しかし、それは「失敗」などではない。「父母未生以前本来の面目」が、もう少しこちらを見ろ、と言っているのである。

「春来りなば、冬遠からじ」の心境で生きていると、冬のなかに春を見たり、春のなかに冬を見たりすることも可能になってくる。春夏秋冬がこのように順番にゆっくりと交代して現れ、春と夏や、夏と秋などが峻別できると思うのは、若者の考えである。冬のなかに春を見ることが上手になってこそ、中年の次にやってくる老年へとスムーズに入ってゆける。人生の冬のなかに生きつつ、そこに春夏秋冬を見ることができるので、老いが豊かになってくるのである。

宗助は、せっかく「門」を叩いたのだが、開けてもらえなかった。「門を通らないで済む人でもな」いと自覚しつつ、門を通れないし、「門の下に立ち竦んで」いるより仕方のない自分を見いだしたのである。しかし、中年の門というのは、こんなものではないだろうか。下手にさっと通れば「あちら」に行ってしまうのではなかろうか。すぐに「あちら」に行くことはないにしても、「老い」の世界に入ってしまうのではなかろうか。

門の下に立ち竦んで、何とかならぬものかといろいろやっていると、ジワジワと明るみが見えてくるのだ。

中年とは壮年だ。そんな暗い話はまったく話にならない、と言う人もあるだろう。それも結構だが、せっかくこの世に生まれてきて春だけ楽しむのも、もったいない話である。春夏秋冬をすべて味わうほうが面白いのではなかろうか。

（引用は、新潮文庫『門』から）

第二章　四十の惑い——山田太一『異人たちとの夏』

尾根を歩く

四十代は尾根に立っているようなものである。右か左に尾根から少しでも足を踏みはずすと大変なことになるし、右と左とでは、そこに見える景色もまったく異なるものになる。
四十歳という年の意味を考えるために、誰でもよく知っている、孔子の言葉を思い出してみよう。
三十にして立つ
四十にして惑わず
五十にして天命を知る
四十歳の前後、三十歳から五十歳にかけての言葉をこうして並べてみると、さすがは孔子様、すいすいと人生を生きていっている感じがする。しかし、よく考えてみると、これはなかなか「すいすい」とは言えないことであるとわかる。
三十にして「立つ」とは、自立したということか。だが、四十にして惑わずとわざわざ言ったのは、自立して以後、四十までは惑っていたということだ。自立して以後、何に惑っていたのだろう。ともかく、四十にして惑わなくなったのはいいとして、五十にして「天命を知る」ということは、それまでは天命を知らなかったということだ。惑わないと言いつつも、自分にとっての「天命」を知らずにいたわけである。それで本当に「惑わず」になどいられたのだろうか。

こんなことを考えていくと、「四十にして惑わず」というのは、絶対不動のものではなく、一応惑うことはないにしても、その基盤はそれほどしっかりはしていない。天命を知る人からは、何もわかっていないと言われそうだし、自立の勢いを最高と思っている人からは、何をうろちょろしていると言われそうである。それでも、「俺は惑ってなどいないのだ」と見えを張らざるをえないのが四十歳。このように考えると、四十歳の意味がわかるし、四十歳から五十歳に至る道の難しさもよく実感される。もっとも、このごろは人生が長くなっているので、五十歳を超えるあたりまでも、この範囲にいれておくほうが実情に合うだろう。

四十代の惑いは、「三十にして立つ」までのふらつきとは異なるものである。その差は、前者の場合はその背後に「天命」がからんでいる、ということであろう。三十のときの「自立」は、この世に立つのであって、天命のことなど知っちゃいないのである（二十代で天命のことに触れかかると、自立が難しくなる）。天命については、ここでは深く言及しないが、こうした意味あいにおける四十の惑いを実に的確に描いた作品として、山田太一の『異人たちとの夏』を取りあげる。

主人公は四十七歳で、テレビドラマの脚本家である。作品は一人称で語られているが、原田という名なので、ここでは原田と呼ぶことにしよう。彼は妻子と別れ、マンションの七階にある仕事場に一人で住んでいるという状況から、話が始まる。そのマンションは、事務所として使われている部屋が多いので、夜になると自分がただ一人、マンションに住んでいることに原田は気づく。人間関係がわずらわしくて、離婚して一人になり、やれやれと思っていたのに、夜中に一人だけでは「静かすぎる」と感じてしまう。

土から離れ、家から離れてただ一人。このような孤独は、現代の中年が多く味わっているのではなかろうか。たとえ毎日地面の上を歩き、毎日家族と共に暮らしているとしても、実情としてはそうではないだろうか。男であれ、女であれ、このような孤独を知らない人は、現代に生きている中年とはいえないのではなかろうか。もちろん、いつもいつもそうだというのではない。そのような孤独を実感するときがある、といっているのである。主人公の原田は、したがって、特殊な状況のなかにいるようではあるが、考えてみると、ごく普遍的な現代の中年の姿を示しているのである。

人間というものは勝手なものである。人間関係がわずらわしいから一人になりたい、などと言っていても、いざ一人になると孤独に悩むことになる。そんな寂しさを味わっている原田のところに、それまでよく一緒に仕事をしたことのあるテレビ局のプロデューサーの間宮が訪ねてくる。原田は「なつかしい」と感じながら会うが、まったく思いがけないことに、間宮は原田の別れた妻の綾子に「接近したい」から、それを断りに来たという。原田は感情の荒れ狂うのを感じながらも、言葉は反対に冷静になり、帰っていく間宮に「成功を祈るよ」などと言ってしまう。

これも現代中年者の悲劇である。感情を爆発させてしまったら、中年の分別が壊れて、あとで強い自己嫌悪に陥るだろう。さりとて、感情を何も表さずに、原田のようにやっていると、その影響は思いがけないところに出てくる。原田のように、間宮の帰ったあとにやってきた女性にお門違いの意地悪をしたり、あるいは心身症のような症状に苦しめられたりする。感情を適切に表現することは、現代の中年者に課せられた実に難しい課題である。

訪れる女性

ともかく間宮は帰り、夜の十時過ぎ、むしゃくしゃしている原田のところに、思いがけぬ来訪者があった。実はマンションに住んでいるのは原田だけではなく、三階に住んでいる三十代の女性――のちに自らケイと名乗った――がいた。一人でシャンペンを飲みかけたが飲みきれないので、とやってきたのである。「女は美しくないこともなかった」。夜十時過ぎに美女が飲みかけのシャンペンをもってやってくる。これを「鴨ねぎ」と感じて喜ぶのは若者で、中年になるとそう簡単に話が運ばない。もっとも暦年齢は中年でも精神年齢は若者という人もあって一概にいえないが、そこに生じるのは若者の物語で、中年のそれではない。

中年の感情は屈折して、テンポが遅れたり、方向がずれたりする。本来なら間宮や別れた妻に向かうべき怒りが、無実のケイに向けられ、原田はケイを意地悪く拒否してしまう。もし、これが彼女の来訪が先で、間宮の訪問が翌日ということだったら、どうなっていただろうなどといっても始まらない。そこには、人間の知恵を超えたものがはたらいているのである。「天命を知る」ためには、不可思議な現象のなかに投げ出されねばならないのである。

一人になって人恋しくなりかけたときにやってきた間宮も女性も拒絶したために、原田の孤独の次元はもうひとつ深くなる。そのような深い孤独が、中年にはやってくる。あるいは、必要なのである。そのような次元の深い孤独を味わってはじめて、のちに原田がするような深い体験が生じるのである。

それについてはあとで述べるとして、ここで少し、私のほうから「訪れる女性」のイメージについて触れておく。周知の『夕鶴』の話のように、日本の昔話には、女性のほうから積極的に男を訪ねてきたり、プロポーズしたりして結ばれるが、のちには女性が消え去ってしまうというパターンが非常に多い。それが日本人の心性の理解にどれほど重要なことであるかは、すでに他で論じた（拙著『昔話と日本人の心』岩波書店、一九八二年〔第I期著作集第八巻所収〕）ので、ここでは省略しておくが、この話にも、女性のほうからの積極的な訪問と、彼女がのちに消え去る、というテーマが認められるのは興味深い。この「消え去る女性」のイメージは、日本の近代文学のなかにも、多く認められるといっていいだろう。

女性のほうが積極的な話が日本になぜ多いかについて、私は次のようなことも考えている。欧米人が、まず自我を確立して自己主張していくという方法をとるのと異なり、日本では、自分の周囲の考えなどを受け入れつつ自分をつくっていくという方法がとられる。日本人は、まず自己主張をするよりも、他を取り入れるというパターンを身につけている。そこで、主体であるところの人間（男性）は、外界から来た客体（女性）の積極的な行為にあわせて、あるいはそれを受け入れて、行動したように意識したり、実際にそのような「形」をとるほうを好んだりするのではなかろうか。

もっとも、現在は中年の男性がオフィス・ラブなどで積極的に行動している、と言う人があるかもしれない。しかし、真に積極的というときは明確な責任感を伴うわけで、そうでないときは、積極的ではなく無責任というべきである。無責任になると誰でも何でもしやすくなるのは当然である。

故郷への回帰

孤独が深まったところで、原田は町を歩いていて急に「浅草」に行きたくなった。浅草は原田の生地である。これは、よくあることだ。孤独の次元が深くなると、誰しも意識的・無意識的に自分の故郷《ふるさと》（必ずしも生地とは限らない、心の故郷)に回帰したくなる。そして原田は浅草で、自分の両親に出会うのだ。両親は、彼が十二歳のときにすでに亡くなっているというのに!

原田もはじめは半信半疑だった。彼の両親は交通事故で、父親三十九歳、母親三十五歳のときに亡くなっていた。「両親」はその年齢のままで出てきたのだから、四十八歳(この日が誕生日だった)の原田としては変な感じなのだが、やはりまぎれもなく親であり、彼らは何の疑いもなく「親」としてふるまった。だいたい口のきき方がそうだった。年下の「父親」が原田に偉そうな口をきき、缶ビールを買ったときなど、「つめてェから、ハンカチかなんかで持ってろ」と言い、自分のほうは「俺は平気だよ」とそのままで持っている。原田は変だなと思うのだが、「喜びがこみ上げて」くるのを感じるのだ。

母親のほうも負けてはいない。四十八歳の原田を子ども扱いして、「このタオルを前へ敷いて。こぼすから敷くの」などと言う。あげくには、「ほら、こぼした。いってるそばから、こぼしてるじゃないの」とまで言うのだが、原田は彼らと別れてから、その言葉をひとつひとつ思い出し、「なにもかもが甘美」に感じられて、何度も反芻するのである。

漱石の『門』には「父母未生以前本来の面目」という言葉があった。それをわかりにくいと思う人でも「父母既死以後の親子関係」の大切さは納得がいきやすいのではなかろうか。親が死んだからといっても、その「関係」が消滅したりはしない。それは意外に続いており、しかも、変化していくのである。中年になってから、すでに亡くなった両親と自分との「関係」が変化するのを感じる人は多いのではなかろうか。

両親の保護を受けず、経済的に独立し、結婚して子どもを育てる。これは三十歳の「自立」である。このような一応の自立のあとで、人間はそれほど自立しているものではないことを、中年になると自覚してくる。そして、先に述べたような深い孤独の体験とともに、いろいろな「関係」の見直しを迫られる。こんなときに、まったく忘れていた両親との関係などが生き生きと思い出されるのである。果たして、それは「記憶」なのか、今「再現」されているのか、あるいは、今そこで新たに生じていることなのかわからないほど、それはヴィヴィッドな体験として生じるのである。

ずっと以前に私のところに来談された方で、幼少時に母親を失い、ずいぶんと苦労して生き抜いてきた人があった。努力の結果、社会的にも認められ、収入も多くなり、自由な生活を楽しんでいた。中年にさしかかるところで、抑うつ症になり、仕事をする意欲をまったく失って来談された。心理療法の経過のなかで、心の深部への下降がはじまり、苦しみは増すばかり、ついに自殺を決意する。いざ死ぬというときになって、自分が幼少のころに、いかに父母が自分を大切にしてかわいがってくれたかを思い起こさせる光景が、まるで走馬灯を見るように見えたという。まったく忘れ去っていた記憶だったが、事実を思い出すというのではなく、光景がありありと見えたと言われたのが印象的であった。

この経験によって、その人は自殺を思いとどまり、新たな人生に向かって——といっても決して容易ではなかったが——生きていく力を得たのである。その人がそれまで「自立的」に生きてきたのとは、次元の異なる生き方が、中年になって必要となり、そのために私のところに来談する契機として、抑うつ症という症状が発生したのである。

原田は十二歳で両親を失って以来、「ほとんど泣いたことがない」という。「自立的」に頑張ってきたのだ。しかし浅草を歩いて、「両親といた頃を強く甦《よみが》えらせるなにかにぶつかったりしたら一瞬のうちに身につけている鎧《よろい》の糸という糸がちぎれて、素裸になり、みすぼらしくただ泣き崩れてしまいそうな気がした」。

鎧を身につけ、泣かずに頑張るのは、本当の強さではない。本当に強くなるためには、鎧をぬぐ必要があるし、それを可能にするためには、心の故郷への回帰を必要とするのである。

多層的な現実

両親との接触によって元気になった原田のところに、例の女性がやってくるようになる。今度は彼も拒否することなく、性的な関係も生じる。ただ女性は、胸をひどく火傷しているので、とその部分を隠し、そこを絶対に見ないようにと原田に約束させ、原田はその約束を守る。

孤独なはずの原田は、離婚後すぐに、かつて経験したことのないような「人間関係」をもつことになった。彼は一人ではなくなった。もちろん、離婚以前にも彼には人間関係はあった。家族があったし、仕事づきあいの人たちもいた。しかし考えてみると、その関係の濃さは、まったく異なるものであった。両親との関係も、今あらたに始まったケイとの関係も、非常に深いものがあった。それに支えられたのか、原田の創作力は飛躍的に上がり、新しく取りかかったドラマの一回目の脚本百六十五枚を、三日で書いてしまった。「めったにない早さだった」。

一方で、両親のことは「幻覚」ではないのかと、原田は思い悩む。死んだ両親がそのときのままで出てくるなど考えられないことだ。それが「現実」であるかどうかを試すために原田は苦労する。自分が今まで知らなかった花札のやり方を両親のところで習ってきて、家に帰ってから、そのルールが正しいかどうかを百科事典で確かめてみた。それは、まったく正しかった。自分の知らないことを自分で作り出したりできるはずはないから、あれはやっぱり「現実」だったのだろうか、と彼は考える。それにしても、常識で考えるとありえないことだ。

原田が困っているのは、「現実」という唯一の正しいものがあると思っているためである。人間は近代になって、とくに科学技術が発展して以来、このような誤りを犯すようになってきたらしい。科学の対象としている現実はひとつであっても、現実そのものはもっと多層的であり、そこに唯一の正しい現実があるのではない。その多層的な現実をどのように知り、どう折り合いをつけるかという困難な仕事をするのが、中年なのである。ここのところがうまくいかないと、青年のままで年をとるので、老いや死を迎えるのが、大変なことになってくる。

何を言っているのか、自分より年の若い親などいるものかと思う人でも、夜になると自分より年下の「ママ」のところに通い、昼間の現実では味わえない人間関係を体験し、明日の仕事の支えにしている人はたくさんいる。「胸の内」を隠すことを条件にして、愛する異性とつきあっている人も多くいることだろう。ときには勢いが高じて、禁止を破って「胸襟を開いた」ために、関係が破壊される例も、いくらでもあげることができる。

現実か幻覚かなどということにこだわらなくとも、ともかく原田が両親やケイとの関係をもつことが、普通の現実に作用を及ぼしていることは現実のことである。その一は、すでに述べたように、原田の創作力がすごく高まっている。その二は、はじめは原田は意識していなかったが、彼の身体の衰弱が甚だしいことである。深層の現実との接触は、表層の現実に次元の異なるプラスとマイナスの効果を及ぼしてくる。

さらに、深層の現実内にも葛藤があった。ケイは、原田が両親と接触することが衰弱の原因であるとして、両親と別れろと言う。男女という横軸の関係は、親子という縦軸の関係と十字に切り結ぶ。それに原田はケイに言われてみて、それまでは自分が衰弱しているという自覚がなかったのに、急に自分が衰えていることを意識した。

ケイは原田に抱きついて、「助けて。この人を助けて」と叫んだ。彼女は多分、無信仰なのだろう。しかし、「なにものかに祈っていた」のである。泣いて願っているケイを見て、原田は「突然、こみ上げるようにケイへの愛を感じ」強く抱きしめた。このような愛を原田は今まで経験しただろうか。「なにものかへの祈り」を背景にしてこそ、人と人とが愛し合える。このような「現実」を原田は体験した。しかし何事であれ、よいことには犠牲が必要である。原田は両親と別れることを決意する。

原田は思い切って両親に別れたいと言った。父も母も悲しそうだったが、それを受け入れた。母は「このままやって行けるわけはないと思っていたのよ」と言った。三人は最後にすき焼きを食べに行くが、途中で父母ともにだんだんと薄くなって消えていく。原田は「ありがとう。どうも、ありがとう。ありがとうございました」と、去っていく両親に感謝の気持ちを伝える。

両親にはっきりと別れを告げ、感謝の気持ちを伝える。このことを両親が生きているうちにできた人は幸いである。しかし、できなかった人も、死後何年も経てから、原田のようにそれができるチャンスはあるのだ。悲しい別れであったが、それは必要なことであった。

どうかしていたのか？

原田は両親と別れても衰弱が止まらず、訪ねてきた間宮に思いがけないことを聞かされた。ケイは、実は原田を最初に訪ねて断られた夜、胸を七カ所も突いて自殺していたというのだ。つまり、ケイも異界の人だったのである。

原田が間宮に連れられてマンションの外に出ようとするところに、ケイが来た。彼女は怒っていた。シャンペンの夜のことを覚えているかと言い、原田を道連れにしようとした。しかし、原田の心がすでにケイから離れてしまっているので、それは不可能だった。「下らない生命《いのち》を大事にしたらいい」と言って、ケイは消えていった。

『夕鶴』では、つまり日本の古来の話では、訪ねてきた女性の意のままに男は結ばれ、続いて、男は女の禁止を破り、女は怒りもせずに消え去っていく。それに比べると、この話では、テーマはよく似ているが、男性ははじめに女性を拒否し、続いて、二人は結ばれるが、男は禁止を破らず、ただ心が離れたために女性は消えていくが、そこには女性の怒りが表明される。日本の伝統のなかに生きているが、男も女も少し強くなったのである。男は女性の意志にすぐ従うことはなくなったし、禁止も破らなくなった。それだけ自分の意志が強くなったのである。女は「怒り」をはっきりと表明する強さをもつようになった。しかし、結局のところ、ケイは消えていった。男性と女性が真正面から向き合って関係をつくりあげるのは、極めて難しいことだ。

シャンペンの夜に男が女の意に従っていたら、必ず『夕鶴』と同じようなことがどこかで生じただろう。それでは、もし原田が、間宮からケイの正体についての説明を聞いてもなお、ケイと心がつながったままでいたらどうだったろう。それは明らかに命にかかわることである。ケイと原田は結ばれるが、原田は命を失うことになったかもしれない。

このように考えると、間宮は原田の分身であることがわかってくる。間宮は原田の妻子とともに家族関係を続けていく、表層の現実に忠実な生き方を代表している。その間宮の現実性が、原田の命を救ったともいえる。しかし、原田が父母やケイと体験した「現実」のほうから見れば、間宮の生き方はあまりにも「どうかしている」と言いたくなるものではなかろうか。しかし実際には、間宮が原田に「どうかしていたんだ」と言い、それでも原田は、それに逆らわなかった。しかし、心の底では「どうかしていたなどとは思っていない」。彼は「さようなら、父よ母よケイよ。どうもありがとう」と心のなかでつぶやいている。「あなた、どうかしてたんでしょう」と家族や同僚などから言われ、何か言いたい気持ちもありながら、ただ黙ってそれに従っているより仕方のないような状況に追いこまれた中年の人は、ずいぶんいるのではないか。一般には表層の現実の重みが非常に強いので、黙っているのがいちばん賢明であろう。しかし、そのとき心のなかで、誰かに「ありがとう」と言えるような体験をした人は、惑いを通じて少し「天命を知る」ほうに近づくことができたといえるのではなかろうか。

間宮は原田の分身だと言った。おそらく、その中間に細い尾根があり、その道を歩いていくのが中年といっていいだろう。しかし、人生は未踏峰に登るようなものだから、道に迷って、尾根から少し足を踏みはずしたりもするだろう。右に入りこんだり、左に落ちこんだり、右を見たり左を見たりして歩き続けるのが中年であるといえるし、惑うことにも深い意味があると思われるのである。

(引用は、新潮文庫『異人たちとの夏』から)

第三章　入り口に立つ——広津和郎『神経病時代』

押し寄せる憂うつ

中年といっても期間は長い。その入り口と出口とでは、だいぶ味が異なる。といっても「第一章　人生の四季」で述べたように、心の持ち方によってそれはさまざまに変化するものだが、やはり一般的な傾向というのはある。ここでは中年の入り口に立たされた状況をうまく描いたものとして、広津和郎の『神経病時代』を取りあげることにした。これは一九一七年の作で、相当に古いものだが、細部においては時代差について考えねばならないにしても、その本質は変わっていないと言っていいだろう。現代人にとっても、ずいぶんと考えさせられる点を提示する作品である。ある程度、話の筋を紹介しながら、これを素材として考えてゆくことにしよう。『神経病時代』の冒頭には、次のように語られている。

〈若い新聞記者の鈴本定吉は近頃憂鬱に苦しめられ始めた。その憂鬱が彼にはいろいろの方面から一時に押し寄せて来るように思われた。彼には周囲の何も彼もがつまらなくて、淋しくて、味気なくて、苦しかった〉

主人公の鈴本には「いろいろの方面から一時に」憂うつの種が押し寄せてくる。家庭、職場、友人関係、すべてがそうなるのである。まず、彼の職場のことが語られる。

彼はある新聞社の社会部の編集見習である。あちこちからかかってくる電話を聞くのだけでも憂うつだ。聞こえにくいのを必死になって聞きとり、記事にしなくてはならない。考えに考えて書いた八行の記事を部長は二行にせよと言う。何とか苦労して「どうしても五行より縮まりませんが」と提出すると部長は、あっというまに文章をけずりとって二行にしてしまう。しかし、そうなると鈴本の意図などまったく消え去ってしまうのだ。

昼食時の雑談も憂うつの種だ。「雑談は先ず食物から始まって、次に女の話に移り、それから金や貧乏の事になって行く」。毎日毎日が同じことの繰り返しだ。鈴本はこんな生活は自分に合わないと思う。彼はどこか田舎に行きたいと思う。静かなところで「トルストイを読もう。自分はやっぱり一番トルストイから教えられる……」と彼は腹のなかで呟くのだ。見習の仕事はいろいろあって忙しい。給仕たちに命令したり、やかましいとか言ったりしたいのだが、「物を命令すると云うような力は、生来彼に欠けているものの如く見える」のである。

家庭も憂うつの種に事欠かない。彼は「今から半年ほど前に一人の若い女と同棲した。同棲前に彼と彼女との間には既に一人の男の子が生れていた」。鈴本は他の少女に恋をして打ち明ける勇気がなく悶々としている間に、彼の妻になった女性が現れ、彼女の積極性に引っ張られて同棲してしまったのだ。彼は今になって自分があまりに受け身であったことを悔やんでいるが、どうしようもない。

家庭ではどうしても妻のよし子に言いまくられる。「あなた位何を云っても張合のない人はありませんね。あなたのお顔を御覧なさい、まあ意気地のない顔をして、年百年中、ちっとも表情に変化がなくて、ただ弱々しくニタニタ笑っていて……」。鈴本はどうしても妻には勝てない。妻の怒りが頂点に達しそうなところで、それは急に方向を転じ、男女の肉体的な結合によって、けりをつけることになる。

身体の結合が争いのけりをつけてくれるのは、中年も初めのころではなかろうか。ともかく、夫婦はそこに

「関係」の存在を確認し合うことによって、何らかの平安を見いだせるのである。中年も後半になってきて、このような方策が機能しなくなってくると、夫婦の不和に深刻味を加えてくるが、それはまた後の話である。

交友関係でも、鈴本は憂うつになることが多かった。以前から交際のある連中とカッフェに行き雑談する。そのなかには、まだ青年のままでいる者もいた。「芸術」に心を惹かれている者。目下、恋愛中の者。それらのなかで鈴本は「総ての事に対して対手の優勢を直ぐ感じた。そして小さな反省が終始彼を悩ました」。彼はくよくよと考え、皆の話に加わらず、反省の渦のなかに巻きこまれ、沈みこんでゆくのである。

カッフェを出るときになって、「定吉は自分の口から、「勘定は僕が払おう」と云う言葉が突然出たので、自分ながら吃驚した。何のつもりでそんな事を云ったろう？」といぶかりながら、そして自分の持ち金について腹のうちで計算したりしながら、ボーイの持ってきた勘定書をひったくるように取って、微笑さえ作りながら払ってしまう。このこともまた、彼にとって憂うつの種になる。

家庭、職場、交友、何をとりあげても、憂うつであった。それはまさに「いろいろの方面から一時に押し寄せて来るように思われた」のである。

中年の入り口で、このような憂うつに襲われる人がある。なかには、抑うつ症という神経症の症状をもって、心理療法家を訪れる人もある。もちろん、これとは逆に、中年の入り口に勇気凜々として立つタイプの人もある。いったいこれは、どうしてなのだろう。

さらば青年期

人生には何度かの転回点がある。小さいのもあれば大きいのもある。思春期などはその最たるもので、ここを越すのは誰にとっても大変である。それを越えて「大人」になる。といっても、現代では身体的に大人になっても、それは必ずしも社会的に大人になったことを意味しないから、問題は複雑である。非近代社会においては通過儀礼《イニシエーション・ライト》というものがあって、儀礼を通して一挙に「大人」になるのだから問題はない。しかし、近代以降は、いったい、どこからどの程度に大人になるのか不明なのである。

このために、四十歳になっても五十歳になっても大人にならない「永遠の少年」などというのも出現してくるのである。『神経病時代』に出てくる遠山という男は、その典型である。彼は学生時代は酒ばかり飲んで、とうとう卒業できなかった。結婚して子どもが二人もあるのに、なかなか定職につかず、「俺は女房の着物をみんな質に叩き込んで、酒を飲んでしまった。俺は女房の鏡台までも飲んでしまった」という次第。それでも彼は、「働こうと思えば俺は何でも出来る男なんだ。俺が今まで働かなかったのは、俺のたましいが大切だったからだ」と意気軒昂である。

このような遠山の妻はどんな人であろうか。

〈彼女は実際柔順な女であった。まるで裏長屋のようなところに入って、二人の子供を抱えて、極端に窮迫した生活をしていながら、嘗て不平らしい表情を顔に浮べていたのを、定吉は見た事がなかった。いつでも夫に対して素直にかしずいていた。子供たちをやさしく育てていた。その立居振舞に、いつでも礼儀作法を忘れなかった〉

遠山は自分の妻のことを「クインのように寛闊な心を持っている」と評しているが、彼らはまったくそのとおり、女王と皇太子、という対《ペア》なのである。永遠の少年は「グレートマザー(太母)」という後ろ盾を必要とし、また、そのような母親との結びつきのために、大人になることを止められているのである。

このような母―息子関係を基盤とする夫婦のあり方は、大なり小なり日本人夫婦に認められるところである。かつては、それがひとつの理想像のように感じられたことさえあった。しかし、男性が自立を考え、女性が自立を考えはじめると、この型は通用しない。どちらもが、相手を自分の「自立」を阻む邪魔ものと感じるのではなかろうか。遠山の細君の姿としてここに描かれている女性像を、今でも妻の理想像として考えている人もあるだろうが、現在ではあまり通用しないのではなかろうか。あるいは中年の中ごろまではそれでよいとして、後になって相当に苦しまねばならないのではなかろうか。

別に「自立」がいちばんよいというわけでもないし、いろいろな理想像や型があるのだから、どれといって限定する必要もないが、どんな理想像を描くにしろ、それは唯一のものではないし、それはそれなりの陰の部分をもっていることは認識している必要があるだろう。そのような「分別」をもつことが、中年の特徴のひとつかもしれない。

遠山は「たましいが大切だったから」仕事をしなかったと言っている。彼は何とかして素晴らしい芸術作品を生み出すのだと言うが、なかなか実情はほど遠いものである。人間のたましいは、そんなに単純なものではない。それはともかくとして、青年期は外的な現実というものにぶつからないままで、それなりの理想像を心に持つものである。鈴木定吉は「田舎へ行ってトルストイを読みたい」と思うが、そのときは妻子のことを無視して考えている。つまり、現実というものを忘れているのだ。

中年はそのような青年期の甘さと、おさらばしなくてはならない。現実は思いのほか、重みをもっている。それが一挙に押し寄せてくると、鈴木のように憂うつにならざるを得ない。彼は心のなかで何度も、「これが生活か!」と言っている。そのとおり、「生活」の重荷がずっしりとかかってくるのが中年である。

中年の入り口に立って、大いに張り切っている人もいる。そのような人は、青年期のときから「現実」について割に知っていて、それに立ち向かってゆく術《すべ》を相当に知っている人である。そのような人は、現実処理の能力を十分に発揮してゆくだろう。彼にとって「生活」は活躍の場となり、中年というよりは壮年という言葉のほうがピッタリと感じられるだろう。このような人は、中年の後期になって「老い」が見えだしてくるころに、大切な転回点を迎えることになる。それまでバリバリやっていた人が出世した途端に抑うつ症になることなどは、その類である。このことについては、「はじめに」のところで少し触れておいたが、ここでは鈴本定吉の例に戻って考えることにしよう。

鈴本は青年期から中年に至る入り口に立って、青年期のほうに心残りがあるので、憂うつに襲われるのである。さりとて、青年期の理想を棄ててしまったのでは、その中年はあまりに味気ないものになろうし、「現実」の奴隷となることによって問題が解決したりするはずがない。それは一時的な平安を生み出すだけのことであろう。

ある夜、仲間とカッフェで飲んだ帰途、鈴本は遠山と二人になった。そこで遠山は急に鈴本に「ロオウェスト・パラダイス」(遊廓のことを遠山はこう呼んでいる)に行こうと誘う。鈴本が嫌だと言うと遠山は、「俺が貴様のような人間は懲らしめてやる!」と叫んだかと思うと、鈴本の持っていたステッキを引ったくって振り上げる。鈴本は「あれ!」と心のなかで叫んで逃げ出してしまう。それ以後は、ちょっとしたことにも、「あっ!」と叫びそうになるような恐怖反応におびやかされることになる。鈴本にとって外界は恐怖に満ちたものに感じられてきたのである。

会社では、鈴本の書いた記事に対して社長が腹を立て怒鳴り立てる。社長にペコペコとあやまったものの、そのうちに「定吉の心にはいつになく怒りが萌して来た。(中略)鉄面皮と偽と詐欺とで出来上っている」会社に腹が立ってきた。そのうちに、給仕までが彼を馬鹿にするので、一番年上の生意気盛りの給仕に対して腹を立て、「呼んだのが貴様には聞えないのか!」と怒鳴ってしまった。そのうえ、「はっと気がついた時には、彼の掌がその給仕の横面を力委せに一つ撲っていた」のだ。

鈴本は自分でもわけがわからず、羞恥と自己哀憐の感情を味わった。彼は「自分の身内にこんな狂暴力がひそんでいようとは夢にも思わなかった」。だが、彼の反省にもかかわらず、結果はそれほど悪くならなかった。むしろ、彼の存在を他に示したともいえそうであった。

同じ日、遠山がやってきて、お金を貸してくれと言った。鈴本は持ち合わせがなく、彼らの共通の友人に借りに行くが、友人は遠山のような人間のためには金を貸せない、ときっぱりと言う。鈴本は遠山の人のよいところなどを強調するが、それでも友人の毅然とした態度に押され、遂には自分もそれに同調して遠山のところに、きっぱりと断るために行く。ところが、遠山の家族の実情を見ると、またまた反転して、結局のところは、時計を質に入れて、金を貸してしまう。

翌朝、鈴本が出勤しようとすると、妻に時計のないことを指摘され、そこから夫婦の争いになるが、今度は鈴本も強くなっていて相当な論戦になる。とうとう「出て行け」「出て行く」の状態になり、子どもの取り合いから、鈴本は妻の顔をなぐりつけてしまう。とうとう隣家のおかみさんが仲裁にくる次第になり、鈴本は家を飛び出した。彼はいくら考えても、自分がなぜあんなことをしたのか、わけがわからない。妻に謝罪に帰ろうと思うが、隣家のおかみさんとまた顔を合わすかと思うと嫌で帰れない。

鈴本もまったく途方もないことをやってしまったものだが、後に述べるように結果は必ずしも悪くはなかった。結果はやや思いがけない形にはなるが、彼の妻は前より彼に対していい感じで接するようになったといえそうである。それはどうしてだろう。

人間も自然の産物である。誰しもそのなかにはワイルドなものをもっている。ここにワイルドと片仮名書きしたことは、必ずしも荒々しいというのと同義ではない。アフリカの荒野を走るライオンもワイルドであるが、野に咲くすみれもワイルドである。ワイルドな優しさというものもあるのだ。ところが、人間が下手に文明化するとワイルドなものを内にもっていることを忘れる。あるいは、ワイルドなものとの接触を失ってしまう。

鈴本はインテリの常として、ワイルドなものとの接触をほとんど失っている。とくにその荒々しい部分を失っていた。彼の妻が彼をボロクソに言うのも当然だ。それはまた、彼の荒々しさを引き出そうとする無意識的な努力でもあるのだ。

鈴本はしかし、だんだんと現実に磨かれて、荒々しさを回復しつつあった。それはまず給仕に対して出てきた。続いて、それは妻に向けられた。だからといって、ここで暴力を肯定するのは、ばかげている。鈴本のようにワイルドなものとの接触を長いあいだ失っていると、それが急激に出てきたときは暴走するのだ。社会的に容認された形で、ワイルドなものを生きるのは、なかなか難しい。

「暴力的」なものを生きるのは、暴力をふるうことではない。後者の場合は人間がワイルドなものにいかれていいるのであって、それを生きているのではない。といっても、誰しもそれほど上手にはやれないので、下手や失敗をしつつ成長してゆくのだが、鈴本のふるった腕力は、そのような意味で肯定的な面をもっていたのである。内なる暴力的なものを意識化することが必要なのだ。青年期はそれに至るまでの試行錯誤を許されるのだが、中年はそれをもっと鍛えなくてはならない。ワイルドなところをもたない中年は、まったく魅力を失ってしまう。

鈴本は青年期におけるそのような練習が少なかったので、今、やや急激にそれを行なっているのである。彼は妻をなぐって家を飛び出したとき、仲間の河野に会う。河野は恋人に言葉をかけられず悶々としていたのに、その日にとうとう思い切って話しかけ、見事にふられて帰ってきたところだった。二人は手を握り合ってお互いの不幸を嘆き合った。

〈定吉は河野の手を強く握りながら、急にわっと泣き出した。と、河野もつづいて泣き出した〉

よい年をして、などと言うべきではない。二人の涙は過ぎ去ってゆく青年期に対する鎮魂歌なのである。喜怒哀楽すべての感情の動きを深く体験することによって、中年の生活が豊かになるのである。ワイルドなものと切れたとき、人間は神経症になるともいえる。鈴本が外界の恐怖症になっているのは、実は自分の内なる野性を恐れているのである。彼が内なる野性との接触をもちはじめると、恐怖症はなくなってゆくであろう。

新聞社にもつぎつぎ大変なことが生じてきた。社長が政府に買収されてしまったのか、編集方針が急に変わり、鈴本はそれにも嫌気がさしている。内閣攻撃の国民大会が開かれることになり、その群衆が政府系のこの新聞社を襲ってくるかもしれない、ということになる。社長は記者全員を集め、社を守るためにできる限り今晩は社に残って、社を守っていただきたいと演説する。鈴本が驚いたのは、これまで社長の姿勢を常に批判していた社会部次席の牛島という男が「今や我社の危急の時に当って、誰かそれを見捨てて顧みないものがありましょうぞ！」と叫んだことである。またもや「社会勉強」の機会を与えられたのだ。中年も少し出世してくると、なかなかの離れ業をやるのだ。

新しい課題

妻子のある鈴本は、国民大会の様子を観察に行くという名目を与えられて、退社する。群衆のざわめきを見ながら、鈴本は自分が何らの意見も持たず、押し流されて生きているだけであることを強く反省する。彼は自分の人生を立て直すために、まず離婚して再出発することを固く決心して帰宅する。帰途につきながら、彼は田舎に住んで、トルストイを読んでいる自分の姿を思い描き、明るい気持ちになる。しかし、子どものことを考えると急に迷いはじめた。彼は子どもが好きだ。しかし、妻のほうがはるかに子どもを愛しているだろう。どうするといいのか迷いつつ家の格子戸を開けた。すると、「いつになくよし子(妻)はいそいそとして玄関に駈けて来た」。子どももにこにことやってくる。妻は、遠山が金に困って家を立ち退かされ、子ども二人を連れて泊めてもらいに来たが、子どもが帰りたいといってあまりに泣くので、安宿にでも泊まると帰っていったと言う。これを聞くと鈴本の「固い決心」はどこへやら消えてゆく感じになる。

妻は子どもに頰ずりして、どうしてこんなに可愛いのでしょうと言い、鈴本の心も優しい感じになってくる。〈「ねえ、あなた」と妻は再び云った。その声は思わず定吉が彼女の方を振向いて見ずにいられなかった程の優しみと媚とに溢れていた。子供に頰ずりをしつづけている彼女の眼は伏目になって、その頰には恥しさが漂っていた。「あたしね」と彼女は躊躇しながら云い始めた。「あたしね、何ですか又出来たようなんですよ」〉

鈴本は驚いて畳の上にひっくりかえった。

〈恐ろしい絶望があった。何とも云われない苦しさがあった。が、それと同時に彼は、妻のために下女を雇っ

てやらなければならない事を考えた……〉

これがこの短編の終わりである。思いがけない終わりであるように見えながら、中年の入り口に立つ状況が実にうまく描かれている。

鈴本は「恐ろしい絶望」を味わう。それは「田舎へ行ってトルストイを読む」、つまり青年期へと逆行することへの絶望である。と同時に彼は妻に対する配慮をしはじめている。「新しい生命」が生まれてくるのだ。鈴本にとって、それは「新しい課題」が与えられることになる。彼が考えをめぐらせ、自分の状況を改変するための解決策は「離婚」ということであった。「すっきりとした解決」というのは誰しも望むものであるが、中年の「解決」はそんなものではなく、そこに新しい課題が上乗せされ、それに向かっていかなくては、という形の「解決」となることが多いのである。何のかのと言っておれない、ともかくこれに立ち向かっていかなくては、と思い頑張っているうちに、古いことは解消してしまう。つまり、鈴本にとって離婚なんぞということは消え失せるし、夫婦関係ももっとよいほうに変化するであろう。

暴力をふるったり、はっきりと離婚の意思を固めたり、暴力の意識化ということを少しずつ経験してきた鈴本に対して妻は優しさを見せるようになった。それ以前の夫に対しては、彼女も優しい気持ちなど起きてこなかったことであろう。危なっかしくて見ていられない、というのが実感で、さりとて遠山の妻のような「グレートマザー」にもなる気はしない、というところだったのではなかろうか。しかし、彼女のそのような態度によって、鈴本も少し大人になってきたのである。お母ちゃんが抱きかかえすぎると、子どもはいつまでも子どものままである。

この作品は広津和郎の二十七歳の作で、出世作ともいえるものである。広津和郎という人は、早くから中年の分別を持てる人だったのであろう。この作品は作者の年齢をこえた中年の味がでているが、やはり若いときの作品であるので、青年の側から中年を見ている感じがあり、中年の入り口の感じがよく出ている。「第一章　人生の四季」で取りあげた漱石の『門』は、もっと深くに存在し、それを通り抜けられるかどうかさえわからぬようなものだったが、今回記述した入り口は、中年の者が是非とも通り抜けて行かざるを得ないものである。

作者もこの作品には「幾分の誇張があり、戯画化がある」と言っているし、時代差による違和感もあるが、それらについて少し配慮するなら、現在でもまったく通用する、中年の入り口の見事な記述であると思われる。

（引用は、中央公論社刊『広津和郎全集　第一巻』所収、『神経病時代』から）

第四章　心の傷を癒す——大江健三郎『人生の親戚』

現代人共通の苦悩

人間は誰しも心のなかに傷をもっている。もっともその傷の存在をあまり意識しないで生きている人もいる。そのような人は一般的に言って、他人の心に傷を負わせる——ほとんど無意識に——ことが多いようである。心の傷は、浅いのから深いのまでいろいろある。その傷が癒されないときは、それによって生じる痛みや、痛みを避けようとする無理などによって、本人が悩んだり、他人に迷惑をかけたりすることになる。

それではその傷はどのようにして癒されるのか。心の傷の癒しは、古来からもっぱら宗教の仕事とされてきた。いろいろな宗教がそれぞれの教義や方法によって、人間の心の癒しを行なってきた。しかし、近代になって人々が宗教を信じがたくなるのと同時に、心理療法という方法によって、心の癒しができると考え、しかもそれは「科学的」な方法でなされると主張する人たちが現れた。そのような「科学」を絶対と信じる人には、それは時に有効かもしれないが、そうでない人には、人間の心が科学的方法で癒されたりするものでないことは、少し考えるとわかることである。

そうすると、現代人として、何らかの「絶対者」の存在を信じたり特定の宗派に属したりしない人にとって、心の癒しはどのように行われるのか。私は、そのような宗教的な仕事は、特定の宗派に属さなくとも遂行できるのではないかと考え、そのようなことのお手伝いをするのも心理療法家の仕事のひとつと考えている。もちろん、このことは心理療法家などいなくても、各人がそれぞれ行えるのである。ただ、それは困難極まりないことである。それがどのようにして行われるかについて、大江健三郎の『人生の親戚』によって述べることにしたい。

この小説の主人公は倉木まり恵。中年の女性である。この小説には、彼女の生涯について語る作家のKという男性が登場するが、彼は彼女より少し年上の、やはり中年である。Kとまり恵とはどちらも障害児の子どもをもつ親として知り合いになる。

まり恵には二人の子どもがあり、長男のムーサンは知恵遅れ、弟の道夫は健常児であった。まり恵はムーサンの障害を知ったとき、「自分がムーサンを引きとり、御主人に道夫くんをゆだねるという仕方で、離婚を成立させた。まり恵さんが妻(語り手であるKの妻)に話したところでは、ムーサンの誕生が、自分になんらかの「償い」をいざなうもの、と考えたというのだった」。しかし道夫が中学生のとき、交通事故で下半身麻痺となり、夫と道夫は再び、まり恵たちといっしょに暮らすことになる。

ところが大変な悲劇が起こった。車椅子の道夫と、その車椅子を押したムーサンが家出をして、一家の別荘のある伊豆高原へ行き、二人は断崖から身を投げて自殺をしたのである。目撃者によると、ムーサンは道夫の車椅子を押して断崖へと近づいたが、道夫は思い直したのか途中でブレーキをかけた。するとムーサンは一人で歩いて行き、身を投げ、それを見た道夫も車椅子を動かしてムーサンに続いたという。

人間にはいろいろな不幸がふりかかるが、これほどの傷を身に受けることは、まずないであろう。このような深い痛手を受けたまり恵が、その人生をいかに生きたのかというのが、この作品の主題である。二人の子どもを

──それも自殺というかたちで──一挙に失った女性が、その後の人生をどのようにして生きてゆくのか。果たしてそのような傷は癒され得るのか。

この話を読みながら私が思ったことは、まり恵の心の傷は「現代人の傷」である、ということであった。ムーサンは身体は健常であるが、頭脳は普通でなかった。道夫はその逆であった。頭脳と身体とが分断され、その統合をはかることの困難さ、という十字架をまり恵は背負っている。まり恵という名は、私にマリアを想い起こさせた。マリアの息子も十字架を背負って死んでいった。

このように考えると、まり恵の傷は、まったく個人的なものでありながら、それは現代人に共通するものであることがわかる。個人のそれぞれの傷は、文化の傷、社会の傷、時代の傷とつながっている。ある個人が、なぜ自分はこのような不幸や苦しみに遭うのだろうと嘆いたり、不可解に思ったりしているとき、それは「文化の病」「時代の病」を引き受けているのだと思うと、了解されやすい。まり恵も、まったく稀な不幸を背負ったかに見えるが、それは現代人に共通する苦悩を引き受けているのだ。したがって彼女の癒しの話は、現代に生きる多くの人に共感されるのである。

まり恵は自分の傷を受けとめて生きようとする。彼女は夫とも別れ、一人で生き抜こうとするが、それを助けるために「親衛隊」のようなかたちで、三人の若い男性たちが登場する。自分たちのほうから押しつけることなどないが、まり恵が苦境にあるのを見ると、何かと手助けしようとする。このようなことは時に生じることだ。まり恵を助けているように見えながら、実はこの若者たち自身の傷の癒しということが重なっているからこそ、このようなことが生じる。このことは、Kにとっても同様である。まり恵のことを「他人事」とは思っておれないのである。

センチメンタリズム

傷の癒しという点で生じてくる重要な問題のひとつは、「センチメンタリズム」ということである。Kやまり恵の子どもたちの通う養護学校で、ダウン氏症と心臓障害をあわせもっている早苗ちゃんという女の子が急死した。早苗ちゃんは際立って愛らしい少女で、「学芸会では、いつも女王やお姫様の役割をふりあてられ、劇をつくる側の先生方も生徒仲間も、観る側のわれわれ父兄もきまって満足する」子だった。そこで担任の先生の発案で、彼女の写真や、皆の思い出の文などで、一冊の本を作ろうという計画が起こった。だれもが喜んで参加しようというとき、まり恵は――まだこのとき、あの悲劇は起こっていなかったが――それに断固として反対を打ち出した。

まり恵の言い分はこうだ。自分も早苗ちゃんが好きだった。早苗ちゃんのお葬いの際には、修道尼でもあるT先生が、「家族や仲間のみならず教職員にも慰めと勇気をあたえた美しいお子さんが、どうしてこんなに早く死んでゆかねばならなかったのか、神様がどうしてこんなことをなさったのか、それをこれから懸命に理解してゆきたい」と言われ、みんなの共感を呼びもした。「しかしそれが結局は神様の御心なら、あのように美しく気だての良い早苗ちゃんに、ダウン氏症の障害を背負わせられたのも、神の御心なのだ」と、まり恵は考える。だから「障害児の真実をつたえる本を作るなら、むしろ障害児の醜さや歪み・ひずみも、はっきり提示するものにしたい」、つまり、きれいごとだけでは駄目だと主張するのだ。皆の考えている「思い出の文集」は、あまりにもセンチメンタルだと言うのである。

このことについてKと話し合ったまり恵は、彼女の考えの背後には、アメリカ人でカトリック教徒である女流作家のフラナリー・オコナーの作品があると言う。どうしても障害者の親は、子どもたちの無垢《イノセンス》を強調しすぎる傾向があるが、そのような傾向に対して、オコナーが警告している、という。

〈無垢《イノセンス》は強調されすぎると、その反対の極のものになる、とオコナーはいってるわ。もともと、私たちは無垢《イノセンス》を失っているのに。キリストの罪の贖い《リダンプション》をつうじて、一挙にじゃなく、ゆるゆると時間をかけて、私たちは無垢《イノセンス》に戻るのだとも、彼女はいってるわ。現実での過程をとばして、安易にニセの無垢《イノセンス》に戻ることがつまりsentimentality だというわけね〉

癒してほしい、癒してあげたい、そのような感情が過剰になり、一挙にこれを成就したいと思ったり、したような気になったりすると、人間はセンチメンタルになる。しかし、それは真の癒しからほど遠いものである。「一挙にじゃなく、ゆるゆると時間をかけて」行うものだが、オコナーの場合はカトリックの信者として、そこに「キリストの罪の贖い《リダンプション》をつうじて」と言うことができる。

まり恵の気持ちを妻に説明するときに、Kはやはりオコナーの考えによって、「その女流作家は、優しさというものが、……彼女の書いた言葉でなら tenderness というものがさ、根源から切り離されると、ひどいことになる、といっているんだ」と言っている。そのような根源から切り離されない優しさについてオコナーはどう考えるのか。Kは続けて言う。「真の優しさの根源には、神がいる。キリストという人間の顔かたちをとって、つまり person としてさ、人類の罪をあがなった神がいる」と。しかし「そこは不信仰の僕として、よく理解したと確信を持ってはいえないところでね」とKは言う。

ここは随分と大切なところだ。オコナーは真の優しさの根源には「神がいる」と明言する。とすると、神を見いだしえないKやまり恵はどうなるのか。事実、まり恵はカトリック教会の初心者スクールにはいったり、それを離れた後では、ある小さい宗教的な集団に属したりする。しかし、彼女は何らかの「絶対者」の存在を見つけたわけではない。

センチメンタリズムに対して、アッケラカンということがあるように私は思う。実はまり恵の性格描写として、この「アッケラカン」がよく出てくるのである。「彼女のアッケラカンと陽気で、よく勉強する女学生の生真面目さもある顔」などという表現もある。Kが息子と別荘にいるところへ、まり恵が訪ねてくる。彼女はボーイフレンドのアメリカ人も呼んでいて、夜になると二人で「ムームー」などという声をあげ、KとKの息子の安眠を妨害したりするが、翌日にはアッケラカンとしているように見える。

センチメンタリズムが感情の過剰とすると、アッケラカンは感情の動きに対する期待がはずされて、呆れることを意味している。あれほど悲劇を経験しながら、アッケラカンとしているまり恵は、悩むなどということはないのだろうか。まり恵がKの別荘に泊まったとき、彼女のボーイフレンドが去って、一人で彼女が眠っている部屋に、Kは息子の薬をとるために入らなければならぬことがあった。彼女は眠っていた。

〈そしてギクリとしたことには、さめぎわのレム睡眠のまり恵さんが、悪夢にうなされているのらしい、苦しげな声をたてている。アンクル・サムと一緒の折のムームーいう声は、やはり人間らしいものだったと思えるほど、それはおよそ人間の力で癒しうる傷によるものではない、と感じられる呻き声だった〉

人間の力でまり恵を癒そうと考えるのは、センチメンタルだ。かと言って、彼女がアッケラカンとしているのは癒されたからではない。彼女の苦悩は、一般の人のいう同情などの感情の届かない深さにあるのだ。彼女の心の深みにある傷にまで手をとどかせるには、センチメンタルでもアッケラカンでもない道筋が必要なのである。

十字架のつなぎ目

まり恵の二人の子どもは、頭脳と身体の分裂という現代人の苦悩を背負って死んでいった。マリアの子キリストも人類の苦しみを贖うために死んだと言われているが、キリストは現代人に対して癒しを与えないのだろうか。ともかく、まり恵にとっては直接的には助けにならなかった。それについて私の勝手なイマジネーションを述べさせていただくと、キリストの背負っていた十字架は十という形が示すように横棒が少し上にあり、身体に対して精神《スピリット》の優位を示している。これに対して、ムーサンと道夫という人間の十字は、＋のように身体も精神も同等に見る正十字のように思えるのである。

人間と他の動物との差について考えると、確かに人間の精神の存在は、それと他とを区別する大切なメルクマールであるし、そのような意味での精神性の強調は、約二千年間くらい必要だったのであろう。しかし、二十世紀も終わりに近づいてきたあたりで、人間はもう一度、人間と動物との差があまりないことを自覚し、それを十字架として背負ってゆくことを必要とするようになったと思われる。そして、そのような意味での身体と精神とのつなぎ目に存在している「性」ということが、実に重い意味をもつようになってきた。『人生の親戚』のなかで、性が重要なトピックとして語られるのも、このためであろう。

しかし、性というのは実に厄介なものである。体験せずに考えることはできないし、体験にのめり込むと考えることができなくなる。「精神」の優位を説こうとする宗教が、性をタブー視したこともよく了解できる。また、宗教——と言ってもキリスト教——に対して強い攻撃を加えようとしたフロイトが、性のことを正面からとりあげたのも当然である。しかし、それも「性」に関する「教義」によって固められた擬似宗教的な様相をもちかねない。

まり恵はアンクル・サムというアメリカ人のボーイフレンドをもつ。サムはまり恵を性的に満足させれば「それだけで生きてゆかせることができる、と信じこんでいる様子なの。私には魂の問題もある、とは思わないんだわ」と、まり恵は言う。そしてサムは彼女が「テューター・小父さん」と呼ばれる人物を中心にする小さい宗教的集団の「集会所」へ入ったのも、その集団に「なにかオカルト的な性の秘法でも使われているのかと、邪推」したりする。性は魂に到る重要な通路となり得ても、性の満足イコール魂の癒しとはならないのである。

まり恵はテューター・小父さんの指導する「集会所」に入り、アメリカにまで行くが、そこで小父さんが病気で死んでしまう。グループの娘たちは、小父さんに続いて天国に行こうと集団自殺をしようとするが、まり恵が皆を説得して思いとどまらせる。このことも重要だが省略して、性に関する話を続けよう。

まり恵が苦心して「集会所」の娘たちを日本に帰したとき、日系メキシコ人、セルジオ・松野が、自分の経営する農場の精神的中心としてまり恵に来てもらうということを考える。松野の農場にはインディオや混血《メスティソ》の人、日系人などいろいろな人がいるが、まり恵のような不幸な経歴をもった人が、その人たちのために献身してはたらくのを見ると、彼女を「聖女のように崇め」ることによって、そこに中心を見いだし、団結して仕事をするだろう、というのが松野の考えであった。まり恵は考えた末、それに乗るのだが、そのようなことを自分の意志で決心するしるしとして「もう死ぬまでセックスはしないと、誓うこと」にする。確かに、あれほど不幸を背負い、欲望を断って献身するまり恵の姿は、メキシコの人たちに「聖女」のイメージを与えることに成功する。

ここで、彼女は自分の肉体と切れてしまい、精神的存在になったのだろうか。そうではないと思う。性を汚れたものとか、悪と考えて否定したのではなく、彼女はそれを肯定したうえで、生きてゆくための彼女の決心として、それを断ったのである。彼女は一挙にではなく、「ゆるゆると時間をかけて」無垢《イノセンス》に戻ろうとしたのである。彼女はその後、癌におかされて彼地で死んでゆく。彼女を取り巻く親衛隊だった三人の若者は、プロの映画撮影家になっており、セルジオ・松野の要請もあって、まり恵の生涯を映画にするべくメキシコに行く。そしてKのところには、瀕死の床で、まり恵が素裸の姿でVサインをしているスチール写真が送られてくる。そのような彼女の姿全体が、その癒しの過程を物語っているように感じられるのである。

アレとソレ

まり恵はあの痛ましい体験を「アレ」と呼んでいた。「アレが起こったとき」というように表現するのである。あまりにも恐ろしく、あまりにも不可解な現象は「アレ」という代名詞で呼ぶより仕方がなかったのだろう。「アレはいったい何だったのか」「アレはどんな意味をもつのか」と、彼女は何度も自らに問いかけたのではなかろうか。

　このことはフロイトが、彼の、いわゆるリビドーの貯蔵庫とでもいうべき心の領域を考え、それを、「それ」(Es)と呼んだことを想起させる。彼にとって、それはまさにソレであって、それ以外の名前をつけることができなかったのだ。「無意識」のうちに失敗をしたり、悪いことをしてしまったとき、それは「私」がしたのではなく「ソレ」がしてしまったのだという方が、ピッタリとくるのではなかろうか。

　まり恵にとって、「アレ」は実際に生じたことであり、否定することができないことである。しかし、「アレ」を自分のこととして、自分にとって理解し得るものとして、心におさめることは実に大変なことであった。まり恵はフラナリー・オコナーの言葉を引用して、「オコナーには、本当に、感知しえるものは理解しえるもの、という確信があるんだわ」と言う。アレは感知し得るものだったが、まり恵にとってアレは理解し得るものだろうか。オコナーはクリスチャンである。したがって、「イエス・キリストの受肉」ということを通じて、すべての感知し得るものが理解し得るものとなる、と主張する。

まり恵はクリスチャンにはなれない。メキシコで、彼女を取り巻くすべての人がクリスチャンであり、教会へ行く。しかし、まり恵は他の人が神父様の教えにしたがってお祈りをしているときも、「そのように祈ることについてさえ、積極的でないように見えること」があった。「キリストの受肉」という神話が多くの人にとって意味をもったとしても、彼女は「アレ」を理解し得る自分の物語をつくり出さねばならないのだ。理解し得ると言っても、それは頭でわかることではない。一人の人間としてその全体にまでしみわたる感じで、「ああ、そうなのだ」と言うためには、物語が必要なのである。「全能の神がすべての人を救う」などという題目ではなく、キリストの受肉という物語に、どれほど全人的な共感が湧くかが大切なのである。

まり恵の物語は、すなわち彼女の人生そのものである。「集会所」にはいり、そこを出てメキシコの人たちのために人種を超えて献身する。それは彼女にとって、アレを理解する物語の創作であり、不治の病によって死んでゆくことも、もちろんその一部ではあった。彼女はそれだからこそ彼女の生涯を映画にすることを承知したのだ。それは彼女個人の生涯ではあるが、既に述べたように、現代に生きる多くの人々と共有できる物語となるはずである。

彼女は自分の映画に『人生の親戚』という題をつける案を示した。これに対して、Kは「血のつながった仲ではないが、生きてゆく上で苦難をともにするうち、まさに親戚のようになった真の友・仲間として、インディオや混血《メスティソ》の女たちが自分を受けいれてくれたと、まり恵さんが心貧しく誇ったのだったか」と思ったが、プルタルコスの文庫版に「どのような境遇にある者にもつきまとう、あまりありがたくない「人生の親戚」と、悲しみのことを呼びなしている」箇所に出あって、「いま僕は、こちらの解釈にかたむいている」と言う。

人生の親戚というのは、確かに深みのある言葉である。私はこれまで述べてきた「ソレ」というのが、私が生まれてきたときから私につきまとっている「人生の親戚」のように思える。ソレは悲しみにもつながるし、私をとりまくすべての人にもつながる。そして、私は一生かけて、ソレを理解し得る物語をつくることに精を出さねばならない。天才のフロイトが書いた何巻もの本もすべて「私とソレ」の物語だったと言えるのではなかろうか。

まり恵の物語もそろそろ終わりかと思うとき、作者は「後記にかえて」のなかで思いがけない事実を語る。メキシコで、macho ミツオという巨漢のならず者が、まり恵を強姦したことがある、というのだ。その事実は「聖女」としてのまり恵のイメージを守るために、周囲にはひた隠しにされた。しかし、まり恵の農場の男たちは数人でミツオを襲い、彼のひざ頭をたたき割り、大怪我を負わせて復讐したと言う。

なぜ、まり恵のような人がこんな不幸に会うのか。物語は完結しないのか。Kは後から送られてきた情報などを統合し、推察をまじえて何とか物語を「理解し得る」ものにしようと苦労する。まり恵の死後、ミツオは不自由な体をおして、まり恵の墓を掘る仕事にたずさわり、それを機縁としてミツオと農場の若者たちとの和解が成立するというものだ。

このような「推察」が物語を理解し得るものにしてくれることは、確かにそのとおりであろう。しかし重要なことは、物語が終わったと思うところに「ソレ」がまたあらたな素材——理解するのに困難をきたす素材——をつぎつぎと提出してくる、ということではなかろうか。傷をもって傷を癒すような「ソレ」のやり口には、たまらない気もするが、それによってこそ、われわれの人生の意味も深まってゆくのだと思われる。まり恵は皆と共に祈らないにしても、「自分の祈りを深めていかれる」と松野は語っている。絶対者をもたないにしても、ソレとのつき合いを深めることによって、人間は「自分の祈りを深める」ことはできるのである。

（引用は、新潮社刊『人生の親戚』から）

第五章　砂の眼——安部公房『砂の女』

これまで子どもの本はある程度読んでいたが、「大人の本」はあまり読まないので、本書を書くために苦労しながら読んだ。そのなかで、時に心を揺すぶられる作品に出合うと、本当に嬉しくなる。安部公房の『砂の女』はそのような作品で、凄いインパクトを受けた。外国へ行って本屋を覗くと、『砂の女』の訳本にお目にかかることが多かったが、やはり世界中の人に読まれるだけのものだ、と思った。

名作は多くの連想を誘うところがある。ここに語られる「砂」にしても、人々はそれぞれ無数の連想をもつことだろう。つまり、それぞれの人がそれなりに読めるというわけである。そこで、私も勝手な連想を書きつらねることにした。

新潮文庫『砂の女』の解説のなかでドナルド・キーンは、これが「日本いや世界の真相を最も小説的な方法によって描いている」ものだと称賛している。確かにどこでも、誰にでも当てはまる「真相」といえるが、やはり「中年」のイメージにかなりぴったりくる感じがする。そこで、中年ということを念頭におきながら連想を続けることにしよう。

みちしるべ

「八月のある日、男が一人、行方不明になった」というのが、この作品のはじまりである。彼の同僚の教師たちは、その原因についていろいろ憶測し、厭世自殺説まであらわれる。しかし実際は、彼は昆虫採集に出かけたのである。彼は砂地に住む昆虫の採集に熱中している。彼は何とかして新種を発見したいと願っている。〈それにありつけさえすれば、長いラテン語の学名といっしょに、自分の名前もイタリック活字で、昆虫大図鑑に書きとめられ、そしておそらく、半永久的に保存されることだろう〉

これが、この男の狙いなのである。

人間は、いつか死ぬ。しかし死後、自分の名前が「半永久的に保存される」となれば、なんと素晴らしいことだろう。自分という存在も、考えてみると実にはかないものである。そこで、自分というものを「永遠の相」のなかのどこかに定位できると、心が安まることになる。日本人だと、「何々家」という家の流れのなかの一点に定位され、死後の子孫たちが墓を守ってくれるということで、その願いは大分かなえられることになる。しかし、この主人公の男はどうも「家」などということに頼りたくない類の人間らしい。自分の力で新種を発見することによって、自分の名を半永久的に残そうと努力している。

彼は家の近くの河原で、ニワハンミョウの新種らしきものを見つけながらも逃がしてしまって以来、ハンミョウの新種を探すことに必死になっている。私が子どものころは、このハンミョウを「みちしるべ」と呼んでいた。「ハンミョウというやつは、ひどくまぎらわしい飛び方をする。飛んで逃げては、まるでつかまえてくれと言わんばかりに、くるりと振り向いて待ちうける。信用して近づくと、また飛んで逃げては、振り向いて待つ。さんざん、じらしておいて、最後に草むらの中に消えてしまうという寸法だ」。つまり、人間を巧みに導くのである。「みちしるべ」というのは、まさにぴったりの名前である。

中年は毎日の仕事に忙しい。仕事をどのようにこなしてゆくか、家族の問題をどう解決してゆくか。毎日毎日が大変で、ほかのことなど考える余裕などない。しかし、そのなかでも、自分はなぜ生きているのか、死んでからどうなるのか、などと考える人がいる。いったい、自分の人生を導くものは何なのか。昔は神や仏によって導かれ、したがって自分の生命を「永遠の相」のなかで実感できる人が多くいた。しかし現代は、それほど簡単に神や仏に従ってばかりもおれない。そこで、われわれの主人公は昆虫のみちしるべに頼ることにしたのだ。「おむすびコロリン」という昔話がある。これは偶然の導きに頼ることの意味について物語っているものである。転がってきたおむすびにふと導かれて、じいさんは穴の中にはいってゆく。そこで彼が地蔵浄土の体験をすることは読者もよくご存じのとおりである。現代の主人公は偶然にではなく、「新種発見」という明確な目的と意思をもって出かけてゆく。しかし、その「みちしるべ」が昆虫だというところに、なんともいえぬ面白みがある。昆虫というのは、動物のなかで人間の対極にあるといっていい存在である。人間の考えている自由意思などとは縁のない生き方をしている。その昆虫に男は導かれて、おむすびコロリンのじいさんのように、「穴」に落ちてゆくのである。しかし、そこは地蔵浄土などではなくて、地獄のようなところだったようである。

おむすびコロリンとハンミョウの対比は、なかなか面白い。後に「黒塚」のことも述べるが、このような超近代的で世界的な普遍性をもっている小説なのに——というよりも、それゆえにというべきだろう——何か日本の古い土俗の味があるのは興味深い事実である。土俗を通り抜けてゆくところに、普遍に至る道がひらかれるのだろう。

たましいの掃除

男がハンミョウを探しにやって来た沙漠は、奇妙な構造をしていた。あちこちにクレーターのような幅二十メートルあまりの穴があり、その底に家が一軒ある。このような穴が砂丘の稜線沿いに並んでいるのだ。大きい蟻地獄の穴の底に一軒の家がある、と思えばいい。といっても、穴の傾斜はもっときついのではあるが——。このような家がぽつんぽつんと並んでおり、その稜線から、つまり海岸から遠ざかるにつれて家が多くなってきて、砂との共存状態ながら、町らしい感じになっていく。

男は偶然出会った老人に、民宿にでも泊まりたい、と言う。すると、さっそく玄関に「愛郷精神」という額のかかっている事務所に案内されて、その世話で、「部落の一番外側にある、砂丘の稜線に接した穴のなかの一つ」の底にある家に泊めてもらうことになる。「穴」の崖の傍らに行くと、傾斜は思ったよりきつく、垂直に近いほどで、縄梯子で下りていく。そこでは一人の女が、ランプを捧げて迎えてくれた。「まだ三十前後の、いかにも人が好さそうな小柄の女だったし、化粧をしているのかもしれないが、浜の女にしては、珍しく色白だった。それに、いそいそと、よろこびをかくしきれないといった歓迎ぶりが、まずなによりも有難く思われた」。

女はこの家に一人で住んでいると言う。大風のときにトリ小舎《ごや》を見に行った夫と娘は、小舎ごと砂に埋まって死んでしまったのだと言う。男はこの孤立した家で、この女と一夜を過ごすことになるのだ。中年の男性ならほとんどの者が期待するようなことを、この男も心に思ったのに違いない。

男を一人、部屋に残しておいて、女は外の暗闇に消えた。男は一服タバコを吸った後に、ランプをもって女のもとに行く。そこで、男は何を見たのだろうか。

日本人によく知られている「黒塚」という能がある。野原の一軒家に泊めてもらった僧が、そこの女主人の見てはならないと禁止する部屋をそっと覗いてみると、彼女の閨《ねや》の中は、「人の死骸は数知らず、軒と等しく積み置きたり、膿血《のうけつ》忽《たちま》ち融滌《ゆうでき》し、臭穢《しゅうえ》は満ちて膨脹し、膚膩《ふに》悉《ことごと》く爛壊《らんえ》せり」(『日本古典文学大系41 謡曲集』下、岩波書店、一九六三年)という凄絶な有り様である。僧は恐ろしくなってひたすら逃げるが、女は鬼の姿となって追いかけてくる。結局は僧の祈りによって女は消え去ってゆく。

昔の人は、この世に「見てはならぬ真実」ということがあるのを知っていた。それを見ることの恐怖によって死んでしまったりすることのないように、いろいろなタブーによって守られていた。だが、現代人は「自由」を求める傾向が強いので、昔からあるタブーを破ることにつぎつぎと挑戦して、現代では「見てはならぬ真実」とか、「タブーによる禁止」など、なくなってしまったと思われる。『砂の女』の男性も一軒家に女と共にすごすが、女は別に何の禁止も与えなかったのだ。しかし、男がそこに見たものは、「黒塚」の女の閨の中の光景にまさるとも劣らぬものであった。

女はひたすら砂をすくって石油缶に入れている。しばらくするとオート三輪の音が聞こえ、穴の縁にやってきた男たちがモッコを下ろす。それに砂を入れて上げると、オート三輪は砂をどこかに運んでゆく。その繰り返しなのである。砂は海のほうからの風でずっと溜まり込んでくるので、夜のうちにこの作業をしておかないと家が壊れてしまうのだ。

砂はひょっとして「鬼」より恐ろしいかもしれない。そういえば、『砂の女』の最初のあたりに、砂についての記述が詳細になされているのに気づく。

《砂——岩石の砕片の集合体。時として磁鉄鉱、錫石《すずいし》、まれに砂金等をふくむ。直径2～$\frac{1}{16}$m.m.》などという百科事典による記述に続いて、「地上に、風や流れがある以上、砂地の形成は、避けがたいものかもしれない。風が吹き、川が流れ、海が波うっているかぎり、砂はつぎつぎと土壌の中からうみだされ、まるで生き物のように、ところきらわず這《は》ってまわるのだ。砂は決して休まない。静かに、しかし確実に、地表を犯し、亡ぼしていく……」。

砂はうっかりすると目に見えない。しかし、知らぬ間に「静かに、しかし確実に」ものの表面を覆い、亡ぼしていくのだ。人間は自由になり、タブーをなくしてきた間に、ものごとの「真実」を見ないという性質を身につけてきたのではなかろうか。昔の人とやり方は異なるが、真実を見ないという点では似たようなものである。中年になってあくせく働き、時には出世したり、成功したりしたと思いさえするが、その間に、ほとんど目に見えぬほどの砂がだんだんと降り積もって、人間の「たましい」を侵蝕してきているのではなかろうか。そして、老人になって、ふと気がついたときは「もぬけのから」になってしまっている、というわけである。

夜の間に溜まった砂を掃除する、というイメージは、夢のことを思い起こさせる。つまり、昼の間に「たましい」に降り積もってきた砂を取り除く仕事とは、まさに夢の仕事だと思うからである。人間は眠っている間も仕事をしているのだ。断夢実験というのがあって、詳しいことを紹介する余裕はないが、人間に夢を見させないようにすると、だんだん感情不安定になってきて、白昼夢を見たりするようになる、という実験がある。これなど、夜のうちに砂を除く仕事をしなかったために、だんだんと家が押し潰されてくるのと同じことであろう。

真の前衛とは

一夜明けて、男は縄梯子が取り去られているのに気がついた。彼は「まんまと策略にかかったのだ。蟻地獄《ありじごく》の中に、とじこめられてしまったのだ。うかうかとハンミョウ属のさそいに乗って、逃げ場のない沙漠の中につれこまれた、飢えた小鼠同然に……」。男は逃げ出そうと試みるが、なにしろ相手が砂なので始末に負えない。穴から逃げようとしても、ある程度登ると砂が崩れてくるのである。文字どおり蟻地獄の巣なのである。それでも男は脱出の希望を捨てない。つぎつぎといろいろな手段を考える。まず、女を縛って動けなくし、モッコを下ろす連中が来たとき、砂の代わりに自分がモッコにのってみたが、これは、そうと気づいた連中が途中で手を離してしまって、落とされただけで終わってしまう。

次には、女にも働くことを禁止し、自分もサボタージュをきめこんでしまう。しかし、これには反対給付としての水を、上の連中が差しとめてしまったので、苦しくなって降参してしまう。要は勝ち目がないのである。そして、彼が彼女に協力して砂掻きをしている限り、上の連中は適当に水や食料品を「配給」してくれ、そのうえ、こちらの要望にこたえて、新聞さえ持ってきてくれるのである。

男には全体のカラクリがよくわかってきた。この穴の家は、いうなれば、この町全体の砂の防衛のための最前線に位置しているのだ。このような、海にいちばん近い第一線の家が、毎日、砂の掻き出しをして頑張っているので、町が砂に埋まることを防いでいるのだ。そこで町の衆は、その反対給付として、いろいろなものをこの家に届けてくれるのである。オート三輪でモッコを持って回ってくるのは、おそらく町の大幹部ではなくて、大幹部はこのような全体を取りしきっているのであろう。しかし、彼女たち第一線の毎日の努力によってこそ、町は安泰なのである。まさに「愛郷精神」の表れである。しかし、女手ひとつでは荷が重すぎるというときに「ハンミョウ」に導かれて男が一人やってきて、それを手伝いとしてうまく入れこんだ、ということになるのである。

このことを、先に述べたような「たましい」ということに関連させることもできるし、あるいは、そうまでしなくとも、こういう見方もできる。人間存在のために必要不可欠なことをしているのに、そのことに気づかずに生きている男女がいる。彼らを、最前線に立って人類のために働いているというイメージでみると、彼らこそ

「前衛」と呼ぶのにふさわしい生き方をしている、ということになる。

「前衛」などと言っておだてられても、ただやっていることは、毎日毎日の変わることのない砂掻きだということになろうが、よく考えてみると、真に「前衛」として働いている人というのは、このような単調な仕事を——時には無自覚に——しているのであり、一方、「前衛」と自称している人というのは、うまく組織をつくり、ある者には砂掻きを、ある者にはオート三輪の運転、モッコの上げ下ろしなどをさせているのかもしれない。したがって、「前衛」を自称する人は、組織を守るために保守的にならざるをえない、ということにもなるのだろう。

事実、男はこのような単調な砂掻きの仕事から抜け出そうとして、モッコの上げ下ろしに来る人物に対して、この地を観光地として発展させてはどうかとか、砂地に適合した作物をつくってはどうかとか、砂防工事のために補助金を獲得する運動を起こしては、などと熱心に提言するが、相手はまったく乗り気ではない。これも当然のことだ。上の人たちにとっては万事うまくいっている。何も今さら、ほかのことを考える必要などない。「前衛」の仕事はうまく運んでいるのだ。

男はそれでも執拗に脱出をはかり、屋根の上からロープを投げる作戦に成功して、外に逃れ出る。実はここのところも実に綿密にその経過が記載されているのだが、紙数の加減で省略せざるをえない。読者は是非、原作をお読みいただきたい。ともかく、男は地上に出ることができるが、逃げる途中に犬にほえられたりして、町の人に見つかってしまい、追いかけられる。逃げまわっているうちに、「塩あんこ」といって砂が吹きだまり、そこに入り込むとずぶずぶと沈みこんでしまうところへ知らずに足を踏みいれる。「助けてくれえ!」と男は叫び、追っ手の連中が何とか手をかして助けてくれる。

男は助けられてほっとするが、何のことはない、そのことは彼が例の「穴」にまた逆もどりさせられることを意味しているのだった。確かに人間は支配者に対してのみ、「助けてくれえ!」と言わざるをえないときがある。彼はちゃんと助けてもらえるが、それは支配の強化を意味しているのである。

〈男は、脇の下に、ロープをかけられ、荷物のように、再び穴のなかに吊《つ》り下ろされた。誰も、一言も口をきかず、まるで埋葬の儀式に立ちあってでもいるようだ。穴は、深く、暗かった。月が、砂丘の全景を、淡い絹の輝きでくるみ、風紋や足跡までも、ガラスの襞のように浮き立たせているというのに、ここだけは、風景の仲間入りさえ拒まれ、ただむやみと暗いばかりである〉

男はまた「穴」の生活に戻った。

よりどころ

男と女は夫婦の関係になっていた。二人はともかく砂掻きを仕事として「順調」な日を送ることになった。女のほうは糸にビーズをとおす内職にうち込んで、なんとかお金を貯め、ラジオを買うための頭金にしようとしている。男は彼が「希望」と名づけた計画に打ちこんでいる。彼の「希望」計画は、鴉《からす》がやってくるのを罠でつかまえ、その鴉の脚に手紙を結びつけて放すということである。ところが鴉は一向に捕れないのだが、その罠にどうしたことか水が溜まっているのを男は発見する。どうも、砂による毛管現象とかいろいろなことが重なって、条件がよければ、そこに蒸留水が溜まるらしいのだ。男はその仕掛けを完成させると、上の連中に水をとめられても対抗できるというわけで、溜水装置づくりのことに熱中しはじめる。

女は遂に待望のラジオを手に入れることができ、二人の生活が安定しはじめたとき、女は子宮外妊娠をして急遽入院ということになる。どさくさのなかで縄梯子が下げられたままになっているのに男は気づくのだが、彼には、あわてて逃げ出そうとする気はなくなっていた。

「逃げるてだては、またその翌日にでも考えればいいことである」という文に続いて、この男、仁木順平に関する「失踪に関する届出の催告」と、彼を失踪者とする審判の書類が載せられていて、この小説は終わっている。どうやら、男はすぐには帰っていかなかったらしい。

男はあれほど逃げ出すことを考えていたのに、いざとなるとどうして逃げ出さなかったのか。それを考える鍵として「よりどころ」というのがあると思われる。人間はそれぞれ何らかのよりどころに頼って生きている。仁木順平は教師という職業に、あまりよりどころを感じられなかったようだ。彼がよりどころにしようとしたのは、まず「新種の発見」だ。それによって、彼の名前が半永久的に残ることになる。そのような考えに従って、彼はハンミョウを追いかけ、そのみちしるべに導かれて砂の穴に住むことになった。

彼が砂の穴に導かれたのは偶然ではなさそうだ。実は、彼は同僚の教師に対して、人生によりどころなどないと言ったことがあるのだ。そして、彼は「砂が固体でありながら、流体力学的な性質を多分にそなえている、その点に、非常に興味を感じる」と言い、「けっきょく世界は砂みたいなものじゃないか……砂ってやつは、静止している状態じゃ、なかなかその本質はつかめない……」とも言ったのである。それは相対主義的であるという同僚に対して、彼は「そうじゃないんだ。自分自身が、砂になる……砂の眼でもって、物をみる……一度死んでしまえば、もう死ぬ気づかいをして、右往左往することもないわけですから……」と言った。

こうしてみると、えらく悟っているようだが、いざ彼が砂の穴に閉じこめられてしまうと、彼はもとの生活にこそ「よりどころ」がある、と確信しているかのように、必死になってもとの生活に帰るための努力をする。こうしたところが、人間というものの実情をよく示している。一度など彼は、どうしても帰りたくて、どんな条件でも飲むと言って交渉し、村の人々の前で女とまじわるところを見せてくれるなら、と言われ、それを承諾さえしてしまうのだ。

彼の意図は、女の強烈な拒否によって挫《くじ》かれてしまう。彼は砂の世界から脱出し、もとの世界にさえ帰れれば、よりどころが得られると錯覚し、自分の最も個人的な秘密をさらして、まさに個人としてのよりどころを失ってしまうところだったのだ。しかし、この点では女のほうが、よほどしっかりしていた。彼女はこの砂の世界のなかで、かつて彼が言ったように「自分自身が、砂になる」ような生き方をし、そして守るべき秘密はしっかりと守ることを知っていたのだ。

男が逃げ出さなかったのは、最後のところまできて、穴の中の生活も、外の生活も、ほとんど変わりがないと気づいたからではなかろうか。教師としての彼の毎日の生活は、いろいろ変化に富んでいるように見え、また価値ある仕事であるかのように見える。しかし、よくよく見ると、それは毎日砂掻きを繰り返しているのとほとんど変わらないのではなかろうか。

中年は忙しい。忙しさのなかに多くの希望や価値やらを見いだしている人もある。けれども、こういう小説を読むと、自分も毎日砂掻きを繰り返しているだけなのだと思わされて、「ようやってるわ」と感じる人もあるだろう。しかし逆に、毎日毎日、同じことの繰り返しでつまらないと思っている人でも、実はそれこそ、最も「前衛」的な生き方であり、社会の最前線で戦っているのだ、と考えることもできるわけである。

どう考えるにしろ、人間は時に「自分自身が、砂になる……砂の眼でもって、物をみる」のがよさそうに思う。といっても、砂の世界に生きる男は溜水装置というなぐさみ物をもっているし、女のほうはラジオを手に入れて大喜びしているのだから、何らかの工夫をしないことには、砂になってばかりいるわけにもいかない、ということになるだろう。中年の生き方には工夫がいるのである。

（引用は、新潮文庫『砂の女』から）

第六章　エロスの行方――円地文子『妖』

合一への欲求

エロスというのは、人間の一生のいずれのときにおいても大切なことだが、中年においてもエロスは重大な役割を担って存在している。人間にとって、エロスの力なくしては種の存続は望めないし、かといって、その力が強ければ強いほどよいというわけでもない。時には、それはおぞましいとさえ感じられるのである。

ギリシャ神話において、初期のころには、エロスは擬人化されず、人を襲う激しい肉体的な欲求、心身を慄《ふる》わせ、なえさせる恐るべき力とされていた。それは形をもたない力であった。エロスの力は合一を求める。人間はあくまで「個」として、自分を他と区別した存在であることを認めたいと望む半面、他の存在との合一・融合を求めたいという欲求ももっている。エロスはそのような合一の欲求や衝動を示すものである。

エロスを擬人化しなかったギリシャ人は、それが「人間的」な相手ではないと思ったのではなかろうか。話し合いで解決がついたりはしない。それは自然現象の洪水や山崩れのように「抗し難い力」として出現してくる。しかし、人間の「理性」が発達してくると、何とかそれに対抗し、コントロールしようとする。そのような変化のなかで、エロスはだんだん擬人化されるようになり、背中に翼の生えた男性神として表されるようになる。それは人間の形態をもつので、ある程度「話し合う」ことができるようになった。しかし、翼があるので、いつやってきて、いつ飛び去っていくか、人間の力では計り難いのである。

エロスの「気まぐれ」さが強調されてくる一方で、その圧倒的な力のほうは少しずつ忘れ去られ、人間はエロスに対して優位な地位を占めることができるように思いはじめる。そうなると、エロスはキューピッドの姿で表されるようになる。「キューピーさん」などと、それが呼ばれるようになると、まるで子ども用の玩具と思われるまで下落してしまう。ところが、エロスそのものはそんなに生易しくはないし、今でも圧倒的な力を誇り、人間の「理性」を一挙に破壊したりする。エロスのために、自分の地位や財産を失う人は、現代にも多くいる。総理大臣の職をやめねばならなくなった人もある。

エロスの望む合一・融合は、男女の身体的な結びつきによって表現されるのが、一般にはわかりやすい。ともかく、社会的な関係のなかで自分を他から守ってくれている衣服を取り去り、身体と身体が合一する。これはエロスそのものと言えそうだが、それはほんとうに「合一」であったり「融合」であったりするのか。青年期には、身体的結びつきの体験の新鮮さとか、余裕のなさなどによって、それに夢中になることはできる。しかし、果してそれはほんとうの融合であるか、と考えはじめると、事は難しくなる。

中年の「分別」という言葉は、ともに「わける」ことを意味する分と別という字を組み合わせてつくってある。分別とエロスとは敵対関係にある。分別の強すぎる人は、エロスをおさえこもうとする（もっとも、そんなことは不可能であることは、後に述べる）。エロスの強すぎる人は、分別がなくなってしまう。青年期ならともかく、中年になると、いかにして自分を超えるものとしてエロスを体験しつつ、自分という分別をなくしてしまわずにいるか、という課題に取り組むことになる。

今回は、中年のエロスを考えるうえで、円地文子の『妖』を取りあげる。これは、女性の側から中年のエロスを描いているものとして、考えさせられるところの多い作品である。『妖』には、中年といっても、もう老年に近い夫婦が登場する。彼らの子どもたちは結婚して、それぞれ別のところに住むことになる。夫婦は同居しているものの、別の部屋に寝て、性関係はない。しかし、エロスの火が消えたわけではない。では、そのエロスはどの方向に向かって燃え出ようとするのか。その様相がなかなか巧みに描かれているのである。

夫の神崎啓作は骨董が好きである。中国の陶器「呉須《ごす》赤絵の瑞瓢《ずいひょう》形花瓶」が彼の宝物なのである。彼は自分の部屋にこれらの骨董を並べ、眺めたり触れたりして喜んでいる。つまり、彼のエロスの対象は、今や人間ではなく陶器になっている。中年になると、エロスの対象が人間以外のものになることがよくある。骨董品、車、植物、ペットの動物など。そこには不思議な合一の感覚がはたらくのである。

人間をエロスの対象とするときは、相当な工夫や努力が必要になってくる。それがどれほど難しいかは、これから『妖』を通じて述べてゆくことになる。一夫一妻の規律のやかましい世界では、婚姻関係の外にエロスの対象をもつことは「悪」として裁断される。それは危険極まりないことである。それでは、社会的に承認されている夫婦の間で、互いにエロスの関係をもつようにするといいではないか、ということになる。しかしこれは、とのほかに難しいのである。

夫婦の行きちがい

エロスの体験として、性の体験はわかりやすい、と述べた。ただし、性のことにしても、女性の場合はエロスどころか苦痛のみのこともあるし、「融合」とほど遠い、しらじらしいこととして体験されることもある。そのことを論じだすと、また別に論じなくてはならぬほどになってしまうので、ここでは一応、青年期に夫婦の性的結合がある程度満足されたことにしておこう。ここでの問題は中年のことであるので、そこから話をはじめねばならないのである。

男性がエロスと性とを単純に直結してしまうと、その関係はあまり続かなくなってくる。エロスというのは果てのない深さをもっている。それは身体のことだけではない。そこには精神が関係してくる。身も心も合一することが目標になってくる。しかし、果たしてそんなことは可能なのだろうか。

『妖』の夫婦、啓作と千賀子はよく「行きちがい」を起こす。長女が結婚したとき、妻の千賀子は彼らが自分たちと同居することを期待していたが、長女の夫の医師がカリフォルニアの病院に勤務するとかで、すぐ旅立ってしまう。横浜まで見送りに行った(当時は、船でアメリカへ行った)あとで千賀子は、長女が「もう日本へ帰らないような気がするわ」と言う。啓作は「そんなことはない……四年やそこらすぐたってしまう」と言う。「啓作の答えたのは先方の病院の契約期間で、千賀子の考えている心の空間とは違っていた」。こんな「食い違い」はよく生じたが、啓作は平気だった。しかし「千賀子はそういう理解のずれを語学に通じない外国人同士の対話のように焦《じ》れったがり、隅々までテンポのあった会話にしようとあせるので、実際には行きちがいは一層烈しくなった」。

これは中年夫婦の行きちがいを見事に描いている。千賀子が長女は「もう帰って来ない」と言うとき、それは母と娘との一体感の世界に娘はもう帰ってくるまい、という悲しみやあきらめや、ひょっとしてという漠とした期待やらをこめて言っている。啓作は社会的契約の世界でものを言っている。住んでいる空間が異なるのみでなく、その違いに対して男は無頓着だが、女のほうには重大なことなのである。「隅々までテンポのあった会話」

を望むとき、女のほうは心のひだのひとつひとつが合った合体を望んでいる。男は、そんなことはできるはずはない、人間は別々なのだ、と違いのほうを強調し、「合体」のほうは身体的結合によって満足させようとする。しかし、そんなことでは女性の気持ちを満足させることはできない。

青年期ののぼせ的結合が終わって、中年にさしかかってくると、男性と女性が相互に理解することはほとんど不可能に近いことがわかってくる。そのとき、多くの女性のエロスはむしろ自分の子どもに向けられる。千賀子の場合もそうであった。啓作は銀行員としてあちこち転勤したが、千賀子は「子供達の教育を名目にして東京を動かなくなった」。その間に、啓作のエロスは骨董のほうに流れていたのである。

彼らの行きちがいが決定的に意識されたのは、次女の品子が病気になり、その治療に高価な薬の注射を必要とするというときだった。折しも当時のアメリカの進駐軍の大佐が、啓作のもっている例の「呉須赤絵」の花瓶を多額の金で買いたいと言ってきた。千賀子にすれば渡りに舟の話だが、啓作はそれを承知しないばかりか、「千賀子が無断で持出しでもせぬかと疑って、啓作は花瓶をある銀行の倉庫へ預けにいった」。これでは、まったく行きちがいどころか断絶である。

千賀子は英語ができるので、日本の春本を英訳してアメリカで売るといういかがわしい仕事に加担して金を得ることにする。「啓作の惜しんでいる赤絵の花瓶を品子の病気のために無理に売らせるよりも、自分だけの中に恥を食いしめる方が意地が立った」。エロスが行き場を失うと、そのエネルギーは意地を張ったり、怒りになったりすることに変換される傾向がある。ところが、千賀子が翻訳する文章は、性の露骨な描写があったりするので、それに影響されて、千賀子の心身も揺れるのである。

長女が外国に旅立つのを送って帰った夜、啓作は珍しく、イタリーの上物のヴェルモットを買ってきた。久しぶりに、ということで二人で差し向かいで、グラスを交わしたが、何となく奇妙な気分であった。「漠然と馴れ寄って来る気配を千賀子はヴェルモットのグラスを持っている啓作の眼色に感じた」。千賀子は不思議なときめきさえ胸に感じた。しかし、それは一方では「気味の悪い」ものでもあった。そんなときに啓作が決定的なことを言った。

「あんた、髪の生え際がめっきり薄くなったね」

啓作は千賀子がはじめて断髪にしたとき、二カ月も気づかないままでいたような男である。それがなぜ急にこんなことを言いだしたのか。「妻の容姿についてついぞ骨董品に対するような細かい眼を利かすことのなかった啓作が、何に感じてこんなことをぽつんと言出したものか」。

エロスがはたらいていないとき、男はそれほども女の姿に気をとめていない。啓作は娘が旅立ち、二人だけでヴェルモットを味わったとき、ほんの少しエロスが流れ出すのを感じ、妻の顔を見て、髪の生え際がめっきり薄くなっていることに気づいたのである。それを何気なく言ってしまって、妻の心を傷つけたことなど彼は全然気づいていない。こんなふうにして、夫婦の行きちがいは際限なく続いてゆくのである。

「坂」への恋

せっかく夫婦の間にエロスが流れかけたのに、夫はそれを無意識のうちに断ち切ってしまった。千賀子にしても容貌を問題にされて傷ついたものの、夫とのエロス関係を復活させる気持ちなどなかったであろう。エロスは既に述べたように、簡単には人間の手におえぬ怪物なのである。といって人間はそれと無縁でいるわけにもゆかない。エロスのもつ強力な融合の力は、日常的に大切にされている隔壁を破るものである。

そこで、ひとつの方法としては、エロスの世界をはっきりと他と隔離し、エロス的体験と非エロス的体験を別々にもち、そのバランスを考える方法がある。もう一つは、何とかしてそのような隔離を排し、生と死、日常と非日常、精神と肉体というような区別をこえて、全体としてのエロスを体験する方法である。一人の人間によって、その人間の全体としてのバランスによって、それが維持されるのである。このような極端な分類はあくまで便宜的であるが、この分類に従うと、男性は前者、女性は後者の形をとることが多いと言えるのではなかろうか。

男性で後者のようなエロスに早くから心を惹かれたら、その人は一般社会のなかで普通に生きてゆくのに非常な困難を感じることだろう。女性でも社会的地位などを求めて努力しようとする人は、前者のようなエロスのパターンになりがちであろう。中年になって、エロスを生きるということは、何とかして既に述べた二つの形を共に生きようとする、あるいは、少なくとも自分と異なる方法に対しての可能な限りの理解をもつ、ということではなかろうか。

千賀子のエロスは、むしろ子どもたちに向けられていた。エロスの融合性が母性と共に発揮されると、子どもはそれを母の愛としてよりも桎梏《しっこく》と感じるほうが多いのではなかろうか。そして、そのように感じたためであろう。二人の娘は共に家を出てしまった。ついでのことながら、このようなとき、教育ママなどと言って女性だけを非難することはない。妻のエロスの対象として落第している夫も、責任は同じである。夫婦のどちらか一方だけが「悪い」ということは、ほとんどないように思われる。

子どもは出て行ったし、夫も対象にならないとすると、千賀子のエロスはどこに向かって流れることになるのか。長女がいなくなったあと、「しばらく何となく千賀子に馴れ寄るように見えた啓作も、千賀子が意識して身を退くのを見ると、又、旧態の生活に還った」のである。そのような夫婦の陰気で平穏な生活の描写のあとに次の文がくる。

〈千賀子が坂と親しくなったのは、こういう生活の埒《らち》を夫との間にどっかり据えてからであった〉

これは、うっかり読むと千賀子が「坂」という男性と親しくなったのではないか、と思わせる。しかし、それは当たらずとも遠からずなのである。千賀子は「坂」に恋したのである。その「坂」については『妖』の冒頭に次のように語られている。

〈その静かな坂は裾の方で振袖の丸みのように鷹揚《おうよう》なカーヴをみせ、右手に樹木の多い高土手を抱えたまま、緩やかな勾配《こうばい》で高台の方へ延び上っていた。片側には板塀《いたべい》やコンクリート塀がつづいていたが、塀の裏側は更に急な斜面に雪崩《なだ》れ込んで崖下《がけした》の家々は二階の縁がようやく坂の面と並行する低さだった。言わば坂は都心にしては広い丘陵地帯の一辺を縁どって低地の人家との間に境界をなしている形である。遠い昔には恐らく台地の一斜面に過ぎなかったのが、いつか中腹に帯のようにひろがった道が人や馬の踏み固めるままに自然の切通しになったものであろうか〉

ながながと引用したが、この「坂」こそ、千賀子の恋人なのである。千賀子はよく坂に出て、その雰囲気に浸っている。どうしてあんなところに立っていたのかと聞かれて、彼女は「恋人を待っていたんですよ」と冗談を言ったりするが、それはまんざら冗談ではなく、坂が彼女に「恋人」を連想させるのである。というより、やはり恋人そのものと言っていいだろう。

女性的なエロスは円環的、全体的である。『妖』に語られる坂の情景は女性のエロスを妖しく描き出してくれている。坂をいろいろな人が通りすぎる。「凝《じっ》と身を横にして斜め上の坂の地面から聞えて来るそれらの人間臭い音に耳を預けていると、起きて眼でみている時よりも遥かにその人々の動き語っているさまが生々浮び上り、心を揺りたてるのである」。また、坂にぼんやりと立っていると、「この坂を上り降りするように自由に過去と現在の間を行き通うような錯覚を千賀子は度々感じた」のである。

エロスはすべての人々を含み、過去も未来も含みながら、全体を融合している。また、それだけに、人間はそのようなエロスに溺れきって生きてゆくことはできない。啓作が無意識に妻の嫌がることを言ったり、千賀子も意地を張ってみたりするが、これは、自分の「個」ということに重みをおくと、エロスは避けたいものとなるからである。あるいは、「仕事」もエロスを敬遠する(もっとも、エロス関係の仕事をしている人はいるけれど)。

このように考えてくると、中年のエロスの困難さがよくわかる。そこで多くの人が、エロスの対象として人間以外のものを選ぶことによって、何とかバランスをとっている。そこには各人の工夫があり、それはそれで結構であるが、それについて自覚しておくことは必要である。

深夜の来訪者

啓作は骨董に、千賀子は坂に、それぞれエロスの対象を求め、「平和」な暮らしをしている。しかし、それはやはり味気ない感じがする。エロスは何と言っても人を対象にしてこそ、深く体験することになるからであろう。生きた人間を相手にし、異性を理解するという、不可能とも言える課題に挑戦し続けることによってこそ、中年のエロスの味がわかってくる。しかし、そのためには相当な苦しみも体験しなくてはならないだろう。千賀子にとって、啓作を相手にそれをやり抜くことは絶望的だった。だからこそ「坂」にそれを求めたのだ。しかし、人間の形をとって表されるエロスは、いろいろな「来訪者」となって千賀子の前に出現する。実際、中年の男女にとって、このような来訪者(偶然に来たりすることが多い)とどのようなつき合い方をするかは、その後の生き方を左右する重大さをもつのである。

千賀子にとっての最初の来訪者は、偶然にではなく、決められたこととしてやってきた。彼女はそのときは日本古典の英訳をしていたが、その指南役としての国文学教師、遠野が、おきまりの時間に来訪してきた。いつも会っている人に対しても、こちらの心の持ちようで違って感じられるときもある。三十三、四歳といっても、戦争で苦労して何やら老人くさくなり、総入れ歯をいれている遠野を、千賀子は、この日は何となく違う感覚で迎えたのである。

千賀子は『伊勢物語』の六十三段にある、老女の「つくも髪」をどう訳そうかと遠野に相談する。これは業平と老女の恋物語であり、その老女の髪が「つくも髪」と表現されているのである。

千賀子はふと額に手をやって、「こんな髪じゃないかしら」と言う。遠野は啓作のように千賀子に接近して生きているわけではないので、「まさか」と言い、「まだ若いじゃありませんか」と言う。こんな社交辞令では満足できぬ千賀子の連想はすっとんで、「遠野さん、あなた奥さんと接吻する時変じゃないこと?」と言って、遠野を呆れさせる。総入れ歯の接吻では奥さんが味気なくはないか、ということだが、そこには、もちろん、千賀子も(そして啓作も)入れ歯だという事実が背後に動いている。

遠野は入れ歯談義を続けた後で、千賀子はこのごろ「ぎょっと」することを言うと指摘する。「稲妻みたいにぎらっと来る」のである。つまり、抑えこんだはずのエロスは、このような形で誰か異性に向かって、稲妻の如く放射されるのだ。遠野は何とかこの稲妻を防御したので、二人の間には何も起こらなかった。しかし、エロスの稲妻に打たれて死ぬ人や、稲妻のエネルギーを利用して再生する中年の人もいる。

遠野と思いがけない会話を交わした後で、千賀子は「前よりも一層化粧を濃くしてよく坂に出た。雨の中に傘をさして立っていることもある。すり硝子《ガラス》のような半透明な梅雨時の光線の中で、千賀子の粧った顔は年のわからない不思議な若さに滲んで見えた」。ここから千賀子のファンタジーは急激にひろがり、創作をはじめ、そのなかで、夫の秘蔵する例の呉須赤絵が割れてしまうシーンを描いたりする。対象としての人間を見いだせぬエロスのエネルギーは、相当な復讐のために消費されるのである。

そんなときに、次の来訪者が現れる。それも偶然に、夜更けにやってきた。千賀子は寝入っていたが「けたたましく鳴るベルの音に眼を覚ま」す。啓作も起きてきて、「うっちゃっても置けまい……いやだな」と言いながら戸を開けて出て、門のところをうかがう。

ところが、それは何のことはない、二人の若い男女が抱き合ってキスをしていて、体が呼び鈴のボタンを押し、その音が鳴り響いていたのである。啓作の声に驚いて、二人ははじかれたように離れ、坂の下へ駆け下りていった。

〈狐につままれたような呆《ほう》けた顔で、寝間着の啓作と千賀子は雨後《あめあと》の濡れ光る坂道の真中に立っていた。顔を見合わすと何とも言えぬ奇妙な笑いが、二人の同じようにすぼんだ口のあたりに浮んでいた〉

来訪者は千賀子のところにだけ来たのではなかった。それは啓作にも千賀子にも「目を覚ます」ことを要求した。若い二人は他人の迷惑などまったく念頭に置かずに、男性と女性とが結合の力に身をまかせ得ることを、目のあたりに見せてくれるためにやってきたのだ。啓作も千賀子も不注意な若者の行為に腹を立てながらも、その来訪者の意味をどこかで感じとっていたのだろう。「何とも言えぬ奇妙な笑い」が、入れ歯をはずした二人の「すぼんだ口」のあたりに浮かんだのは、そのためであろう。しかし、来訪者がせっかくもたらしてくれた「意味」を、二人が共に生きてゆくのは、少し手遅れの感がある。目を覚まされた二人もすぐに眠ってしまい、これから「平和」な夫婦生活をおくり、老いを迎えるだろう。もっとも、老いたからと言ってエロスはいつ来訪するかわからないのだが。

（引用は、新潮社刊『新潮現代文学 19 円地文子』所収、『妖』から）

第七章　男性のエロス――中村真一郎『恋の泉』

現代男性のエロス

既に「第六章　エロスの行方」において円地文子の『妖』によって、女性のエロスについて述べたが、ここでは男性のエロスに関して、中村真一郎の『恋の泉』を取りあげて述べることにしよう。この作品では、一人の中年男性を主人公として、エロスの問題が語られてゆくが、当然のことながら、それは男性の思想と絡み合っているのであって、そこからエロスのことだけを抽出して語ることなどはできないのである。一人の中年の男性が現代を生きるということには、いろいろなことが関係してくる。この作品には、東洋対西洋という大きい問題も、常に背後で動いている。それらのことを無視して、現代人のエロスを語ることはできないのではなかろうか。

四十歳の中年男性、民部兼広は独身。演劇の世界に生き、そこで多くの女性との関係を重ねてきた。今日も彼は、二十歳になったばかりの新進女優、唐沢優里江が訪ねてくるのを待っているのだが、深夜までのリハーサルを終えて来るはずの彼女を待ちくたびれて、寝入ってしまい、夢を見る。

夢のなかで彼は二十歳だ。金の雨を受け、金色に輝いて軽やかに歩く。自由で無限の可能性に満ちている。彼は戯曲『恋の泉』を書きあげたことを友人の魚崎に告げ、「日本の新劇というものが、ようやく本当の根を発見したのだ」と喜びを分かち合う。そこで時間が急に横すべりして、彼はいつまでたっても上演の機会がなかった『恋の泉』のための主演女優を探している三十歳の彼になる。そして魚崎と彼は、あの女こそ「女主人公のイメージそのもの」という女優を見つけ出す。しかし、彼は既に四十歳になり、せっかく見つけた彼女――萩寺聡子《そうこ》といった――が、ヨーロッパのどこかに姿を消して行ったことを思い出す。夢から覚めながら、聡子が部屋の中央に金色に輝いて裸で立っているかと思ったが、目覚めてみると、それは彼を訪ねてきた唐沢優里江の姿であった。

この夢はなかなか示唆的である。四十歳の民部と優里江との関係には、二十代からの彼の人生のすべてが絡み合っているのだ。エロスはいろいろな隔壁を破り、区別をなくしてしまう力を持っている。優里江は民部のことを、「恋人、父親、先生、そういうものを全部一緒にしたようなもの」と言っている。日常の世界では区別されるこれらのものが、ひとつになって感じられるのだ。優里江と対しているとき、民部は二十歳、三十歳、四十歳の区別がなくなるのを感じるのである。エロスが強くはたらくと年齢差など、まったく問題でなくなってしまうのだ。

リハーサルが夜じゅう続いたので朝五時にやってきたと言う優里江とベッドを共にした民部は、朝八時に目覚める。このような自由な時間を、彼は「何と冥府《めいふ》に似ていることだろう」と思う。「私は自分が、若い女と二人きりで閉じこもっている、この部屋を、死後の生活に今、自分がなぞらえようとしていることに気がついて、苦笑した」。

性の体験は、死の体験につながるところがある。それは限りなく生命力を感じさせるものであるが、合一の瞬間は女性にとってよりは男性にとってのほうが、死と結びつくことが多いようである。エクスタシーとは、語源的に「外に出て立つ」ことを意味している。性のエクスタシーは、この世の「外に出て立つ」体験をさせてくれる。

優里江の傍らに身を横たえたまま、民部が過去のことをあれこれ考えていると、電話がかかってきた。それは思いがけず、彼が若いときに劇団で共に情熱を燃やしていた柏木純子からのものであった。彼女はフランスから帰国したばかりだと言う。彼女との会話の間に、民部は若かったころのことを思い出す。彼らが同じ劇団に所属していたころ、夢のなかにもチラリと出てきた女性、萩寺聡子を彼は好きになるが、柏木純子が嫉妬して、民部を誘惑する。その結果を純子が聡子に通告したために、聡子は仲間から姿を消し、フランスに行ってしまったのだ。

このような手前勝手な純子だったが、今はフランスでプロデューサーとして相当に活躍しているらしく、あちらで売り出し中の女優・氷室花子を連れて日本に帰国してきた。その花子が「久し振りに」民部に会いたがっていると言う。

〈「久し振りに？　じゃあ……彼女はぼくを前から知ってるの？」

「何を云ってるのよ。忘れたの？」〉

それを聞いた途端、民部の脳裏に聡子の姿が浮かび、花子は聡子なのだと気づく。民部の想念は自動的に動きはじめる。氷室花子の写真は見たことがあるが、昔の聡子と現在の花子とをひとつに重ねるのは容易ではない。民部は考える。「私は、萩寺聡子から氷室花子への変容については全く知らないままで、今朝は変容の第一段階を夢に見、今夜は変容の最終段階を現実に見ることになったわけだ。そう考えると、私は懐かしさより、寧ろ、知的認識欲の満足の味わえるのだという予想から来る愉しみを感じだした」。

彼は下着をつけ、衣服を着て「一個の社会人」としての形を整え、「ベッドの上で枕を抱いて行儀の悪い姿勢で、健康な寝息を立てている」優里江を残して外に出る。その後、仕事をすませて、花子と純子の泊まっているホテルに行き彼女たちに会う、というより花子に会う期待に心を動かされながら、優里江を置いて出て行くのである。男性のエロスは、直線的に誰かに向かい、他のことは念頭になくなってしまうのだ。

二人の女性への愛

民部が演劇研究所の前まで行くと、テレビの演出をしている木戸に呼び止められる。木戸も若き日の演劇仲間である。彼は演出家として有名になるにつれ、「民部先生」「民部さん」「兼さん」と呼び方を変えるようなところがある。二人は、民部が秋の芸術祭のために書いている台本について話し合う。その主人公のイメージとして、民部は木戸も知っている萩寺聡子の名を出してみる。木戸は、主人公として唐沢優里江を考えていたので、二人のイメージは違いすぎるという。民部はしかし、「ぼくとの関わり方においては、ところが二人は非常に近いんだ。いや、ぼくのなかでは、聡子体験と優里江体験とは照応し、諧和《かいわ》している」という。

民部はこう言いながら、聡子と会ったときの記憶が生き生きとよみがえってくるのを感じた。誰もいない庭園で、聡子は一気に駆け寄ってきて、「私の差し伸ばした手のなかへ、飛びこんできた」。これは民部が研究生である彼女とはじめて二人きりで会ったときのことであった。優里江のほうは、どうだったか。ごく最近に民部が風邪で半月ほど休んだあとで研究所に出て行ったとき、稽古場で喋っていた二十人ばかりの研究生のなかから、優里江は突然に立ち上がって、民部の胸に飛び込んできて、早く治ってよかったと叫んだのだ。

聡子は誰ひとり周囲にいなかったときに、優里江はまるで周囲に誰ひとりいないかのように、しかしどちらも瞳を歓喜に輝かせて一直線に民部の胸に飛び込んできた。そして、いずれのときも、彼は彼女たちを愛していることに気づいたのだ。

民部の戯曲『恋の泉』の主人公の幕切れの台詞は、「私はこの泉から、またもや、新たに恋の泉を掬《く》む。しかし、異なるのは杯だけで、中の水は同じものなのだ。……」というのである。これは即ち、この小説『恋の泉』のテーマである。

木戸と別れると、入れ替わりに木戸の妻がきて、木戸が優里江と関係ができて、そのために月給を家に入れないのはけしからんと言う。昨晩も木戸は優里江と一緒にいたはずだといきまくのを聞くと、民部は心配になってくる。優里江は朝の五時までリハーサルだったと言っていたが、彼女は木戸と遊んでから民部のところにやってきたのだろうか。

木戸の妻も若いときは劇団の仲間だったが、そのころを回想し、自分は民部が好きだったが、民部が聡子を愛しているのを知って、手を引いたのだと言う。彼はそんなことは忘れていたが、木戸の妻の話を聞いているうちに、そのことを思い出し、民部は当時の聡子に対する激しい思いを心のなかによみがえらせて、その夜に聡子に会うことの期待がにわかに高まってくるのを感じる。そして彼は、聡子に会う前に、若いときに書いた『恋の泉』をもう一度読み返そうとして、アパートに帰ってくる。そこで彼は、優里江がベッドで眠っているのをみて驚く。「ああ、おれはこの女を忘れていた！」と彼は心のなかで叫ぶ。

いったい聡子と優里江とどちらを自分は愛しているのか。しかし、そのことこそ既に紹介した台詞にあったように、それは彼の『恋の泉』のテーマだったことだ。もちろんそれを書いたころの若い彼は、「青年らしい空想」を「能楽的表現に適わしい主題として」、「ひとりの女優に、幾つかの仮面を次々につけさせ、異なる環境の女を象徴的に演じさせることへの興味」によって、そんな物語を思いついたのだった。しかしそれが現実となり、「深い真理として、四十歳の私を苦しめることになろうとは」思ってもみなかったことであった。

民部は聡子と優里江のことについて、いろいろと思いをめぐらせる。そして、「遂に、聡子に対する気持と優里江に対する気持とを、対立するものとしてではなく、諧和するもの——拡大して云えば、ひとつの愛のふたつの現われ方という風に理解することで、和解させはじめていた」。

エロスはいろいろなものを融合せしめる。聡子体験と優里江体験が融合する。しかし、融合はまったく別のところにも生じる。民部の友人、最初の夢に出てきた魚崎は、民部の愛する女性をすぐに愛するような傾向があるが、これに対して、魚崎が民部に友情を感じているなら、友人のことを思って自分の気持ちをおさえるはずだと考える。しかし、また思い直して、魚崎が「友情によって、私と融合し、私の眼で彼女を眺めるようになる。こうして、彼女に対して、欲情が発生する」ということも可能だと考える。確かに、そのような融合が生じることもあるだろう。これは親しい友人や師弟の間に恋の鞘当てが割によく生じることの、ひとつの説明になることであろう。

先に示したような優里江体験と聡子体験の融合を諧和させてゆくことは可能としても、後に述べたような魚崎との融合を諧和させることは、なかなか困難であろう。何もかも融合と諧和でうまくゆくものではなく、融合はまったくの混沌へと導くことになることもある。エロスはこのように、実に強力なものであり、その融合力を単純にたのしんでばかりもいられないのである。

肉の俗説への疑問

民部は優里江を抱きながら、さきほど木戸の妻から聞いたことを思い出した。優里江はリハーサルが長びいて朝の五時になったと言っていたが、本当は木戸と遊んでいて遅れたのだ。「本当のことを云え」とつめよると、優里江は「ごめんなさい。だって、優里江、遊びたかったんだもの」と呟く。民部はそれを聞くと狂暴になった。荒々しく優里江を愛しながら、「こうした快楽の瞬間には、人は自我の限界から脱け出るのだ。だから、愛情は意識の表面から消え、解放感だけになるのだ。私は激しい運動の合間に、時々、そんなことを瞬間的に考えた。いや、相手が優里江であるという事実すら、今は重要ではない。これは萩寺聡子の肉体かも知れないのだ。……」。

民部は聡子を思いながら優里江を抱くことで姦淫を犯しているのだろうか。しかし、それは背徳的などということではなく、「肉の行為そのものが、たしかに、超個人的な要素を持っているのだ。私の自我は、その陶酔感によって、意識の中心であることをやめる」。そこでは二人が融合しあって、どちらがどちらともわからない、一匹の「四本足の獣」と化してしまうのである。「だから、そこに確かにあるのは、ひとつの快楽による陶酔状態であり、その中では、私とか優里江とか云う個々の人格は極く小さなものになり終えている。そして、それが陶酔であるのは、そのようにして、私たちの魂が自我の牢獄から遁れでるためなのではないか」と民部は考える。

このような魂の解放ということに重きを置くならば、それが別に男と男、女と女の関係でもいいのではないか。〈ふたつの肉の存在は消滅し、ひとつの陶酔が代って生れると云う風に考えるなら、その素材としての肉は男と女との組み合せの他に、男と男、女と女との組み合せも可能なわけだろう〉

〈もし宗教的法律的な禁圧がなかったなら、同性愛も変態的行為ではなくなるわけだ。肉の交わりにおいて、もし変態的行為があるとすれば、それは二つの肉が抱き合いながら、ひとつの陶酔を生みだすことを拒否する場合、つまり一方か両方かが、頑として個人の意識であることをやめない場合だろう〉

一般に「肉の俗説」とでもいうべき考えがある。それは「男は一度、女を識れば、急速に興味が減退する」という考えである。他方で、「ひと度、肉を識ればその相手はそれ以後、特別の人間となり、他人ではなくなるから忘れられなくなる」という考えがある。こちらのほうを中村真一郎は「肉の神話」と呼んでいるが、私はどちらも「肉の俗説」と呼ぶといいような気がする。それはともかく、この俗説に対して中村は疑問を呈している。

肉の俗説は、ほんとうの融合を経験しないとき、「愛のない孤独な戯れの場合に起る現象だろう」と民部は(つまり中村は)考える。確かにそのとおりで、いわゆる好色は、このような味けない冷却を体験するので、それをまぎらわすために、また次の相手を見いださねばならなくなってくる。このような人は多くの体の結合と魂の乖離を繰り返すことになる。これに対してエクスタシーをほんとうに体験したときは、それは「肉の記憶」とでもいうべきもので、「ふたつの肉は離れても、うまく元どおりに自分だけの感覚を取り戻せない。身体のどの部分かに、相手の感覚を貼《は》りつけたまま」のような状態になる。しかし、それは既に述べたように超個人的なものになり、特定の個人の記憶以上のものになる。したがって二人の人間の個人的結びつきを超えたものになるはずである。それは通俗的な意味で、どちらかが相手から「離れられない」というのとは異なる関係である。

ところで、民部は木戸に会って、その日は朝五時まで本当にリハーサルをしていたことを知る。つまり、優里江は最初に言っていたとおり五時まで仕事をしていて、それから民部のところへ来たのだ。とすると、わざわざなぜ「遊びたかったの」などとうそをついたのだろう。考えだすと、木戸もうそを言っているのかと思われる。

民部はわからなくなって優里江に直接に確かめる。彼女の答えは、「どっちでもいいじゃないの」だった。「面倒くさいことは、私、嫌いよ。どっちだっていいじゃないの。先生が思いたい方を、いつもその通りだと思っていればいいのよ。私、いちいち弁解するの、嫌なの」と彼女は言った。

ここに細かくは紹介しないが、民部は優里江がうそをついたと思ったとき、それについて実にながながと考えるのだ。うその意味について、外的存在と内的体験についてなどなど、よくこれだけ考えられるなというほど考える。しかし、優里江にとって、そんなことは「どちらでもいい」のである。二人が愛し合っているという確信さえあれば、そんなことは「思いたい方を思っている」といいのである。

このような対比は恋人の場合、よく生じることである。一般に男のほうが考え、女のほうがそんな面倒くさいことは不必要、という場合が多いが、ときに役割は交代するときもある。愛するためには、ひたすら考えることも、考え抜きで信じることもどちらも必要で、したがってお互いに役割を分担するような形をとることが多いが、それがうまく共同しているときはいいが、バランスが崩れると、互いに相手を強く非難したくなるものである。一方は、「あんなに思慮に欠けた奴はいない」ということになるし、他方は「信じることができない、疑い深い人」ということになるだろう。愛というものは、実に微妙なバランスの上にたっており、それが崩れると、一転して憎しみに変わり得るものなのである。

「事件」と「体験」の違い

民部は柏木純子と氷室花子が待っているPホテルに行き、二人に会う。そして、氷室花子が彼が勝手に考えていたように萩寺聡子ではなく、かつての劇団の研究生だった氷室巴《ともえ》であると知って、愕然とする。民部は当時を回想し、カトリックで、他の研究生とは異なる「カタイ」人間だった、若いころの氷室巴の姿を思い出す。それに、そのような彼女と結婚したいと思ったことさえ思い出したのである。

民部が「結婚」のことを言うと、氷室花子は笑いだして、自分はそのような日本の「家族的エゴイズム」から自由になったと言う。花子によると、パリで花子と聡子は親しい友人として一緒に暮らしていたが、花子が聡子の役を奪う形でだんだんと出世して、その陰で聡子は自殺してしまったのだった。花子は民部に、これを見てと、聡子の歩き方を演じてみせるが、民部はそれを見ると、聡子が死んで花子のなかによみがえったように感じる。

ふたりと別れてPホテルの一室に泊まることになった民部は、酔いのなかであれこれ考え続け、やはり花子の部屋を訪れようと決意し、そこに向かう。そして、そこに彼が見たものは、ふたつの絡まり合った裸の肉、純子と花子とのそれであった。

〈私は自分が王朝末期の悲劇的な性愛の逆転の世界、官能的陶酔の彼方《かなた》で性別も人格も生の論理もひとつの混沌《こんとん》とした甘美な無時間の恐怖に融合してしまった世界、あの『とりかへばや物語』の世界のなかへ、今、不意に入りこんでしまったような幻想に捉えられて行くのを感じながら、余りに明るい電燈の光の下で、現実とは思えぬほど、ゆるやかにうねりはじめた、白い肉塊を、眺めつづけていた〉

このようにして、この複雑に絡み合った筋書きをもつ作品は終わりとなる。ここには紹介できなかったが、魚崎も関係して虚々実々、男女の関係は錯綜を重ねるのであり、詳しく知りたい方は原作をお読みいただきたい。

中村真一郎がここに王朝絵巻のように繰り広げてみせる、男女の織りなす世界は、「私はこの泉から、またも や、新たに恋の水を掬《く》む。しかし、異なるのは杯だけで、中の水は同じものなのだ」ということを、まず述べようとしていると思われる。これは男性のエロスを述べる言葉として、当を得たものと思われる。

しかし、そこに生じてくる融合というものは、自我の存在をおびやかす。おそらく平安時代の男性は、そのようなことにおびやかされずに、彼らの言う「色好み」――これはいわゆる好色と異なる――を理想として生きてゆけたのであろう。現代人であるわれわれは、単純に平安時代の真似をすることはできない。かといって近代自我を大事にしすぎたり、氷室花子の言う家族的エゴイズムに生きようとすると、エロスの泉から水を掬むことはできなくなる。ここに現代人にとってのエロスの問題の、途方もない難しさが生じてくる。

この作品はこれらのことをすべて勘案しつつ書かれているので、実のところ、この少ないスペースにすべてを紹介できないのが残念である。ひとつ大切なことをつけ加えると、唐沢優里江は日本男性とフランス女性の混血児なのである。そして、優里江の父が学者として戦中から戦後にかけて、いかに思想的に「日本的無節操」ぶりを発揮したかが述べられている。そのような父を優里江は毛嫌いしているのだ。

このことは全体の話と大きくかかわってくる。融合ということが安易にとられて、あいまいさのほうに傾きすぎては、現代に生きる人間とはいえないであろう。自我のもつ一貫性ということは大切にしなくてはならない。とすると、聡子、優里江などの女性をつぎつぎと融合せしめてゆくことは、女性の個々の自我を壊してゆくことにならないだろうか。それは女性を個人として尊重していないということになる。

ここに男女の関係、エロスの問題の難しさがある。そこで、中村真一郎の考えたことは、融合の体験とは両者ともに超個の体験である、ということではないだろうか。自我が大切といっても、それをいつもいつも中心に据えていては生きることの意味が表層的になりすぎる。そもそもそれでは、死ということの位置づけができなくなる。死によって自我が消滅してしまうのだったら、生きていることにどれだけの価値があるのか。

魂というものの存在を思うことによって、人間の生は深みをもつ。魂という超個の存在に触れるひとつの道としてエロスがある。自我は一時、その中心を譲って、エクスタシーが訪れる。しかし、その後にそれについての自我の関与があってこそ、それが「体験」と呼ばれるものになるのではなかろうか。エロスだけが独り歩きすると「事件」になる。しかし、それが自我と魂との間の葛藤として、その人間存在全体をゆさぶるものとなるとき、それはその人の「体験」となるのではなかろうか。そこには超個の体験も含まれるものではあるが、その人としては、「自分の生きた体験」として語られる類のものとなるのではないかと思われる。

（引用は、新潮社刊『新潮日本文学 48 中村真一郎集』所収、『恋の泉』から）

第八章　二つの太陽——佐藤愛子『凪の光景』

朝日と夕日

中年もそろそろ終わり、老年に向かう年ごろの女性から、つぎのような夢を報告されたことがある。

「夕日が美しく沈んでゆくのを見ていて、ふと後ろをふりむくと、もう一つの太陽が東から昇ってくる。」

実は、「二つの太陽」の夢を報告した同年輩の女性はほかにもおられ、深く心を打つものがあった。

今、老年に向かってゆく年齢の女性は、自分の青春を生きてこなかった、と感じている人が多い。そろそろ老年というときに時代の風潮が変わって、「若者文化」の社会になってきた。若者たちは、いかにも生活を享受しているふうに見える。英語のエンジョイという言葉が、ぴったりである。ところが、自分たちの青春は灰色に近い。ともかく「楽しい」ことは罪悪だ、と言ってもいいほどであった。忍耐は美徳の最たるものであった。親に言われるままに、あるいは一度の見合いだけで結婚し、生活することが第一で、そこには恋とか愛とかの言葉がはいりこむ余地はなかったのだ。

しかし、社会全体の変化のなかで生きていると、自分の心のなかで、まったく可能性のないこととして押しやっていたことが、むくむくと頭をもちあげてくるのである。自分にも「青春」とやらがあってもいいのではないか、自分も「自立」を求めて生きるべきではないかと思えてくる。それは、昇る太陽のイメージによって表すのがふさわしいものである。しかし一方では、自分は死の方向に向かってだんだんと歩をすすめているのも事実である。それは落日のイメージによって表現される。とすると、心のなかに二つの太陽が存在することになる。

昔話に「太陽征伐」というのがある。昔、太陽が二つあって、夜昼の区別がなく、いつも明るいので、人間が休息がとれずに困っていた。そこで人間が工夫をこらして、ひとつの太陽を射殺したので、それが月になり、夜昼ができてよかった、という物語である。ところで、人間の心のなかの二つの太陽は、簡単に「征伐」できるようなものだろうか。いったいどうすればいいのか。これはなかなか深刻で、現在のわが国には、この問題をかかえている女性が相当におられることも事実である。

この問題を考えるために、今回は佐藤愛子の『凪《なぎ》の光景』を取りあげることにした。この作品のなかの登場人物の一人、信子は六十四歳。彼女がいかに「二つの太陽」の問題に対応していったのかを、この作品は生き生きと描いてくれる。そして、彼女を取り巻く家族たちも、その問題と深くかかわってくる。その様相も巧みに述べられているのである。

「大庭丈太郎のことを、人は幸せな男だという」というのが、この小説の書き出しである。丈太郎は七十二歳。信子の夫である。確かに彼は幸福だ。東京で、昔安く買った百坪ほどの土地つきの家に住んでいる。小学校長退職後は教育委員長などをし、七十歳以後は公職を退いて悠々自適。広い敷地内に息子夫妻も住み、孫もいる。つまり、何も悩みのない生活なのである。それに妻の信子は、結婚以来、我を通しがちな丈太郎に文句も言わずについてきてくれている。「もし今の自分に幸せがあるとしたら、信子という妻がいることだろう」と彼は思っているほどだ。しかし、人間の幸せというのは、思いのほかに、もろいものなのだ。

ある日、信子は女学校のクラス会に出かけると言う。丈太郎は妻の厚化粧とヒラヒラした服装に驚くが、驚きはそれだけではない。彼女は「生活の意識改革をすることにしたの」と宣言したのだ。「丈太郎はポカーンとして坐っていた。何が何だかさっぱりわけがわからない。信子の上に何か新しい事態が起きたらしいことはぼんやりわかるが、それがいったいなぜ起きたのかがわからない」のだ。「新しい事態」、それは信子の心のなかで、もう一つの太陽が昇りはじめたことなのである。

丈太郎は息子夫婦のところで食事をし、一人で家にいると、「信子がいるのといないのとでは家の中の空気が違う」ことを実感する。「古茶箪笥みたいなものなんだな。女房というやつは。生活に喰い込んでいる」と彼は思う。しかし、遅く帰ってきた信子はあまり「古茶箪笥」らしくなかった。いつものように風呂にはいった丈太郎が「背中――」と、背中を流すように言うと、信子は「背中はご自分で洗って下さい」と宣言した。

青天の霹靂ともいうべき一撃に続いて、信子は第二撃を加えてきた。友人たちと二、三日の温泉旅行をするというのだ。丈太郎は「なんで旅行なんかするんだ」といぶかしがる。彼は妻の心のなかに昇ってくる太陽が、いまだ見えないのである。信子は友人の春江と妙と三人で温泉に行き、春江の離婚の体験談に感動する。春江は夫の浮気を知って、さっぱりと離婚したのだ。彼女が離婚を宣言したら、「亭主ったら、オレがお前や子供を安楽に暮らさせるために骨身を削ってきたのがわからんのかって、トンマなことというじゃない。だからいってやったの。あたしの削った骨身の方はどう考えてるのって」。春江の舌鋒は鋭く、信子と妙は感動して耳を傾けるのである。

春の訪れ

温泉旅行で春江にアジられて、信子はますます強くなってきた。今までとは応対の仕方の異なる信子に対して、これまでの丈太郎なら「俺を何だと思ってる!」と怒鳴るはずなのだが、何だか怒れないのである。丈太郎も不思議に思いながら、信子の言うのに従ったりしてしまう。心のなかでは「信子の方が悪い」と思っているのだが。

太陽が二つということは、秋だと思っているのに春が来たようなものである。実際、信子には「青春」という春が訪れているのだ。信子は、いまだかつてない「恋」を経験する。相手は、向かいの家の目下浪人中の青年、浩介である。浩介は丈太郎に言わせると「最低の男」である。二浪中なのに、ろくに勉強はしない。女の子がよく泊まりに来るし、徹夜マージャンもする。この最低の男も信子から見れば「ほんとに優しくて、爽やかで、見れば見るほどハンサム」ということになる。

浩介はアッケラカンとした現代青年の典型のような人物である。信子が夜おそく帰宅してくると、道端で男女が抱擁し合っている。ふしだらな、というのと美しいというのと交錯した思いで信子が凝視していると、男がふとこちらを見た。浩介だった。「あ、おばさん。こんばんは」と、こともなげである。

信子は感激して、彼女の遅い帰宅にイライラしている丈太郎に言う。「そういう時代になってるのねえ、日本も。いやらしくなくて、自然で、格好よくて、すてきなのよ。今や新しい日本人が成長してきてるのねえ……」。丈太郎は「バカヤロウ!」と破れ鐘のような声を張りあげるしかない。

信子はおかげで何となく若返ってくる。浩介がやってくると信子は浮き浮きしてサービスする。メロンをおいしそうに食べる浩介を見ているだけで心がはずんでくる。信子の息子の謙一は、それを見ていてメロンが欲しくなるが、「これでおしまいなの」とあっさり断られてしまう。謙一は、母が浩介にメロンを食べさせたことに、こだわりを感じる。「あのメロンはずいぶん大きく切ってあった」。昔、謙一が子どものころに、信子はあれの三分の一くらいのメロンを食べさせ、信子自身は決して食べなかったものだ。

新しい日本人、浩介の成長ぶりは凄まじい。彼のガールフレンドが妊娠し、中絶の手術に十万円かかるのだが金がないので困る、と、信子のところに相談にくる。信子が「ふしだら」というのに対して、「これは単にミステイクでしょ?」などと会話してるのが、丈太郎の耳に聞こえてくる。おまけに話しながら桃を食べているペチャペチャという音の伴奏まで伝わってくる。「いったいそれは、桃を食いながら話すことか!」。激怒した丈太郎は走り出てきて、浩介と激論するが、まったくのすれ違いだ。女が妊娠しても、それが自分一人の責任かわからないし、「考えてみると男はソンだなァ」と言う浩介の言葉に対して、丈太郎は思わず拳をふりあげる。しかし、それを彼はふりおろすことができない。浩介を抱きしめてかばって「自分に敵対している妻の、憎しみに輝いている細い目は、彼がはじめて見る目だったからである」。

浩介は信子の膝に顔を伏せて、すすり泣き、「ぼく、おばさん、好きだ……」と言った。

浩介に十万円渡そうかと迷った信子は、春江のところに相談に行き、信子の浩介に対する感情は「恋愛感情」だとズバリ言われ、びっくりしてしまう。信子は浩介の言った「好きだ」を「いやらしい意味にとってはならない。母親の愛情に飢えている青年が、母に代わる者を見つけたということだと考えなければいけない」と思うのだが。

信子の感情は、あきらかに恋愛感情である。もちろん、それには母性愛もまじっているが、何といっても基調になっているのは、青年期の恋である。自分の持っていないものに対する激しい憧憬、そして、その他いっさいの現実に対しての無視。それらが青年期の恋の特徴だ。もし信子の「分別」がもどってくれば、浩介は何の取りえもない若者にすぎないのだが、そんなことは見えない。見えないどころか、丈太郎が浩介を非難すると——それも一理あるのだが——よけいに信子の心の炎は燃えあがってくるのだ。

青春のテーマは「恋」と「自立」である。信子は今までと打って変わって、丈太郎に対して自己主張をはじめる。丈太郎の「昔の青年はよかった」という感慨は、すぐに「今の若い奴ども」への非難につながるが、信子はすぐに反論する。浩介が女の子を泊めているのがけしからんと言うと、それなら昔の男が女郎買いに行ったのはどうなのかと言う。丈太郎は友人に召集令状が来たとき、「女も知らずに死なせては可哀そうだ」というので皆で吉原へ行ったが、自分は何もしなかったと弁解する。信子は「女を知らずに死なせては可哀そうだなんて……。そのためにお金で女を買う……。買われた女は可哀そうじゃないんですか?」。それに対して、浩介のしていることは「それぞれの責任下においてしていること。人間と人間の愛の交歓でしょう」ということになる。

確かに信子の論のほうが、はるかに「合理的」である。丈太郎に言えることは、「人生は理窟じゃない」くらいだが、どうしても声に力がなくなってくるのだ。信子は勢いに乗ってますます言いつのる。「お父さんはわたしを便利に思っていただけで、わたしを愛したことなんかないのよ!」。六十四のばあさんが、今になって「愛」なんて言いだした、と丈太郎は眩暈《めまい》を覚える。しかし信子は、ばあさんなどではない。今は青春のまっただ中を生きているのだ。

家族コンステレーション

『凪の光景』の面白いところは、丈太郎夫妻だけではなく、息子の謙一とその妻・美保の間にもドラマが進行し、それが丈太郎と信子との関係と並行的に描かれているところにある。一人の人間が一人だけで変わるということは不可能といっていいだろう。信子の心のなかに生じてきた春は、信子を取り巻く人々に影響を与えずにはおかない。というより、「春」はこの家全体にやってきたのかもしれない。もっとも、その春の訪れを鋭敏に感じる人と、感じない人があるだろうけれど。

謙一は有能な商社マン、妻の美保は新しいタイプの女性である。仕事と家庭を両立させ、雑誌の編集に活躍している。二人の間には、息子の吉見がいる。丈太郎に言わせると、近所の子と喧嘩もしない、いたずらもしない、泣きもしない、走り回らないの、ないないづくしの不可解な子であるが、彼の両親はおとなしい吉見に満足している。

美保は家族のことを考える。「一流大学は出ていないけれど理解ある夫、頑固だけれどどこか可愛げのある舅、ネチネチしてるけれどおとなしい姑。何よりも美保に一目置いている。学校の成績はふるわないけれど素直な息子――」。美保は自分を幸福だと思わずにはいられない。

信子の場合、丈太郎の幸福を支えてきたのは私だ、と思っている。しかし、その忍従の生活に対して丈太郎は思い及ばない。美保は新しいタイプの女性である。信子のような生き方はしないし、そういう自分を幸福だと思っている。しかし、美保の考え及ばないところで、それは夫の謙一に支えられていたのだ。そして今、信子が独立戦争をはじめたとき、謙一のほうも同時に同種の独立戦争をはじめていた。信子が浩介という相手を見つけたように、謙一には千加という相手が登場してきた。浩介は丈太郎から見れば男のカスのように思えるように、千加も美保から見れば、「意識も低く、才能もなく、か弱い」女の子だった。

家族というものは不思議なものである。別に示し合わせたわけでもないのに、それぞれの内的な心のあり方に、見事な対応関係が生まれてくるのである。コンステレーションというのは、星座の意味である。家族の関係は星座のように、お互いが適当な距離と引力関係をもち、全体としてひとつの布置を形成している。したがって、そのなかのひとつだけが単純に変化することはできない。その変化は、どれが原因、結果などと言えないままに、全体として生じるのだ。

「春」は謙一のところにも訪れてきたのだ。いや、それはおかしい。謙一は美保と恋愛によって結ばれたのだから、春を知っているはずだ、などという人もあるだろう。しかし、春は一生に一度だけというものではない。信子にとっては、確かにはじめての春だったかもしれない(これもよく考えてみるとわからぬことだが)。美保は、謙一とは愛情によって、互いによく理解しあって結婚したと思っている。結婚当時は春だったかもしれぬ。ついさっきまで「うららかな日」が続いていたともいえる。しかし、春はうららかなだけではない。土を貫いて出てくる芽の勢いは、もっと猛々しく、古来からある春の祭典にふさわしい。そして、ストラヴィンスキーが上手に音楽で表現したような、荒々しさをもっている。

謙一は万事、「当たり障りのないこと」を第一として生きてきた。妻の美保には、本当のところ、言いたいことがたくさんあった。しかし、万事を平穏におさめるように生きてきたのだ。美保はそれを「理解ある夫」をもった幸せと思っていた。それは、丈太郎が信子の気持ちを何ら推し量ることなく、自分の欲することは信子も欲することだと信じ込んで、「よい妻をもって幸せ」と感じていたのと同様のことである。

信子が遂に離婚を申し出たときに、丈太郎は驚きのために怒りさえ忘れてしまう。「よりにもよって謙一の不貞が表面に出た今夜に、なぜこの女はこんなことをいい出したのだろう?」と彼は思うが、だいたい、人生はそのようにできている。家族内コンステレーションの相互の呼応性は、実に計り知れないものがあるのだ。その後、謙一は千加の子宮外妊娠の事実に触れ、責任を取って結婚しようと決意し、美保もそれに同意する。謙一は大いに「当たり障りのある」行為をすることに、一歩踏み出したのである。これも遅まきの「自立」といえぬことはない。自立も春も、何度も姿を変えてやってくる。人間が「自立してしまう」ことなどはないのである。

信子の自立宣言に丈太郎は必死になって抗議する。「ばあさんが一人でアパートで暮らしたって惨めなだけじゃないか」。信子はちゃんと言い返す。「惨めじゃありませんよ。独りの生活にはいろんな可能性が満ち満ちてるわ」と。丈太郎は、それは「どんな可能性なんだ」と食い下がる。これは丈太郎にすれば当然の質問だ。先のことも考えずに「可能性」という言葉だけに迷わされるのは、ばかげている。しかし、信子の返事は「それを見つけるために一人になるんです」というものだ。そのとおりだ。先のことがわかってないから「可能性」なのだ。老人の取り越し苦労など、よけいなことである。

勝負はこれから

丈太郎は離婚話でショックを受けて風邪をひき、しばらくは治らないままでいる。彼は考えれば考えるほど、わからなくなる。妻が「田舎娘が都会へ出たがるように」家庭を捨てようとしている。四十一年間の夫婦生活に何の意味があったのか。実のところ、信子も偉そうに言ったものの、「自分で自分の気持ちがわからない」のだ。本当に別れたかったのか。ただ自分が幸福でなかったことを言いたてたかったのか。丈太郎が謝って態度を改めることを期待していたのか。それとも浩介のためか。夫妻ともわけのわからぬなかで、丈太郎が風邪をひいたことで三日間ほどの余裕ができる。体の病気は無意味には生じない。心が支え切れぬ問題を体のほうが少し引き受けてくれて、時間かせぎをしているのである。

丈太郎は気持ちがむしゃくしゃして、謙一のほうに怒りを向ける。「お前の人生の目標は何なんだ、いってみろ」という丈太郎に謙一は、「ぼくらには大志なんかないですよ」と言い、「家族に安穏を与えるために、ぼくはこれでも一所懸命やってきたつもりです。だけどぼくも人間なんだ」と言う。丈太郎はカンカンに怒る。「家族のために己を殺してきた。それが耐え難いからといって女と浮気をするというのか。詭弁《きべん》を弄するな！」。実はこれは、彼が信子に言いたいことではないだろうか。「夫のために己を殺してきた。それが耐え難いからといって勝手に家を出てゆくのか、詭弁を弄するな！」と言いたいところだろう。彼の謙一に対する怒りは倍加している。しかし謙一も、もう負けていない。「いっとくけどお父さんのいってることはすべて空論だよ。今は通用しないよ！」。危うく乱闘になるところを信子の仲裁で収まるが、謙一の「自立」の勢いもなかなかである。

信子は遂に友人とハワイ旅行に出かける。その間に謙一と美保の離婚が決定する。丈太郎は、離婚話を持ち出してきた妻にはハワイに行かれるし、息子の嫁も離婚して出てゆくしで、体にこたえて日課の散歩も怠りがちだったが、ある寒い日に散歩に出た。歩きながら、いろいろと考えてみる。

〈丈太郎は何の享楽も知らない自分を思った。だがそれがなかったからといって、つまらない人生だと思ったことはない。丈太郎は信念に生きるための苦労と戦ってきた。その苦労が丈太郎の人生を充実させていたといえる。だがそれが妻の不満を増幅させたのだ〉

丈太郎は突然に決意する。自分が家を出よう。金も家も信子に与え、自分は過疎村へ行き、塾を開くことにしよう。丈太郎は自分に向かって呼びかける。「大庭丈太郎！　お前の真価はここで決まるんだぞ！」。

一方、信子もハワイで大切な経験をした。実は、浩介がハワイに来ていて、ハワイで会ったのである。浩介と話し合っているうちに信子は離婚して家を出ようとしていることを告げる。浩介は驚くが、「ぼく反対も賛成もないよ、ひとのことだもの」と、にべもなく言う。そして急に「おばさん！　ぼく、おばさんとやりたいな」と言う。信子は必死になって「やめて！」と叫ぶ。浩介は理解できない顔で、「どうしてなの？　だっておばさんは、ぼくがこうするの待ってたんじゃないの?」と言う。そして、泣いている信子を置いて、「さよなら」と出て行ってしまう。

ここで信子の恋は終わった。信子が恋とごっちゃにしている「愛」ということは、この恋の終わったところからはじまるといっていいかもしれない。突然に「おばさんとやりたい」と言う浩介が信子にとって不可解なように、浩介にとっても、やりたいという信号を何度も出しておきながら(彼にはそう見えるのだ)、いざとなると拒む信子は不可解と思われる。そのような不可解さを正面から取りあげ、なおかつ関係を続けようとする決意のなかから、愛は徐々に芽生えてくるのである。

信子が帰国してくると丈太郎は、はっきりと自分が家を出る決心を告げた。とうとう出発というそのときになって、信子は「これから死ぬまでの一人旅の孤独が次第に輪を縮めて」くるのを実感する。このときになって、「思いがけない強い力に押され」て、信子は丈太郎に言う。

「お父さん。ここへきて勝手なようだけどもう一度、考えさせて下さい」。丈太郎はそれに「うん」と答え、信子の「いいですか?」という念押しに「うん」と言ったのだ。

信子はここにきてはじめて、自分の存在の底から湧きあがってくる力に押されて発言した。「お前の真価はここで決まるんだぞ!」と自ら叫んでいた丈太郎も、それに応じた。勝負はこれからである。

スローガンに動かされて生きる人間の姿は類型化する。信念の丈太郎、忍従より自立に向かう信子、新しいタイプの女性・美保、無事平穏主義の謙一。それらの姿は、なんとなく類型的であった。信子の最後の決心は、スローガンから出たものではなかった。丈太郎と暮らした四十一年の歳月の重み、浩介との恋愛体験、息子の離婚をめぐるあれこれ。すべての経験のなかから、ひとつの決定が生じた。それは信子の個性から生まれてきたものである。丈太郎もそれなりの経験を踏まえて、「うん」と応じた。これからの勝負を彼らがどう生きてゆくのか。その生き方次第で、孫の吉見の「春」の迎え方が、大いに異なったものになることであろう。

（引用は、朝日新聞社刊『凪の光景』から）

第九章　母なる遊女——谷崎潤一郎『蘆刈』

トポスと「私」

中年も少し年をとってくると、あらためて自分という存在に目を向けることになる。いったい自分というのは何者なのか。

もちろん、そんなことは誰しも若いときから、ある程度考えているものだ。若いときだって、自分というものを大切に思い、自分を生かしてゆきたいと思う。そして一般的にいえば、自分のやりたい職業とか、結婚したい相手などが見つかり、そのなかで自分を確立してゆくことになる。

それがある程度成功したとして、そのときに自分とは何かを考えてみると、それを支えてくれるものが、社会的地位や自分の能力や財産や……いろいろあるにしても、それを測定する尺度が外側にあって、そのことによって相当明確に自分の位置を見定められることがわかる。自分は「〇〇会社の××課長である」と思うとき、その会社に対する世間一般の評価や、課長職というものに対する会社内での評価などに支えられて、「俺もたいしたものだ」とか「まあ、そこそこやっている」などと感じることができる。このようにして、「私」とは何か、に相当答えることができるのだ。

このような考えの便利な点は、他と比較することが容易なことである。たとえば「年収」などということを尺度とする限り、その人がどのような職業についていようと、どこに住んでいようと、ともかくピッタリと順位をつけることができる。その尺度はどこにも適用できるという意味で、普遍性をもつ。これがこのような考えの強みである。

しかし、人間が「私」とは何かを考えるとき、これとまったく異なる考え方もある。たとえば「私」とは、今ここに一人で山小屋の前に座って、高い山々の峰を見ている。それだけでまったく十分なときがある。これが「私だ」と感じることができるのだ。そんなとき、その山や空気や、そして自分の体の状況や、それらすべてが渾然一体となり、「私」の感覚を支える。

このような感覚がわからない人は、自分がそのときに見た山が「海抜何メートル」であるのか、自分はそこに行くためにどれほどの費用を使ったのか、その場所は「有名」かどうか、などを強調する。こうした人は、同じように山を見ている「私」について考えるとしても、その尺度は先に述べた一般的尺度に頼っている。

一般的・普遍的尺度はわかりやすいし、他人に対して説得力を持ち、他と比較することが容易なので、多くの人がそれに頼ることになる。しかし、それだけで十分だろうか。「年収」がどれだけ多くとも、「年収」を大きい支えとしている人は、他の非常に多くの人々と同じ人生を歩んでいるわけで、特に「私」というものの独自性を示すことにならないのではなかろうか。それに対して、ある場所である時に、自分のみが「ウン、これが私だ」と感じたことは、他との比較を超え、一般的尺度に還元しがたいものとしての独自性をもつと言える。前者のみならず後者のような観点からも「私」とは何か、と言えてこそ、「私」というものがわかってきたと言えるのではなかろうか。中年から老年にかけての課題のひとつとして、そのような「私」の発見ということがあげられるだろう。

一般的尺度に還元しうるのみの「私」であってみれば、そのような観点から見ていかに「成功」しているとしても、それはこれまでもあったし、これからもある存在のひとつである。せっかく生まれてきた「私」が死ぬまでの間に、これまでにもなかったし、これからもないだろうと言える形で「私」を示すことはできないのである。

人と場所とのかかわりにおいても、同様のことが言える。ある場所が、標高何メートルとか、人口何人とか、その他もろもろの一般的尺度によって記述できるものを超えて、ある重みをもってくることがある。わかりやすい例で言えば、「故郷」などというものは、それになるだろう。その場所は、他の人にとっては、それほどの重みをもたぬにしろ、ある人にとっては「心休まる」土地であったりする。昔から神社仏閣のある場所は、何かそのような重みを感じさせるところが多い。

場所といっても、それは単なる地点ではなく、それを取り巻く全体的なものの作用を受けているのであり、それはあるとき、ある人にとって特に重みをもつことがある。そのような意味での場所をトポスと呼ぶことにする。トポスを見いだし、そのトポスとの関連で「私」を定位できるとき、その人の独自性は強固なものとなる。そのようなことができてこそ、人間は一回限りの人生を安心して終えることができるのではなかろうか。老いや死を迎える前の中年の仕事として、このことがあると思われる。

やたらに前置きが長くなったが、今回取りあげるのは、谷崎潤一郎の『蘆刈』である。興味深いことに、実は『蘆刈』も、長い「前置き」を持つ作品なのである。この作品では作者とおぼしき五十代の男性が散策に出かけ、そこでふと出会った男性から、その経験談を聞く構成をとっているのだが、なんとその男の話が始まるまで、この作品の約三分の一の分量が費やされているのだ。この長い「前置き」こそ、読者を不思議なトポスへと誘い込むために作者が行なった工夫なのである。

慈母に抱かれて

『蘆刈』の主人公は、天気のよい日に散策に出かける。大阪と京都の中間点の山崎にある水無瀬《みなせ》の宮趾《みやあと》を訪ね、ちょうど夕刻になるころに、淀川べりに出る月を眺めようという趣向である。水無瀬の宮とはどんなところか、それには『増鏡』からの長い引用があり、後鳥羽院がここを賞《め》でて、しばしば訪れた離宮であったことがわかる。また、このあたりは戦国時代の武将たちの活躍した場所でもある。さらに主人公は、電車を降りて道を歩きながら、『大鏡』に書かれていた平安時代のことまで思い出す。

宮趾までくると「かまくらの初期ごろにここで当年の大宮人《おおみやびと》たちが四季おりおりの遊宴をもよおしたあとかとおもうと一木一石にもそぞろにこころがうごかされる」。あたりを見まわすと、そこは奇勝とか絶景とか言われるようなところではない。しかし「こういう凡山凡水に対する方がかえって甘い空想に誘われていつまでもそこに立ちつくしていたいような気持にさせられる」。このような景色は「ちょっと見ただけではなんでもないが長く立ち止まっているとあたたかい慈母のふところに抱かれたようなやさしい情愛にほだされる」のである。

主人公は、こんな気持ちを味わいつつ食事をすませ、「正宗《まさむね》の罎《びん》を熱燗《あつかん》につけさせたのを手に提《さ》げながら」、渡し舟に乗って淀川のなかの中洲に行き、月を眺めることにする。この間に、彼の空想は、昔このあたりを徘徊したと思われる遊女の姿を思い描く。大江匡房《おおえのまさふさ》の『遊女記』には、「観音、如意《によい》、香爐、孔雀《くじやく》などという名高い遊女のいたことが記して」あった。「かのおんなどもがその芸名に仏くさい名前をつけていたのは婬《いん》をひさぐことを一種の菩薩行《ぼさつぎよう》のように信じたからであるというが、おのれを生身《しようじん》の普賢《ふげん》になぞらえまたあるときは貴《とうと》い上人《しようにん》にさえ礼拝されたという女どものすがたをふたたびこの流れのうえにしばしうたかたの結ぼれるが如く浮かべることは出来ないであろうか」などと主人公は考える。

そんなときに「葦のあいだに、ちょうどわたしの影法師のようにうずくまっている男」が話しかけてきた。彼はひょうたんにいれた酒を飲めとすすめてくれ、遠慮なくいただくと、「罎詰めの正宗を飲んだあとでは程よく木香《きが》の廻っているまったりした冷酒の味が俄《にわ》かに口の中をすがすがしくさせてくれる」。そのうち男は、思い出話をはじめる。七歳か八歳のころ、十五夜の月の出る夜に、父親に連れられて伏見まで船で行き、巨椋《おぐら》の池のほうまで二里ほどの道を歩き、大家《たいけ》の別荘のようなところに行った。生け垣のすき間から、座敷で五、六人の男女が宴をしているのをのぞき見した、という。そこでは美しい女あるじを中心にして、琴を奏したり、舞を舞ったりの優雅な月見の宴が繰り広げられていた。

その女あるじのことを父親は「お遊様《ゆうさま》」と呼んでいたが、その人とどんな関係にあったのか、父親が話してくれたことを追憶して、その男は次のようなことを語ってくれる。

お遊様は大阪の商家の娘だったが、結婚後に夫が死に、二十二、三歳のときに若後家になった。男の子が一人あったので、彼女はそのまま婚家にとどまり、のんびりと気ままな生活をすることになる。商家の総領息子の父親は、芝居見物に行ったときにお遊様と出会い、ひと目ぼれをしてしまう。

「おゆうさまの顔には何かこうぼうっと煙《けむ》っているようなものがある、皃《かお》の造作が、眼でも、鼻でも、口でも、うすものを一枚かぶったようにぼやけていて、どぎつい、はっきりした線がない、じいっとみているとこっちの眼のまえがもやもやと翳《かげ》って来るようでその人の身のまわりにだけ霞《かすみ》がたなびいているようにおもえる、むかしのものの本に「﨟《ろう》たけた」という言葉があるのはつまりこういう顔のことだ、おゆうさまのねうちはそこにあるのだ」と父親は言ったという。

このようなお遊様に父親(当時二十八歳、お遊様二十三歳)はほれこむが、結婚できず、とうとうお遊様の妹のおしずと見合いをする。それも、そのような機会によって、お遊様に会えるという目的で見合いをしたのだから、何のかのと言って二度も三度も見合いをした。そして結局はお遊様のすすめに従って、二人は結婚する。ところが、思いがけないことに、「おしずは婚礼の晩にわたしは姉さんのこころを察してここへお嫁に来たのです、だからあなたに身をまかせては姉さんにすまない、わたしは一生涯うわべだけの妻で結構ですから姉さんを仕合わせにして上げて下さい」と言って泣くのであった。お遊様もひそかに彼を愛していたのである。

ここから三人の奇妙な生活がはじまる。父親とおしずはうわべの夫婦。二人は何かにつけて姉のお遊様を招待したり、旅に一緒に出たりする。しかし、父親とお遊様との間にも性関係はない。お遊様をめぐって互いに操を立てあって、奇妙な、しかし幸福な生活が続いたという。

とすると、この話し手はどうして生まれてきたかということになるが、ともかく明らかなことは、この男は実の母ではないにしろ、ぼうと何もかも包みこむような美しさをもったお遊様に対する憧憬と、「あたたかい慈母のふところに抱かれたようなやさしい情愛にほだされる」トポスの魅力、それに月の光にもひかれて、ひょうたんに冷酒をつめて、ここまであくがれ出てきた、ということである。

円環の時

この男のお遊様に関する話は、次のように続いてゆく。

〈三人はよくさそい合って一と晩どまりか二たばんどまりの旅に出たそうにござりますがそういうおりにはお

遊さんと夫婦とが一つざしきに枕《まくら》をならべてねむりましたのでそれがだんだんくせになりまして旅でないときでもお遊さんが夫婦を引きとめましたり夫婦の方へ引きとめられたりするようなことがござりました〉

というわけで、三人の親密さはますますつのるばかりである。

お遊様には子どもが一人あったが、もう乳ばなれしており、ばあやもついているので、めったにつれて歩くなどということをしなかった。あるとき「お遊さんが乳が張ってきたといっておしずに乳をすわせたことがござりました。そのとき父が見ておりまして上手にすうといって笑いましたらわたしは姉さんの乳をすうのは馴《な》れています」と言う。ばあやが乳を飲ませるので、赤ちゃんに乳をやることがなく、お遊様はしずに乳をよくすわせていたのである。父が、どんな味がするのか、と言うと、飲んでごらんと茶碗にうけたのをのませた。父親は何げないていで飲むものの、心が騒いで「頰《ほお》があからんで」きたりする。三人の間の距離はどんどん近くなってゆく。

そのうちに、おしずはお遊様に自分たち夫婦の秘密を打ち明ける。「お遊さんは初めはひじょうにびっくりしまして私はそんな罪をつくっていたとは知らなんだ、静さんたちにそんなにされては後生《ごしょう》がおそろしいといって身もだえして、でもそれならば取りかえしのつくことだからどうかこれからはほんとうの夫婦になるように」と言った。これに対して、おしずは「慎之助《しんのすけ》(父親の名)にしてもわたしにしても自分たちが好きでしていることだから」と取り合わない。この秘密を知ってお遊様は二人から遠ざかろうとしたが、結局それもできず、三人の親密さはますます度を加えてくる。

「お遊さんの心のおくへ這入《はい》ってみましたら自分で自分にゆいまわしていた埓《らち》が外《はず》れてしまったような気持のゆるみができまして妹の心中《しんじゅう》だてを憎もうとしても憎めなんだのでござりましょう。それからのちのお遊さんはやはり持ちまえのおうような性質をあらわしてなにごとも妹夫婦のしてくれるようにされている」ようになる。

結局のところ、お遊様はすべてを受け入れて、美しく、わがままに生きてゆくのである。

「埒が外れてしまったような気持のゆるみ」のなかで、三人が融合しあいそうな関係を崩壊にまで至らせないのは、彼らが「操を立て」ていたから、ということができる。「ここでおゆうさんのためにも父のためにもべんめいいたしておかなければなりませぬのはそこまですすんできていながらどちらも最後のものまではゆるさなんだのでござりました」「父がおしずに申しましたのにはいまさらになってそなたにすむもすまないもないようなものだがたといまくらを並べてねても守るところだけは守っているということを己《おれ》は神仏《かみほとけ》にかけてちかう、それがそなたの本意ではないかも知れないがお遊さまもおれもそこまでそなたを蹈《ふ》みつけにしては冥加《みようが》のほどがおそろしいからまあ自分たちの気休めのためだ」と言うのである。すべてが溶解して無に帰してしまいそうな関係を維持するためには、「冥加のほどがおそろしい」という分別を必要とした。それは一種の美意識とでも言うべきかもしれない。西洋的な善悪の判断を重視する倫理感とは異なるものである。

このような生活も三、四年の間しか続かなかった。お遊様が二十七歳のとき、子どもがけしからぬ肺炎になって死んだ。これについて、お遊様の母親としての注意が足らなかったという非難が生じ、どうもお遊様はおしず夫婦と親しすぎるという批判もあったりして、とうとうお遊様は里の兄のところに帰ることになってしまった。そのうちに、宮津という伏見の造り酒屋の主人と再婚することになる。宮津はお遊様の美しさにほれこんで、「お遊さんが来てくれたら伏見の店《たな》などへはおいておかない、巨椋《おぐら》の池に別荘があるのを建て増してお遊さんの気に入るような数寄屋普請《すきやぶしん》をして住まわせる」と言う。

父親はここでお遊様と心中することを考える。ところがおしずは、おいてけぼりは嫌だから一緒に死にたいという。これには父親も逆らうのだが、何よりも「お遊さんのような人はいつまでもういういしくあどけなく大勢の腰元たちを侍《はべ》らせてえいようえいがをしてくらすのがいちばん似つかわしくもありまたそれができる人でもあるのにそういう人を死なせてしまうのはいたいたしい」と考えて、父親は心中を思いとどまる。その考えをお遊様に伝えると、「お遊さんは父のことばをだまってきいておりましてぽたりと一としずくの涙をおとしましたけれどもすぐ晴やかな顔をあげてそれもそうだとおもいますからあんさんのいう通りにしましょうといいましたきりべつに悪びれた様子もなければわざとらしい言訳《いいわけ》などもいたしませなんだ」。

そんなわけでお遊様は宮津と結婚。そのうち父親のほうは、商売がうまくゆかず落ちぶれる。父親はおしずがお遊様の「妹だというところにいいしれぬあわれをもよおしましておしずとちぎりをむすび」、その子として、話し手である男が生まれた。その男が今夜も月見の晩なので巨椋の池の別荘にお遊様を見にゆくというので、「わたしはおかしなことをいうとおもってでももうお遊さんは八十ぢかいとしよりではないでしょうか」とたずねたが、「おとこの影もいつのまにか月のひかりに溶け入るようにきえてしまった」。

そこでは、時間が過去から未来へと直線的に流れるのではなく、過去も未来も現在の時のなかに円環的に流れていた。父なるものの時が直線的であるのに対して、母なるものの時は、円環的なのである。はじめも終わりもなく、すべてが全体としての輪のなかに存在するのである。

現実の多層性

母なるものを思わせるトポスにおいて話を聞いていると、その話し手はお遊様の子どもでもあるようだし、お遊様に対する思いの深さから推して、彼の言う「父親」その人かもしれぬ。そもそもその父親にしても、お遊様の乳を飲んだりしているのだ。おしずはお遊様の妹であったり、お遊様と一体であったり、「取りもちの上手な老妓《ろうぎ》」のようであったり。ともかく普通の固定した年齢では考えられないのだ。語り手の男は今もなお、お遊様が月見して踊る姿を見ることができるとさえ言った。

このような「現実」に加えて、このトポスのもつ多層性は、『蘆刈』のはじめに周到に語られている。平安時代からの現実がそこに積み重なっているのだ。この作品が「謡曲『江口』と相似形をなしている。つまり『蘆刈』は夢幻能の形式を踏まえて構成されている」ことを、岩波文庫『吉野葛・蘆刈』の解説で、千葉俊二氏は指摘している。

『江口』では、ワキの旅僧が西行と遊女・江口の君の歌問答を思い出していると、里の女が現れ、実は江口の君の霊だと告げる。後シテの江口の君は多数の遊女と共に現れ、境涯を嘆くが、やがて彼女は普賢菩薩となって消え去ってゆく。ところで、この『江口』のシテは何者なのかという点について、白洲正子氏が本質をつく答えを示している。『江口』のシテは遊女でも普賢菩薩でもなくて、「舞台には登場しない西行ではなかったか。けっして外には現れない西行の魂のドラマを、遊女という仮りの姿の上に」再現してみせてくれている、というのである(白洲正子著『西行』新潮社、一九八八年)。

この解釈を踏まえて言うと、『蘆刈』のなかのお遊様は作者の「魂のドラマ」を演じるために出現した姿であるということになる。「私は誰か」に答えるのに、地位や財産やその他の一般的評価の尺度によるのではなく、「私の魂」の在り方を知ることは、中年における重要な仕事と言うべきであろう。それによってこそ、固有の私という存在があきらかになるのである。夢幻能では前シテと後シテは同一人物ではあるが、その現実の次元がまったく異なってくる。後シテは魂の次元の現実を舞うのである。

前シテと後シテの対比のように、中年は二つの私を必要とする。一般社会に向けて立つ私というものは、社会的な関係で部長とか父親とか、いろいろ名がついている。しかし、後シテのような姿がその内部に生きていてこそ、意味があるのではないか。「実は私は」とか「実は私の魂は」として示せる姿を明確に把握することが必要である。

ここでにわかに、文字通り現実的なことを言いたくなるのが、心理療法家の悪い癖である。現実は既に述べたように極めて多層であり、それを知ることによってこそ人生が豊かになり、意味深くなるのであるが、それらの層の差について、何らかのけじめを心のなかにつけていないと、破壊的なことになったり、非建設的なことになったりすることも知っていなくてはならない。

母なる遊女は、日本の多くの男性の魂のドラマに欠くことのできない存在である。限りなく美しく、何でも受け入れてくれ、限りなく優しい存在である。しかし、それを表層の現実とごっちゃにして、自分の妻や恋人を母なる遊女そのものにしたいと思う男性は、どうしてもそれとの釣り合い上、堅気の息子になってしまう。その悪い面を言えば、いつまでも子どもであって大人になれないのである。そして、堅気すぎて、本来の遊びを知らない人間になる。ともかくマジメである。遊びというと「お母ちゃん」の目を盗んで遊女のところに行くだけ、ということになる。これでは現実の女性が求める現実の男性の強さと面白さに欠け、まったく相手にされなくなるのである。

それにしても、主人公「わたし」の魂のドラマに登場するお遊様について語ってくれた話し手の男というのは、何者であろう。彼が最初に登場するとき、「ちょうどわたしの影法師のようにうずくまっている男」という表現があったが、彼は文字通り「わたし」の影であり、影こそが魂への仲介者として存在したということになるのだろう。魂の世界は深く、なかなか直接的には到達しがたいのだ。能でも、いつもワキというのが登場する。『蘆刈』では、母なる遊女のイメージの「母」のほうにアクセントがおかれ、まるで近親相姦を避けるかのように「操を立てる」ことが強調された。一方で、通常の意味における、「子どもを育てる」ことに熱心であるという「母」のイメージは見事に否定され、これによって普通の母のほうにイメージが傾きすぎるのを防いでいると思われる。このようなお遊様のイメージを、西洋のロマンチックな女性像と比較してみるのも興味深いことであろう。

（引用は、岩波文庫『吉野葛・蘆刈』から）

第十章　ワイルドネス——本間洋平『家族ゲーム』

子どもの「問題」

中年が背負っている課題は、なかなか本人には自覚されがたいものである。あるいは少し意識されかかっていても、「仕事」が大事とか、「家族」のことが気になってとか、毎日毎日の多忙のなかに逃げこんでしまっていることが多い。そのようなとき、中年の親たちの課題を知らしめるために、子どもが何らかの「問題」を起こすことが多い。といっても、子どもには親のために問題を起こすなどという意識は全然ないし、このような言い方自体も本当は正確ではないのだが、それは後に述べるとして、まず、このような発想でものごとを見てみることにしよう。

われわれ心理療法家は、子どもの問題で来談される親と会うことが多い。子どもが登校しない、成績が上がらない、いじめられる、盗みをする、などなど問題はいくらでもある。子どもの問題について話し合っているうちに、だんだんと親の生き方そのものが話題となってくる。子どもの問題を通じて、父と母との間にはじめて対話が生じてくることもある。あるいは、父と母とが背負ってきている長い歴史のなかに、解決しなくてはならぬ課題が存在していることが、明らかになるときもある。

このようなときに、子どもが悪いのは親が悪いからだ、というような単純な発想をしたり、そのような表現をしたりするときがあるが、ものごとはそんな単純な因果関係によって捉えられるものではないし、そもそも誰が「悪い」などと簡単に言えるものではない。人間だれしも取り組んでゆかねばならぬ課題をかかえているものであり、それと取り組まずに逃げてばかりいるのもどうかと思うが、それと取り組んでいる間に少しぐらい一般の生き方と異なるところが生じてきても、「悪い」などとすぐ言えるものではない。子どもの問題を通じて親は自分の——あるいは家族全体としての——取り組むべき課題のあることに気づき、それと対決してゆくと考えるべきである。

このような例によく接するので、そのような観点から論じられる文学作品がないかと探してみたが、ぴったりと感じるものを探し出すことはできなかった。ただ現代に生きる中年の親の課題をうまく描いている作品に出合ったので、それを取りあげることにした。

本間洋平の『家族ゲーム』には、高校三年生の男子、慎一の目を通して見た両親の像が、生き生きと浮かんでくるように記されている。慎一の弟、茂之はまさに問題児なのだが、その両親ともごく普通の親で、「悪い」ところなど取りたててないのである。もちろん、どんな親に対しても「反省すべき点」を見いだすのを職業にしているような人からすれば、それはすぐに指摘されるであろうが。

茂之は劣等生である。クラスでも後ろから数えて九番、英語の今までとった最高点が二十六点、それに吃音である。中学三年生なので高校進学が親の頭痛の種である。一方、兄の慎一はそれと対照的な「良い子」で、進学校として優秀なa高の優等生である。父が茂之の家庭教師に言ったように、「兄はa高で、優秀なんだけれども、こいつは馬鹿で、困る」ということになる。

兄弟のどちらかが「良い子」で、他方が「悪い子」という例はよくある。慎一は「手のかかる弟に対して、ぼくはいつも良い子でいなければならなかった」と言う。しかし、これは茂之に言わせると、「兄が良い子をやっているので、僕は悪い子になるより仕方なかった」ということになるのではなかろうか。子どもを測る尺度がひとつしかなく、兄が既にその尺度の上で優位に立っていると、弟はちょっとやそっと頑張っても兄を抜けるはずがない。自分が兄と異なる存在であることを主張しようと思うと、その尺度を逆転させるより仕方がないのではなかろうか。

多様化などという言葉がはやるが、わが国では親が子どもを見るときに、学業成績という唯一の尺度によって子どもを評価していることが実に多いのではなかろうか。個性ということによってその人自身を見ることができる人は、日本人には少ない。そのうえ、経済状態がよくなって、多くの人が大学に行けるようになったため、ともかくよい大学に入学するために、よい成績をとることが「良い子」の条件だということになる。慎一の家でもそうである。父親は学歴がなく、苦労して自分の腕ひとつで小さな自動車整備工場を持つようになったが、慎一には自分の歩んできた道を歩ませるのではなく、よい大学を出て「苦労をせずに」一生が送れるように、というわけで、一流大学への進学を希望しているのだ。

親はどうして子どもに「苦労をさせずに」と考えるのだろう。そのことによって、まったく異種の苦労が生じていることも知らずに。以前は経済的な条件があったり、子どもは親の仕事を継ぐものと頭ごなしに決められて不自由に思ったりしたものだが、それらが「自由」になった途端に、誰もが自由に一様な尺度の上での競争に参加することになったのだから、子どもたちは大変である。大人たちは、それをどう考えるかという課題に取り組まず、子どものできが悪いのを嘆いてばかりいる。このような形のできあがったところで、もう変わりようがないかに思われたこの家族に、まったく思いがけないことが生じて、大きい変化が起こるのである。

過保護と暴力

劣等生の茂之に新しい家庭教師がつけられる。今まで家庭教師が五人も来たが、うまくゆかなかった。しかし、今度は違っていた。家庭教師の吉本はZ大学(たいした大学でないらしい)に七年間も在学し、いまだに卒業できずにいる男である。彼は弟に話しかけるが、弟は何も言わない。母親はおろおろして、「この子は、あまり喋らなくて」と介入してくる。

〈母は弟に関して自分が一番の理解者だと思っている。しかし、弟が生まれた頃から、父の仕事の手伝いで忙しく、ほとんど構ってやれなかった。そのため、弟を理解しようとすることより、常に庇《かば》うことを優先させてきた。その方が、手っ取り早く簡単な方法だからである。弟はぼくより、過剰な放任と過剰な愛情のなかで、育ってきたのだった〉

これはよくある親子関係である。何かと忙しいので、手抜きをした分だけ放任したり、庇ったりしてばかりいる。兄から見れば、それは「過剰な愛情」に見えるが、それが本当の愛情からほど遠いものであることは、誰が見てもすぐわかる。一時、「過保護」ということが槍玉にあがって、まるで子どもを愛することを制限する方がいいというような誤解が生じたりしたが、愛情などいくらあっても構わないのである。「過保護」はむしろ愛情不足の代償としてなされることが多いので、困るのである。

吉本は「学校は」とか「どの教科が好きか」と問いかけるが、茂之の答えは「ま、まあ、ふ、普通、です」と決まりきっている。このような子どもの答えに「別に」というのがある。要するに、何か変わったことや特別なことを表現する意思を自分は持っていない、つまり、「お前とは特別の関係がない」と言っているのである。たとえば「お父さんは」「お母さんは」と質問して、「普通です」と答えたからといって、両親は普通で問題がない、などと思うと大変な誤解をしていることになる。

父親は吉本に、英語で茂之が六十点をとると五万円、それから十点あがるごとに二万円ずつ出すと約束する。子どものために金を出す親は多い。金で買えないものを子どものために費やす親は、その分少なくなっているように思われる。と言っても、この両親が特に悪いとか、昔の親はよかったとかというのではない。昔の親は子どもに金をやりたくとも、金がなかっただけである。金や自由を以前より多く得たので、それに見合う工夫をしないと、現代の親は苦労するのである。

ところが、勉強がはじまるや茂之は奇声を発して逃げ出し、母親のいる台所の流し台と冷蔵庫の隙間に逃げこんだ。これまでの五人の家庭教師は、これですべてやられていたのである。何の手のほどこしようもなくなるのだ。ところが今度は違っていた。吉本は茂之を引きずり出そうとし、さらに平手打ちをくわせて、「この野郎、逃げられると、思ってるのか！」とどなる。母も吉本の勢いに圧倒されて、金縛りに遭ったように動かずにいる。

それからは暴力家庭教師の大活躍である。約束どおりにしていない、逃げ出した、などのたびに、母親の前でも構わずに、びしびしとなぐるのである。茂之も抵抗はするのだが、そのうちに少しずつでも勉強をはじめる。そうすると「家庭教師は完全に横になり寝てしまった」りする。父親はそれを見て嘆いているが、実は彼は眠っていたのではない。茂之が課題を終えると、「終ったか！」と跳び起きて適当にほめたりする。

そして、結果を先に言ってしまうと、この吉本のおかげで、茂之は成績が上がり、英語は六十点以上をとるし、クラスで上から六番の成績にまでなるのである。この作品は映画にもなったので、映画を見たり、これを読んだりした親や教師は、吉本の行為を「痛快だ」と感じ、今の教育——学校でも家庭でも——に欠けているのは「暴力だ」と言いたくなった人もいるかもしれない。しかし、それは間違っている。現代の家庭に欠けているもの、それはワイルドなものなのである。

現代の中年の親は、自分の子どもをよき家畜にしようとしていないかを反省してみる必要がある。近代になってテクノロジーがあまりにも発展し、人間は「こうすればこうなる」という考え方になり、それを駆使することによって、ものごとをコントロールし、自分の意のままに動かせることを知った。これがあまりにも効果的で便利なので、人間の人生観の全体をテクノロジー的発想が支配するようなことが生じてきたと思われる。

つまり、「もの」をコントロールするようにして、動物のなかの「家畜」をコントロールすることを覚えたのみならず、人間が他人をコントロールしようとしはじめたのである。その一番やりやすい対象として、自分の子どもをコントロールして、自分の考える「よい子」をつくろうとした。『家族ゲーム』のなかの慎一などはその典型である。彼は砂場で遊んだことはないし、三十分単位で一週間、一カ月の予定をたて、それに従って生きているのだ。彼にとって一番恐ろしいのは不測の事態なのである。

ワイルドなものについては、本書の「第三章　入り口に立つ」でも触れているが、ワイルドだからといって、荒々しいとか無茶苦茶であると考えるのは早計である。野にある花や、それに飛びかう蝶もワイルドであるし、野生の動物がまったく無法則に行動しているのではないことは、生態学の多くの研究が示すとおりである。しかし、人間は不思議な動物で、ワイルドなものから距離をとって生きることに成功し、今日の文明を築いてきた。しかし、人間は「人工物」ではない。人間が生きているというのは、ワイルドな部分ももっているということではなかろうか。

テクノロジーを駆使し、その結果を享受しつつ、なおかつワイルドなものを自分のなかでどのように生かしてゆくのか、というのが現代人の課題である。そのことをひとつの「問題」として提供しているのが、茂之という問題児なのである。このように考えると、この両親の問題は、現代に生きる親にとって共通のものであることが了解されてくる。

家族のバランス

家族全体のなかで、あまりにもワイルドネスが失われてくると、それを補償する力は暴発的なものになる。そのところに、暴力家庭教師がピッタリとはまったのである。そこで、この方法が思いがけない効果——といっても、ほんものでないことは後でわかってくるが——を発揮したわけである。暴力はワイルドネスが暴発的に顕現してきたもので、この場合は既に見てきたような事情から効果をあげることになったが、いつもうまくゆくとは限らないし、時には事態を悪化させることがあるのも当然である。

ここで読者が、この家庭教師の思いきった行動を痛快に思ったり、同感したりするのは、既に述べたようなワイルドネスの欠落という点から考えるとよくわかるであろう。しかし実のところは、この家族の成員の一人ひとりのなかにワイルドネスがどのように生かされてゆくかが課題なのであり、吉本の行為がその呼び水としてうまく作用するといいが、単に家族の一面性の補償として機能していると、はじめのうちはうまくゆくとしても、——実は吉本自身も自覚しているように——ほんとうの変化は生じないのである。そのようなところに教育というものの難しさがある。そのようなことに気づかず、この本を読んで、学校や家庭の教育に暴力が必要だなどというのは、まったくの速断である。

吉本は茂之に今月の目標というのを書かせる。「一、夏休みまでに、英語・数学の一年二年を総復習する」という類の三カ条で、それを大声で読まされる。これも一種の暴力といっていいものだが、ともかく目下のところ、ここでは暴力的なものが効果をあげる。茂之の成績が上がるので、父親はご機嫌で、「目標を紙に書いて、読ませるのは、いいことだ、うん、いいことだ」と一人で頷いている。父親はこれに勇気づけられたのか、食事に家族がそろったときに、「宮本武蔵も、独行道をつくって、自ら戒めたもんだ」と話しはじめる。勢いがついて、武蔵が賊に後ろから殴りかかられたときに、鍋の蓋で見事に受けとめたと言って、「いや、それは塚原卜伝ですよ」と慎一にたしなめられる。それでも父親はひるまずに、「武蔵は、気迫で、相手を圧倒し」などと酔いの勢いにまかせて喋り、「気概だ、うん、気概」と茂之に説教する。

吉本の暴力は、この家に潜在しているワイルドネスの呼び水として少しずつ成功してきている。まず、父親が酔って説教したり、途中で武蔵と卜伝がごっちゃになるところを、長男に指摘されたりしている。あるいは、慎一は子どものときの写真を母親と見ていて、「疲れていたんだよ、勉強、無理やりさせられて」と言ってしまい、母をびっくりさせる。

家族にはこのようなことが必要なのだ。お互いが少しずつ傷つけ合って成長していく。しかし、もちろんそこには限度というものがある。必要な程度のワイルドネス、それをどの程度にどのようにお互いが発揮し合ってゆくのか、それを決定してくれるのが愛情というものである。

慎一が勉強を無理やりさせられたと言ったとき、母親は驚いて、「誰も、強いたことなんて、ありませんよ。母さんは、世間の教育ママとは、違います」と言った。しかし、考えてみると、「世間の教育ママ」の方が、まだましなのである。「確かに口で勉強を強いられたことはなかったかもしれない。でも、母は暗黙のうちに、仕草一つ一つに、その意味を込めてきたように思う。それにしても、なぜ自分で勉強しなければならないと、強迫観念のように思い込んできたのだろうか。自分のプライドのため？　弟の不出来のため？」と慎一は考える。彼自身もほんとうのところ、どうなっているのかわからぬままに「良い子」をやってきたし、茂之もわけのわからぬままに「悪い子」をやってきたのである。それはつまり、この家族全体が不自然な人工的なバランスのなかに動いてきたことを示している。

しかし、暴力家庭教師の出現によって、この家の見せかけのバランスが壊されて、少しずつそれぞれの人間が変化を示しはじめた。それは、まず茂之の成績の上昇に示され、これはまことにありがたいことであった。父親は父親らしい説教をはじめた。そして、慎一の方は、同級生をなぐったり、万引きをしたりするのである。彼の中にもワイルドネスが、暴発の形であれ、ともかく生きはじめたのである。こんなふうにして、すぐめでたしめでたしとなるには、この家の課題は大きすぎたようである。この家族はどうなっていくのだろう。

沈んでこそ見つかるもの

一番強い変化は慎一の方に表れてきた。彼は思い切って万引きをやったり、同級生をなぐったりした。しかし、それだけで事はすまなくなった。彼はだんだん勉強するのが嫌になってきたのである。a高の優等生の彼は、続いてA大学に入学することが期待されていた。しかし、それも危うくなってきたのである。それに学校に行くのさえ嫌になってきた。父親は「A大にいかなけりゃ、意味がねえぞ」と言う。母親は茂之の成績が上がったのに比して、慎一の方は下がり気味と言い、「冷たい眼付き」つまり「今までとは違う別の母」になって、慎一の顔を覗きこむ。

慎一はだらだらした生活を続ける。「怠惰な生活なのか必要な休息なのか、自分にもわからない。今日学校から帰るとハンドスコップを持ち、地球の裏側までも掘ってやる意気込みで公園の砂場へ直行した」りもする。しかし、駄目なのだ。子どものときに砂遊びをしたことのない慎一が、こんなときに砂場に行きたくなったのはよくわかる。しかし、そんなことで問題が片づくほど簡単ではないのである。

茂之は成績が上がる。それでも意地を張ってこれまでどおりc高を受験するというのを、例のごとく家庭教師が学校に乗りこんで茂之をなぐりつけて、とうとうb高を受験させ、彼は入学に成功する。ひょっとしてa高も行けたかもわからぬと父親は大喜びするが、何のことはない。慎一の成績が下がり、登校をしぶるほどになってきたのだ。

茂之は慎一が行かないならと、自分も学校へ行くのをしぶりはじめた。もうこうなってくると父も母もパニック状態である。父親はどなる。母親は「お願いだから、……学校へ、行って」と泣き崩れる、という光景でこの小説は終わりになる。

こんな作品を読んでいると、「ああ、ここから僕らの仕事がはじまるのだ」と感じさせられる。二人の不登校生を手にあまらせて、この母親がわれわれ心理療法家のところに相談に来られるのである。ここで、中年の問題として両親の方に焦点を当てて考えてみると、両親共に自分たちが子どものときに持っていたせっかくのワイルドネスを、あまりにも拒否した生活をしてきて、これからそれを取り戻すのにどうすればよいのか、という問題に真剣に取り組まねばならなくなる。そんなことは昔はあまり考える必要がなかった。しかし、テクノロジーが発達して、そのためにいろいろと便利な生活ができるようになった分だけ、われわれは自分の生き方についても、昔と異なる心くばりを必要とするようになってきたのである。

この父親は、今の若者は苦労を知らぬと言う。しかし、昔の「親」に言わせると、今の親は苦労を知らぬと言うのではなかろうか。子どもを食べさせることに苦労した時代、子どもを学校に行かせることなど思いもよらなかった時代、毎晩酒を飲むことなどできなかった時代、そんなのと比べると、今の親は苦労を知らぬと言われても仕方がない。そうするとこの親は抗弁するだろう。今は今で異なる苦労があると。しかし、それは今の若者についても言えることだ。工場で働くのが苦労で、大学の受験勉強の方が苦労ではない、と単純に言いがたいところが、人生の一筋縄でいかぬところである。

暴力家庭教師の吉本は、Z大学に七年もいて、お金を貯めては海外旅行に行き、体制的な行き方に従わずに生きている人間である。そんなところが、べったりと体制志向で生きていこうとする家族に抵抗を示していた茂之に、うまく作用したのだが、その吉本でさえ、茂之の成績が上がってくると、今月の目標のなかに、「他人を蹴落してエリートになる」などという項目をかかげるのだ。吉本も知らず知らずのうちに上昇志向のなかにはいり込んでしまい、そうなると彼の「神通力」も作用しなくなる。

吉本は、b高に入学した茂之も、兄と同じように不登校になったのを知り、「ああ、やっぱりね、おれ、何とかしてあげたいけど、一時的に強制しても、同じことなんだなあ」と言っている。他から「助けてあげよう」としてもなかなかうまくゆかないのだ。

このような両親がわれわれ専門家のところに来られると、われわれはどうするのか。われわれは暴力家庭教師のように「一時的に強制しても、同じこと」なのを痛いほどよく知っている。外からの援助や強制ではなく、この家族の一人ひとりが、このテクノロジーの時代にいかにして自分のワイルドネスを生かすのかを、自分のなかから見いだしてゆくのに付き添ってゆくより仕方がない。

そして、それは、より高く、より大きく、というようなそれまでの標語とは逆に、深く沈んでいってこそ発見できるものである。子どもは二人とも学校に行かず、父親はどなり、母親は泣き、というところから、さらにもう一歩も二歩も暗く深い世界に下降してはじめて、ワイルドなものが自ずからはたらきはじめる。そこまでの道のりをつき合うためには、われわれは家庭教師が外にあらわした暴力に匹敵するエネルギーを内に込めて、何もせずにその家族の傍にいることをしなくてはならない。

簡単に予測したりコントロールしたりできないもの、それがワイルドネスの特徴である。それを自分の子どもたちのなかに認め、尊重すること、これが中年の親に与えられた課題なのである。そのことはすなわち、自分自身のなかのワイルドネスにもつながることになるのだ。これはなかなか難しいことである。困難を避けて親が仕事を怠っていると、子どもはいろいろと問題を起こし、親に警告を与えてくれるように思われる。

（引用は、集英社文庫『家族ゲーム』から）

第十一章　夫婦の転生――志賀直哉『転生』

ロマンチック・ラブ

考えてみると、夫婦関係というのは実に大変なことである。互いに一人の人間を相手にして長い長い期間を共にすごしてゆかねばならない。とくに、現在のように長寿が約束されるようになると、五十年以上の歳月を共にすることが非常に多くなってくる。しかも、先進国のほとんどが一夫一妻の規則に従っているわけだから、その関係の維持には相当な努力や工夫が必要である。

何しろ、他の人間関係と異なり、一つ屋根の下で暮らすのだから、余計に難しくなる。社会的な関係であれば、適当な距離が取りやすいし、必要に応じて離れていたり忘れていたりすることが容易である。自分の欠点をある程度はカバーしてつき合うこともできる。ところが夫婦となると、そうはゆかない。どうしても本音がでてくるし、また本音のところでつき合えるからこそ夫婦であり、家族としての意味もある、と言えるだろう。「どんな偉大な人でも、妻から尊敬される人はまずないだろう」とよく言われるが、これは相当な真実と言っていい。遠くから眺めるのと、近くで見るのとでは、随分と姿が違って見えるものである。

たとえば、三年間の恋愛の後に結婚し、一年も経たないうちに離婚するということもある。三年間の恋人としての関係は、実際に夫婦として一つ屋根の下で暮らす関係へとはつながってゆかなかった。これほどの例は極端としても、相手に対して愛を感じ、尊敬するということを、夫婦であるための条件として厳しく考えるならば、そのような関係は長続きしにくく、アメリカによく見られるように、離婚して、また新しい相手を求めて再婚する、ということになろう。

アメリカのような生き方もひとつの生き方として考えられるが、その際、思いのほかに子どもたちが苦労するようである。そんなことのないようにと、それなりにいろいろと考えて、離婚後の親子の面会権の設定など努力はしているものの、子どもの問題は彼らが予想していたより深刻であることが、理解されつつあるように思われる。

アメリカで離婚が多いのを非難がましく言い、日本の方がいいように言う人もいるが、話はそれほど単純ではない。「家庭内離婚」という言葉もあるように、心のなかでは離婚しながら、ともかく一緒に住んでいる日本人の夫婦も多いのではなかろうか。このような関係がアメリカより優れているとは、とうてい言えない。だからといって、離婚・再婚を繰り返すアメリカ人の方が「真実」に生きているというのも単純すぎる。というのは、夫婦の関係といっても、そこにはいろいろな関係があると思われるからである。

夫婦というものを、社会構造の重要単位であり、社会を安全に維持してゆくために必要と考えるのなら、ともかくも夫婦となって子どもを育て、自分たちの関係を維持しているだけで役割を果たしていることになる。このことは確かに重要である。その意味で、古来からどのような文化においても、結婚が両親や親戚などによってアレンジされることが多かったのは、うなずけることである。

一方で、近代のヨーロッパにおいて、ロマンチック・ラブということが重視されるようになった。これはもともと、男性がある女性に対して永遠の愛を誓い、ただしその女性とは性的な関係を持たず、苦悩を通じて自分を高めてゆくという中世の騎士の愛の姿が基礎となって発展してきた。ところが、ここに詳しく述べる余裕はないが、ヨーロッパでキリスト教に対する信仰が弱まるにつれ、ロマンチック・ラブも俗化の傾向をたどり、中世の騎士たちが性的関係を犠牲にして築こうとした精神的(ほとんど宗教的と言っていいだろう)な高さを、この世の恋人、あるいは夫婦の関係のなかで遂行しようという考えに変わってきた。

ロマンチック・ラブの俗化によって、結婚ということが、二人の人間の「愛」による結合として極めて重い意味をもつことになった。その結果、ひと昔前から、そのような愛の関係を描いた映画が大いにもてはやされて、日本人も強い影響を受けたのである。このような「ロマンス」ものは、結婚は素晴らしい「ゴール」として描かれるのが特徴であり、映画を見ていても「めでたし、めでたし」と感じたりもするのだが、実際生活では、結婚はゴールどころか、スタート(しばしば苦悩のスタート)なのである。

ロマンチック・ラブを安易に受けとめての結婚は長続きはしない。とすると、夫婦関係、あるいはそこに生じる愛ということをどのように考えるのか、という難しい問題が起こってくる。このことは中年における大きい課題である。若い間はロマンチック・ラブの幻想のなかで生きていることもできる。しかし、中年になってくると現実がもっと見えてくる。そうなると、どうしても夫婦関係というものを見直し、関係をあらたにすることが必要になる。これは随分と苦しいことだ。これをどのようにやり抜くかは、その人の老後にも大いにかかわることになるであろう。

狐か鴛鴦か

志賀直哉の短篇『転生』は、ごく短いものながら、夫婦関係のあり方について考えさせられるところが大きい。とくに、これに続いて発表された一連の短篇や、作品と作者の実生活の結びつきの強さなどを考え合わせると、ますますその感を強くするのである。

『転生』のはじまりは次のようである。

〈或所に気の利かない細君を持った一人の男があった。男は細君を愛してはいたが、その気が利かない事ではよく腹を立て、癇癪《かんしやく》を起し、意地悪い叱言《こごと》を続け様にいって細君を困らした〉

この夫は妻を愛しているが、その気が利かないのを嫌って叱言ばかり言っている。「一たん虫の居所が悪いとなると、自分でも苦しくなる程、彼には叱言の種が眼の前に押し寄せて来た。そういう時彼は加速度に苛々《いらいら》し癇癪を起し、自分で自分が浅間しくなるのであった」。妻は夫が「お利口過ぎる」からだといい、今度は自分はできるだけ利口に生まれてくるので、夫にはもう少し馬鹿に生まれてきてもらいたいと冗談を言う。人間に生まれてきたのでは、いつまでたっても同じだから、動物に生まれてきては、と夫も冗談を言い、狐だと「厳格に一夫一婦」なのでよいのではという話になる。そのとき、「良人は一夫多妻主義の動物は何か、と考えていた。然しそれは口に出さず」に、狐は嫌だと言う。「夫婦仲のいい動物」をという妻に答えて、夫は「鴛鴦《おしどり》」がいいと提案する。

「さて、これからがお伽噺《とぎばなし》になる」と断りが入って、話は続く。何年か経って夫は死に、鴛鴦に生まれ変わって妻の死を待っていた。そのうち妻も死に、生まれ変わるときになって迷ってしまう。狐だったのか鴛鴦だったのか。鴛鴦だと思うのだが、彼女は日ごろ夫が口癖のように言っていたことを思い出した。「迷う二つの場合があると、お前はきっといけない方を選ぶ。たまにはまぐれにもいい方を選びそうなものだが、宿命的に間違いを選ぶのは実に不思議だよ」。

このことを彼女は思い出し、自分が鴛鴦だと思うところに「宿命の落穴がある」と思って、狐に生まれ変わる。女狐は夫を探して山野を歩きまわるが見つからない。疲れと空腹のあまり川辺に下りていったところで、鴛鴦になった夫と出会う。夫は妻の間違いに対して持ち前の癇癪を起こし「何と云う馬鹿だ！」とどなる。女狐は泣く泣く詫びるが、夫はまだ怒っている。「眼の前で怒鳴り散らしているおしどりは良人には違いなかったが、少し意識がぼんやりして来ると、それ以上にこの上ない餌食に見えて仕方なかった」。彼女は空腹に耐えられなくなった。「女狐は一ト声何か狐の声で叫んだと思うと不意におしどりに飛びかかり、忽《たちま》ちの内にそれを食い尽して了った」。何とも凄まじい話だが、この後に、「これは一名「叱言の報い」と云う大変教訓になるお伽噺である」というのがつけ加わり、結びとして次のような対話が述べられている。

〈「それは口やかましい良人に対する教訓なのですか」

「そうです」

「気の利かない細君の教訓にもなりますね」

「そうですか」

「叱言を言われてもその細君が良人を愛している場合には……」

「成程」

「これは貴方の御家庭がモデルなのでしょう」

「飛んでもない事です。私の家内は珍しい気の利いた女です。私とても至って温厚な良人です。私の家庭では叱言の声など聞く事は出来ません。文藝春秋と云う雑誌に私の名で家内安全の秘法を授く、と広告が出ていた位

です」〉

『転生』について直哉は「気軽な戯作《げさく》。その頃のゴシップ雑誌『文藝春秋』に夫婦和合の妙薬を私のところで売るという冗談が出ていたので、この雑誌から原稿を頼まれた時、こんなものを書いたが、自分でも或る程度の愛着は持っている」(『創作余談』)と述べている。「気軽な戯作」と本人は言っているが、ともかく作品として出すことにしたのだから、どこか心を動かされるものがあったのだろう。

冗談にしろ、「夫婦和合の妙薬」を売っていると言われるくらいだから、直哉の夫婦は仲の良い夫婦と思われていたのであろう。また夫は温厚で、妻はよく気が利いていた、というのも事実であろう。しかし、夫が常に妻に対して文句を言い、いらいらしていたのも事実だろうと思う。いったいどうして、ということになるだろうが、それはともかく、ここに「転生」という主題がでてきているのは、非常に興味深い。

直哉には『焚火』という短篇がある。そのなかでKという人が大雪の日の深夜、山の中にある自宅へ帰る途中で遭難しそうになるが、その日時に帰ることを知らせてもいないのに、Kの義兄が途中まで迎えに来てくれて驚いた、という話がある。聞いてみると、すでに寝ていたKの母親が、不意に義兄を起こして、「Kが帰って来たから迎いに行って下さい」と確信をもって言ったという。

直哉の体験している「自然」というものには、一般の日常的なものを超えたところがあったのではないかと思われる。おそらく「転生」などという考えも、彼にとっては自然に湧いてきたものなのであろう。転生ということも込みにして夫婦関係を考えてみる方が、より「自然」なのである。そのような目で、一般常識ではよく「和合」していると思われている自分の夫婦関係を見るとどうなるのかを、彼は『転生』で描いてみせたと思われる。

合一から裏切りへ

二人の人間の関係というものは、なかなか難しいところがある。二人の関係がよいとか悪いとか言っても、そこには随分と差があるものである。

日本では、二人の関係が「よい」と言う場合、どうしても二人が一体化していることを考えてしまう。お互いの間に秘密がない。お互いの考えや感情が、言葉で言わなくとも以心伝心にわかってしまう。このようなことが「よい関係」の理想のように思われている。しかし、果たしてそうだろうか。

西洋近代の自我を確立する生き方をよしとするならば、「よい関係」の前提として、二人の人間がそれぞれ独立していることが必要となる。独立した人間がお互いに関係をもつためには、言語によって自分を表現し理解し合うことが必要である。このような関係は、お互いがどのようにして、いかなる関係をもつようになったのか、その関係を維持、発展せしめてゆくのにはどうすべきかなどを、相当に意識化している。つまり、言語によって表現することができる、ということになる。

このように単純に割り切って示した二通りの関係のあり方は、実際の人間関係においては、双方が微妙に混ざりあったり、ニュアンスに差があったりして特徴づけられるものである。ただ下手をすると、前者のような形が強すぎると、その関係が二人のそれぞれの個性を歪ませたり、壊したりする方向にはたらいてしまう。また、後者の形が強くなりすぎると、関係はあるようでも、それぞれが強い孤独感に陥ることになったり、関係の維持のために相当な意識的努力を必要としたりするようなことにもなる。

ほとんどの日本人は現在でも、前者の関係をベースにしている。直哉の場合も、「仲の良い」夫婦関係は両者の一体感を基礎としてもっていた。しかしそうなると、新しい西洋の知識を身につけた直哉としては、そこから抜け出そうとして何かと妻に文句を言いたくなる。それほど大したことでなくても、何かと文句を言わないと、自分の自我が埋没してしまうような気がする。ところが一方では、そんな細かいことでガミガミ言っている自分を責めたり反省したりする気も起こってきて、自分を情けなく思う。そう思いつつ、二人の一体感の上に生きているので、自己嫌悪の気分が妻に向けられて、言わずもがなの文句を言う。このような悪循環が生ずるのだ。

妻の方も、つまらぬことでガミガミ言う夫を馬鹿げていると思うのだが、そこで完全に夫を切り離すのではなく、どこかで一体感を強化するような行為を、知らず知らずのうちにしてしまっているのである。夫も妻もわけのわからないまま、ガミガミ言う方と言われる方とに分かれているように見えながら、一体感をベースに生きていることになる。

夫としては、このようなよい妻をもっていながら、ついつい叱言を言っていらだつ自分に自責の念を強く感じることがある。そのようななかで作品『転生』が生まれ、それは冗談めかしたなかで、自分を罰するとともに、完全な一体感の完成を成し遂げる。つまり、片方がもう片方の腹に収まってしまうのである。

しかし、このような完全な一体感は、残念ながら長続きしない。もう一度、各人が別々の存在として適切な距離をとることをしなくてはならなくなる。そして、そのようなときに実にしばしば「裏切り」ということが生じる。

いかなる場合でも、「裏切り」をよしとする人はいないであろう。それは悪のなかでもとくに嫌われることであろうし、「裏切り」をした者は、どのような場合でもおそらく弁解できないのではなかろうか。そうではあっても、あまりにも強い合一を経験した二人のうちどちらかの一人が、もう一度自立した二人の関係に戻ろうとするとき、その方法は裏切り以外にないと言っていいほどなのである。そして、しばしば、そのような裏切りは無意識的に行われることが多いようである。

直哉の場合も例外ではなかった。『転生』によって、まさに「和合」の見本のような姿を描いて約一年後、直哉は妻を裏切ることになる。その経験は、彼の一連の作品、『瑣事』『山科の記憶』『痴情』『晩秋』のなかに述べられている。『痴情』には直哉の相手の女性について次のような記述がある。「女と云うのは祇園《ぎおん》の茶屋の仲居だった。二十《はたち》か二十一の大柄な女で、精神的な何ものをも持たぬ、男のような女だった。彼はこういう女に何故《なぜ》これ程惹《ひ》かれるか、自分でも不思議だった」。彼は自分でも不可解なままに一人の女性に惹かれ、そのことはすぐに妻に露見してしまう。

『山科の記憶』に書かれている夫婦の対話は、このような状況の夫婦の間にかわされる典型的な会話と言っていいだろう。以下少し長くなるが引用する。夫の不実を知って怒る妻と彼は話し合う。

〈妻は一生懸命だった。日頃少しも強く光らない眼が光り、彼の眼を真正面《まとも》に見凝《みつ》めた。彼にはその視線に辟易《たじろ》ぐ気持があった。然し故意に此方《こっち》からも強く、

「お前の知った事ではないのだ。お前とは何も関係の無い事だ」と云った。

「何故《なぜ》？　一番関係のある事でしょう？　何故関係がないの？」

「知らずにいれば関係のない事だ。そういう者があったからって、お前に対する気持は少しも変りはしない」

彼は自分のいう事が勝手であることは分っていた。然し既にその女を愛している自身としては妻に対する愛情に変化のない事を喜ぶより仕方がなかった。

「そんなわけはない。そんなわけは決してありません。今まで一つだったものが二つに分れるんですもの。そ

っちへ行く気だけが、減るわけです」
「気持の上の事は数学とは別だ」
「いいえ、そんな筈、ないと思う」〉
会話はまったく平行線で交わるところがない。しかし、ともかくここで二人が対等に争おうとしているところに意義がある。これまでは、馬鹿げているとさえ思われる夫の叱言に対して、ただ従っているだけの妻が、ここでは対等以上に戦える。妻が善で、夫が悪であることが、あまりにも明白であるからだ。理屈の上では負けるしかない夫は「高等数学」を駆使して対抗するが、あまり勝ち目はなさそうである。

死の体験

西洋におけるロマンチック・ラブは、もともと別個の存在として切り離されている二人が、不可能とも思える「合一」を願って、あくなき挑戦を繰り返すところに特徴がある。個別的に切り離された存在として自分を体験することがほとんどない日本人にとって、ロマンチック・ラブを理解することはきわめて難しいことである。おそらく日本にはロマンチック・ラブを主題とした文学などないのではなかろうか。

直哉の恋愛は事情をまったく異にしている。和合関係にある夫婦が、適切な距離をとった夫婦関係に移行するために必要な「裏切り」として、直哉はある女性と恋に陥る。先にあげた一連の作品について彼は、「この一連の材料は私には稀有《けう》のものであるが、これをまともに扱う興味はなく、この事が如何に家庭に反映したかという方に本気なものがあり、その方に心を惹《ひ》かれて書いた」（『続創作余談』）と述べている。恋愛よりも「この事が如何に家庭に反映したかという方に本気なもの」があったのだ。

中年の男の浮気が「稀有のもの」というのはどうかしていると言われるかもしれない。しかし、完全な和合の状態にある者にとって、それは「稀有」であり、それだからこそそれは深い意味を直哉夫妻にもたらすことになったのである。もっとも妻にとっては、「稀有」という言葉で表すのも不満なくらいであっただろう。『痴情』には妻の手紙の一節に「ほんとにほんとに信じて信じていてこんな事がありましたので御座いますから、此後《このご》はほんとに内しょでもいやで御座い升」というところがある。「ほんとに」と「信じて」を繰り返すところにその気持ちが示されている。妻が「絶対」と思っていたことがくずれたのである。

直哉も時が経つにつれて事の本質がわかってきたのであろう。例の一連の短篇を発表した一年後に『邦子』を発表する。前期の作品群が直哉の実生活にほとんど直結している感じを与えるのに対して、『邦子』は実生活と相当距離をおいたものになっている。邦子は主人公の妻であるが、カフェではたらいていたり、だれかの妾になっていたりした女性として描かれている。しかし、そこに描写されている夫婦の感情、夫の愛人に対する関係などは、すでに述べてきたような一体感からの離脱の苦しみを如実に伝えてくれる。

たとえば二人の結婚は次のように述べられる。「邦子は私達の生活に此上ない満足をしきりに現した。自分の生涯にこう云う幸福が来る事は全く予想しなかった事を繰返して云った。私も幸福だったが邦子をそれ程幸福にしたと思う事が又幸福感となって私に還って来るのだ」。邦子は満足であったが、夫の方はだんだんいらついてくる。「好人物の平和」に彼は耐えきれなくなってきた。彼は邦子に「何年となく続いて来た此平穏無事で、水蜜桃じゃないが、尻の方から腐って来たような気がして居るんだ」とさえ言う。ついには、「お前は俺を家畜だと思っているだろう」などというが、邦子にはまったく心外なことだ。

男はある女優に夢中になってしまう。「腹から夢中になったかどうか、自分でもよく分らないが、兎に角夢中になった」のだ。しかしこのことも露見して夫婦の争いとなる。平行線をたどる会話のなかで邦子は「家中《うちじゅう》が何か一つのもので結び合っていたような気がしていたのが、近頃は貴方は貴方、私は私、子供達は子供達、という風に妙に離れ離れになって何だか淋しくって仕方がない」と言う。そして、邦子は自殺する。

「邦子《くにこ》が自殺した事は何といっても私の責任だ」というのが『邦子』の書き出しである。直哉は自分の行為が妻に死をもたらすものであることを認識し、その責任を感じている。「私は私の不幸事(「邦子の」と云わず、敢えて「私の」という)を書くつもりだ」と直哉は書いているが、邦子の死は直哉にとっても、ひとつの死の体験でもあった。

それにしても、「転生」という題は示唆的である。長い夫婦生活を本当に意味あるものとし、真の「関係」を打ち立ててゆくためには、夫婦は何度か死の体験をし、転生してゆくことが必要なのである。その間には相手に食われたり、自殺に追いやったりすることはあっても、転生して関係を続ける限り、それはますます深いものとなってゆくであろう。

(引用は、新潮文庫『小僧の神様・城の崎にて』、岩波書店刊『志賀直哉全集』から。引用にあたって旧字、旧仮名づかいを改めました)

第十二章　自己実現の王道――夏目漱石『道草』

思いがけないこと

人生ではだれもが、まったく思いがけないことにぶち当たる経験をする。とくに中年においては、だいたい自分の人生というものが見えてきて、将来の見通しなども立っていると思っているところに、その軌道を狂わすようなことが思いがけず生じるのである。それはいろいろな形でやってくる。自分や近親者の病気、事故、天災もある。自分としては何の悪いところもないのに、突然に不幸や苦悩のなかに突き落とされるのである。

そのような思いがけないことのために軌道を狂わされ、それ以後は一生、そのことを嘆いて暮らしている人もいる。最初のうちは同情していた人も、だんだん「またか」と思うようになる。愚痴を聞かされるのが嫌で人が離れてゆき、不幸の上塗りになったりもする。しかし考えてみると、ほとんどの人が大なり小なり、そのような体験をしているのであり、それにどのように対処するかによって、その人のユニークな生き方がつくりだされてゆくとも言えるのである。

思いがけないことによって軌道を狂わされるというのは、自分が予定したり、周囲が期待したりしている道筋から言えば、明らかに余計な「道草」を食わされることになるのだが、実のところ「道草」には深い意味がある。

というよりは、一般に「道草」と見えることに対して意義を見いだすことは可能であり、このごろはやりの「自己実現」などという語を使うとすると、むしろそちらのほうこそが、自己実現の王道であると言えるように思えるのである。社会的期待の道筋に乗ってしまうと、それはあまりに一般的すぎる。それに比して「道草」のほうは、自己のかかわりが見えやすいとも言うことができる。

このようなことを示すのに最適とも言える夏目漱石の『道草』を、取りあげることにした。岩波文庫『道草』の相原和邦氏の解説によると、「『道草』は『吾輩は猫である』を発表した前後の漱石の体験をそのまま描いた自伝小説だとこれまで素朴に信じられてきた」らしい。しかし相原氏も指摘しているように、「この作品は、右のような期間の実生活をそのまま写し取った小説ではない」と筆者も考える。『道草』の主人公の健三は三十六歳である。しかし、この作を執筆したときの漱石は四十九歳。死の一年前である。当時の状況などから考えて、これは十分、老境に至ってからの作品と言うことができる。主人公の年齢も、現代にあてはめると、四十〜五十歳の人間として考えてもいいのではなかろうか。

『道草』の主人公の健三はある日、自宅の近くで「思い懸けない人にはたりと出会った」。二十歳のときに縁を切り、その後十五、六年も会っていない人物に、「はたりと出会った」ときの当惑と不気味な感じを、漱石はうまく描写している。何か予期せぬ嫌なことのはじまる前触れである。帰宅後もずっとそのことを気にしていたが、健三はそのことを妻のお住には何も語らなかった。「機嫌のよくない時は、いくら話したい事があっても、細君に話さないのが彼の癖であった。細君も黙っている夫に対しては、用事の外《ほか》決して口を利かない女であった」。

最初のところにこのように夫婦のようすが語られるが、『道草』全編を通じて中心となるのは、この健三とお住の関係と言ってもいいだろう。それを揺さぶったり、固めたりするために、いろいろな人物が登場すると考えられる。そのような揺さぶりの中心人物が、健三が「思いがけなく」出会った島田という老人である。健三は三歳から八歳までの間、島田の家に養子にやられ、島田の浮気が原因で離婚騒ぎが起こったときに実家に戻ってきた。後くされのないように健三の父がすべてを片づけてくれていたのだが、そんなことにお構いなく、島田はジワジワと健三に接近してくる。

健三は当時には珍しい「洋行帰り」の学者で、大学の先生をしている。親類縁者から見れば「出世頭」である。どうせたくさん儲けているのだから、ちょっとぐらいこちらにくれてもいいだろう、と彼らは考える。『道草』の中心に夫婦関係があると述べたが、男と女という、どうしようもなく異なるふたつの存在の関係のあり方が問題となるうえで、『道草』のなかには、実にさまざまな対立が隠されている。論理と感情、新と旧、外向と内向などなど、数えるといくらでもあるだろう。それらの間で健三もお住も揺れるのであるが、人生観の上での新と旧ということも大きい要素である。

出世をしようが何をしようが、親類縁者にたいして不必要な援助をする必要などない、という個人主義の考え。それに対して、親類のためとあらばどんなこともして当然という考え。洋行帰りの健三は意識的には前者を強調するが、深いところでは結構、後者の考えもかかえこんでいる。健三は真剣に取り組むべき、たくさんの対立課題をもっているのだ。

「思いがけないこと」は、まったく偶然に人を不幸やわずらわしさの中に引き込んでゆくように思える。しかしよく見ると、それは当人を実に巧みに未解決の問題との対決へと導くところがあり、それは必然的とさえ感じられるものである。課題の多い中年に「思いがけないこと」が案外よく起こるのは、このせいかもしれない。

「健三は実際その日その日の仕事に追われていた。家《うち》へ帰ってからも気楽に使える時間は少しもなかった」「それで彼の心は殆《ほと》んど余裕というものを知らなかった。彼は始終机の前にこびり着いていた」。海外で吸収した多くの知識を持ち、若い学生たちの前に立って、健三はひたすら未来に向かって前進しようとする。しかし、不意に現れてきた島田は、彼を過去の世界へと引きずり込むのだ。「親類づきあいよりも自分の仕事の方が彼には大事に見えた」のだが、島田の接近に伴って、その対策を考えたりする必要上、健三は兄や姉の家庭を前よりはよく訪問しなくてはならなくなる。実はこの姉には「健三は些少《さしよう》ながら月々いくらかの小遣を」あげている。ところが訪ねていっているうちに、姉の随分と曲がりくねった話のなかから、要するに月々の小遣いを値上げしてくれと言っているのだと了解し、それを承知したりせねばならなかった。

外からの圧力が高まり、過去のいまわしい記憶が新たにされてくるにつれ、健三とお住のかわす会話もトゲのあるものになってくる。健三とお住の会話を漱石は実に見事に示してくれる。お互いに関係を持とうと努力しはじめるのだが、どこかでそれがプツンと切れて、どうしようもないという感じと、相手が悪いのだというやり切れない感じとが残る。

〈彼は独断家であった。これ以上細君に説明する必要は始めからないものと信じていた。細君もそうした点において夫の権利を認める女であった。けれども表向《おもてむき》夫の権利を認めるだけに、腹の中には何時も不平があった。事々《ことごと》について出て来る権柄《けんぺい》ずくな夫の態度は、彼女に取って決して心持の好いものではなかった。何故《なぜ》もう少し打ち解けてくれないのかという気が、絶えず彼女の胸の奥に働らいた。そのくせ夫を打ち解けさせる天分も技倆《ぎりよう》

も自分に充分具えていないという事実には全く無頓着《むとんじやく》であった〉

夫婦というのは不思議なもので、お互いに話し合いたいとか、近づきたいと思っていても、ふとしたことですれ違ってしまうと、ものを言う気が起こらなくなったり、いらいらしたりしてしまう。健三は、お住が金の工面に困って質屋に行ったことを知り、原稿を書いて臨時の収入を得る。ところが、その金は封筒入りのまま健三によって畳の上に放り出され、お住のほうもそれを黙って受けとる、という形になってしまう。

〈その時細君は別に嬉《うれ》しい顔もしなかった。しかしもし夫が優しい言葉に添えて、それを渡してくれたなら、きっと嬉しい顔をする事が出来たろうにと思った。健三はまたもし細君が嬉しそうにそれを受取ってくれたら優しい言葉も掛けられたろうにと考えた。それで物質的の要求に応ずべく工面されたこの金は、二人の間に存在する精神上の要求を充《み》たす方便としてはむしろ失敗に帰してしまった〉

お互いに努力はしているのだ。しかし、それは無駄あるいは失敗ということになってしまうのだ。

島田はしばしばやってきて長居をし、健三が仕方なくなにがしかのお金をつかませると帰っていった。そのたびに健三は島田の家にいたときのことを思い出し、また兄や姉との接触から、彼らの過去の生活を思い出したりした。「健三は自分の背後にこんな世界の控えている事を遂に忘れることが出来なくなった。この世界は平生《へいぜい》の彼にとって遠い過去のものであった。しかしいざという場合には、突然現在に変化しなければならない性質を帯びていた」「彼は自分の生命を両断しようと試みた。すると綺麗《きれい》に切り棄《す》てられるべきはずの過去が、かえって自分を追掛《おつか》けて来た。彼の眼は行手を望んだ。しかし彼の足は後《あと》へ歩きがちであった」。

われわれは時間を過去・現在・未来のように分け、そして時には健三のようにその過去を切り棄てようとしたりする。しかし、そんなことはできるはずはない。すべてが全体としてできあがっていて、その一部を取り去ることなどできないし、漱石の言うように、過去は「突然現在に変化しなければならない性質を帯びてい」るものなのだ。老人の島田は健三に、不思議なイメージを提供した。「健三の眼に映じたこの老人は正しく過去の幽霊であった。また現在の人間でもあった。それから薄暗い未来の影にも相違なかった」。まさにそのとおりで、過去は現在とも未来とも一体となって現前するのである。

「どこまでこの影が己《おれ》の身体《からだ》に付いて回るだろう」と健三の心は不安に揺れる。

それでも「影」は身体から離れることなどないのだ。島田だけではない。島田の先妻、つまり健三の養母までが、どこでどう嗅ぎつけたのかやってくるようになった。何やかやと喋ったあとで彼女は、車代にでもと健三が差し出す五円の金を、そういう意味で訪問したのではないといいつつ受け取ってゆく。そして、そのような訪問がまた繰り返されるのである。

ここには簡単に述べてしまったが、島田や彼の先妻などの「訪問」の姿や、彼らと健三とのやりとり、何ともならない健三の気持ちなどを、漱石は丹念に描き出すので、読んでいる側も水飴がひっついてくるような、あるいは真綿で首をしめられるような、何ともやり切れない気持ちになってくる。しかし、あとでも述べるように、その細部のひとつひとつが大事なのだ。

視点の移動

読む側もやり切れないと言ったが、実は『道草』を読みすすんでいるうちに、そのような感情とまったく異なる感情が湧いてくるのを感じる。出世した男に金をせびりに来る親類縁者、それをめぐっての夫婦のやりとり、いわば「どろどろした」と形容したくなるような人間関係のしがらみを、細部にわたって丹念に語りながら、その合間にそれとはまったく逆の、澄んだ空気がふと肌に触れるような、あるいは清流の流れる音をふと耳にするような、透徹した感じがするのである。

これはいったい、どうしてだろう。筆者は実のところ小説をあまり読まないが、漱石は好きで、若いときに作品はすべて読んだ。どれもが好きだったが、この『道草』がとくに印象に残り、その後、何かにつけてよく思い出した。中年になってから読み直してみて、この澄んだ感じが印象的だったのだと思うとともに、その要因として、このようなことを記述している作者の視点が、実に高いところにあることに思いいたった。この小説の主人公は健三である。しかし、その健三のもっと高いところから、お住と健三から等距離にあると思われる高さからの発言が、『道草』のなかに認められる。

既に引用した文にもあったが、それは健三に与するのでもなく、お住に与するのでもない。どちらもどちらとしか言いようのないようすが述べられているのである。たとえば、新しい個人主義の考えによって自分の能力を開花させてゆくか、あくまで他への配慮を優先し自己犠牲を強いてゆく昔風の考え方をするのかという点で、「不思議にも学問をした健三の方はこの点においてかえって旧式であった。自分は自分のために生きて行かなければならないという主義を実現したがりながら、夫のためにのみ存在する妻を最初から仮定して憚《はば》からなかった」と述べられている。「二人が衝突する大根《おおね》は此所《ここ》にあった」とも。

あるいは、物語のはじめのあたりだが、健三が風邪気味でくしゃみを連発する。それを黙って見ている妻に対して、「健三も何もいわなかったが、腹の中ではこうした同情に乏しい細君に対する厭《いや》な心持を意識しつつ箸《はし》を取った。細君の方ではまた夫が何故《なぜ》自分に何もかも隔意なく話して、能働的《のうどうてき》に細君らしく振舞わせないのかと、その方をかえって不愉快に思った」とある。つまり、健三もお住もどちらにも言い分はあるのだ。そして、どうにもならないのである。
既にその解説を引用した相原氏は、『道草』の基になったと思われる漱石の体験を記した「日記」と『道草』とを丹念に比較して、「日記の方では妻だけを非難し、口をきけばきいたで、一方的に相手を疑っている。しかるに、『道草』においては、妻だけでなく健三にも批判的な目を向けているばかりか、むしろ健三批判が先に立ち、妻に対する批判的な位置づけはこれに従属した副次的なものとして提示されている」ことを明らかにしている。このような視点の移動が『道草』のなかに、実に印象的に認められる。

漱石は養子にやられた。八歳のとき養子先から帰ってきたとき、実家の両親は、むしろ厄介者が増えたという感じで受けとめた。つまり、漱石は他の人たちと違って、二組の両親をもったとも言えるし、どこにもほんとうの親はいなかったと言ってもよかった。子どもは世界を見るときに親の目を借りて見ることをし、それによって大人になることを覚える。しかし漱石は、そのような確かな親の目を持たなかった。このため大人になり損なう人もあるだろうが、漱石は普通の大人がもつ視点をはるかに超えることを学びとったのではなかろうか。このような視点によって『道草』は、私小説になることを免れていると思われる。

『道草』の話に戻ると、お住は妊娠し、「妾《わたくし》今度《こんだ》はことによると助からないかも知れませんよ」と言う。お住は何かを予感したのだ。もっともそれが何であるかはわからず、ともかく「死」の影に重なって彼女には見えたというわけである。

しかし、案ずるより産むが易しで、お住は女の子を安産する。これで三人目の女の子である。健三は考える。

〈「ああいうものが続々生れて来て、必竟《ひっきょう》どうするんだろう」

彼は親らしくもない感想を起した。その中には、子供ばかりではない、こういう自分や自分の細君なども、必

竟どうするんだろうという意味も朧気《おぼろげ》に交《まじ》っていた〉

「必竟どうするんだろう」というのは、根源的な問いである。人間のひとりひとりが自分に問いかけてみることではなかろうか。このまま生き続けて「必竟どうなるのか」。答えは簡単である。「死ぬこと」、必竟誰もが死ぬ。しかし、その答えだけで満足したり、安閑としておれないのが人間というものではなかろうか。『道草』のなかにはこのほかにも「必竟」という表現の出てくるところがある。健三があまりにもムシャクシャするので、子どもにきつく当たってしまって後悔するところである。健三は、「己《おれ》の責任じゃない。必竟《ひっきょう》こんな気違じみた真似《まね》を己にさせるものは誰だ。そいつが悪いんだ」と思う。この必竟も、前の問いの必竟に呼応するものだ。自分の人生の背後にあって、どうしようもないこの過程を押しすすめているのは「必竟誰なのだ」、これがわかれば「必竟どうするんだ」という問いに対する答えがわかるだろう。

片付かない人生

子どもが安産だったせいもあってか、健三とお住は冗談まじりの——しかし、深刻ともとれる——会話をした。

〈「今度《こんだ》は死ぬ死ぬっていいながら、平気で生きているじゃないか」

「死んだ方が好ければ何時でも死にます」

「それは御随意だ」〉

こんな会話をかわしながら健三は赤ん坊を見た。「健三はこの小さい肉の塊りが今の細君のように大きくなる未来を想像した。それは遠い先にあった。けれども中途で命の綱が切れない限り何時か来るに相違なかった」。このような想いのなかで健三は急に、「人間の運命はなかなか片付かないもんだな」と言って、お住を驚かせる。

〈彼の心のうちには死なない細君と、丈夫な赤ん坊の外に、免職になろうとしてならずにいる兄の事があった。喘息《ぜんそく》で斃《たお》れようとしてまだ斃れずにいる姉の事があった。新らしい位地が手に入《い》るようでまだ手に入らない細君の父の事があった。その他島《た》田の事も御常《おつね》の事もあった。そうして自分とこれらの人々との関係が皆なまだ片付かずにいるという事もあった〉

ここにはいちいち紹介できなかったが、『道草』のなかには多くの「片付かない」ことが列挙されている。ところが、島田の件が「片付く」のである。と言っても健三は百円の金——当時なら相当の大金であろう——を島田に手渡さなければならなかったのだが。ともかく仲介者を介して後くされのないように話を片付けたのだから、よしとすべきである。ここで印象的な『道草』の終結が語られる。少し長いが引用してみよう。島田の一件が片付いたと喜ぶお住と健三との間に次のようなやりとりがあって、この小説は終わりとなる。

〈「まだなかなか片付きゃしないよ」

「どうして」

「片付いたのは上部《うわべ》だけじゃないか。だから御前は形式張った女だというんだ」

細君の顔には不審と反抗の色が見えた。

「じゃどうすれば本当に片付くんです」

「世の中に片付くなんてものは殆《ほと》んどありゃしない。一遍起った事は何時までも続くのさ。ただ色々な形に変るから他《ひと》にも自分にも解らなくなるだけの事さ」

健三の口調は吐き出すように苦々しかった。細君は黙って赤ん坊を抱き上げた。

「おお好《い》い子だ好い子だ。御父さまの仰《おつし》ゃる事は何だかちっとも分りゃしないわね」

細君はこういいいい、幾度《いくたび》か赤い頬《ほお》に接吻《せっぷん》した〉

「片付いた」と言う妻に対して、健三は「世の中に片付くなんてものは殆んどありゃしない」と答える。彼がこんなふうにこだわるのは、先に述べた根源的問いかけが彼の心のなかにずっとあるからだと言っていいだろう。終わりになる少し前のところで、健三が人通りの少ない町を歩きながら考える場面がある。ここにも「必竟」が出てくるのだ。

〈御前は必竟《ひっきょう》何をしに世の中に生れて来たのだ」

彼の頭のどこかでこういう質問を彼に掛けるものがあった。彼はそれに答えたくなかった。なるべく返事を避けようとした。するとその声がなお彼を追窮し始めた。何遍でも同じ事を繰り返してやめなかった。彼は最後に叫んだ。

「分らない」

その声は忽《たちま》ちせせら笑った。

「分らないのじゃあるまい。分っていても、其所《そこ》へ行けないのだろう。途中で引懸っているのだろう」

「己《おれ》のせいじゃない。己のせいじゃない」

健三は逃げるようにずんずん歩いた〉

つまり「御前は必竟何をしに世の中に生れて来たのだ」という問いを念頭においているかぎり、そう簡単に「片付く」ことなどないのである。

ではどうするべきか。答えは『道草』全編を通して語られている。「己のせいじゃない」としか言いようのないたくさんの道草を食わされて生きている。その細部のひとつひとつを高い視点からしっかり見つめること。

「己のせいじゃない」と言いつつ、それをやっているのはやっぱり自分なのだ。自分にもわからない自分を生きることとは、その自分を自己と呼ぶならば、自己実現ということになる。自己実現は到達するべき目的地なのではなく、過程なのである。

「分らない」「己のせいじゃない」と健三は言う。「無信心な彼はどうしても、「神には能く解っている」という事が出来なかった。もしそういい得たならばどんなに仕合せだろうという気さえ起らなかった。彼の道徳は何時でも自己に始まった。そうして自己に終るぎりであった」。

ここに言われる「自己」は狭い意味における自己である。しかし、すでに明らかにしてきたように、『道草』の視点はその自己をはるかに超えている。と言っても別に彼の人生がにわかに変わるわけではない。これまでと同じことを繰り返すだけなのだが、すでにそれは立派な自己実現の過程になっているのだ。島田たちの出現で道草を食わされた健三は、それによって自己実現の過程を歩むことになった、と言えるのではなかろうか。

（引用は、岩波文庫『道草』から）

Ⅲ

老いのみち（抄）

I

話がちがう

現代における「老い」の問題は実に深刻である。それがどんなに大変なことか、ひとつのたとえ話をしてみよう。

町内の運動会に参加。五百メートル競走に出て、必死になって走り抜き、やっとゴールインというところで、役員が走り出てきて、「すみません八百メートル競走のまちがいでした。もう三百メートル走ってください」などと言うとどうなるだろう。最初から八百メートルと言われておれば、もちろんそのペースで走っている。五百のつもりで走ってきたのに、それじゃ話がちがうじゃないか、誰があと三百メートルも走れるものか、ということになるだろう。

現代の老人問題にはこのようなところがある。人生五十年と教えられ、そろそろお迎えでも来るかと思っていたのに、あと三十年あるというのだ。そんなことは考えてもみなかったことだ。昔も長寿の人がいたが、それは特別で、それなりの生き方もあった。ところが今は全体的に一挙に人生競走のゴールが、ぐっと遠のいてしまった。

こう考えると、現代の「老い」の道は、人類が今まで経験していなかったことであることがわかる。みちは未知に通じる。老いの道は老いの未知でもある。このような未知の問題について考えてみようと思う。大上段にふりかぶっての論議ではなく、思いつくままに気楽に書かしていただくので、読者の方々はそれをヒントにして、自分なりの考えを発展させていただきたい。

逆転思考

「老い」はなかなか難しい問題で、一筋縄のことで解答が出てくるものではない。思いきった発想の転換という点で、次に示す昔話は示唆するところが大きい。

昔々、ある殿様が老人は働かず、無駄だから山に捨てるように、というお触れを出した。ある男が自分の父親の老人を捨てるにしのびず、そっとかくまっておいた。殿様はあるとき、灰で作った縄が欲しいと言いだした。皆がわれもわれもと灰で縄をなおうとするが、どうしても作れない。例の男が父親に相談すると、わらで固く固く縄をない、それを燃やすといいと教えてくれた。なるほど、やってみると灰の縄ができたので殿様に献上した。殿様は喜んで誰の考案かと言う。実はかくまっていた老人の知恵で、と白状すると、殿様は、老人は知恵があるので、以後捨てずに大切にするようにとお触れを出した。

この話でおもしろいところは、縄を作ってから灰にするという逆転思考である。そこで、われわれもこの逆転思考を老人のことに当てはめてみよう。「老人は何もしないから駄目」と言うが、「老人は何もしないから素晴らしい」と言えないだろうか。青年や中年があれもこれもすると走りまわっているのは、それによって、生きることに内在する不安をごまかすためではなかろうか。何もせずに「そこにいる」という老人の姿が、働きまわる人々の姿を照射して、不思議な影を見せてくれるのである。

老人ホームで仕事をしておられる方に話をうかがうと、いろいろ考えさせられることが多いが、そのなかで印象的なことをひとつ。

うちに帰る

いわゆる老人ボケのために、施設を出て急に「家に帰る」と言う人がある。知らぬ間に出て行ってしまう人もある。そのなかで、とくに女性は、「うちに帰る」という「うち」は自分の実家を指していることが多いという。結婚歴五十年の人でも、その前の二十年間住んでいた家が「うち」として浮かんでくるのである。

老人の記憶は近くに起こったことより昔に起こったことのほうをよく覚えている、という一般論だけでこれを説明するのは、少し単純のようである。というのは、壮年期の人でも夢のなかで「自分のうち」という感じで出てくるのは、自分の生まれ育った家であり、そのときに結婚して住んでいる家でないことが多いのである。「うち」は「家」とちがって、なんとも言えぬなつかしい響きがある。

こんなところから少し飛躍して考えると、心のなかにしっかりとした「うち」をもっている人は、一人でどこに住んでいても、「うちへ帰る」などと言ってうろうろしなくてもいいのかな、などと思えてくる。

「うちへ帰る」をもうひとひねりして「土へかえる」などとすると、「土へかえる」覚悟のできている人は強いだろうな、とも思う。若い間は覚悟ができていると言いながら、年をとるとうろうろする方もおられるが。

ごほうび

ほうびをもらうのはうれしいことだ。ほうびなどを当てにして生きているのではない、という人もあるが、やっぱり、もらうとうれしいのではなかろうか。

作家の埴谷雄高さんは、昭和二十一年(一九四六年)から書いている『死霊』という小説を、八十歳をこえた現在も書き続けている、稀有な人である。その埴谷さんの評論集『雁と胡椒』(未来社)を読んでいると、おもしろいことが書いてあった。

埴谷さんはハンガリーの「甘口」のワイン、トカイ・アスズ・3プット(プットノスの略)が大好きで、深夜にそれを飲み飲み原稿を書いておられるらしい。トカイには級があって、トカイ・4プットは3プットの倍近い価格、5プットは四倍近い高価格とか。それらの三種類をそなえ、埴谷さんは、『死霊』の一章ができあがったときは4プット、山場の一章ができあがったときは5プットを飲んで自ら孤独の祝杯をあげる」とのことである。

つまり、埴谷さんは自ら「ごほうび」を準備し自らに与える演出をうまくやることによって、創作欲を高めているのである。もっとも価格は四倍ほどになっても、それほどうまいとは言えないので、「その深夜の孤独の数杯もただの自己瞞着の祝杯にすぎない」などという、突き放した言葉もあって、ほうびに酔ってしまわないところもさすがである。

老いを意義あるものとするためには、各自の少しずつの工夫がいるように思われる。

家出

相談に来られた七十歳近い女性の方が、次のように言われたことがある。

考えてみると、自分は子どものころから、人に従ってばかり来た。子どものときは父親の言いつけにひたすら従い、結婚してからは夫に従い、夫が死んでからは、息子の言うことに従ってきた。長い人生で、本当にこれは自分のやりたいことをやった、というのがひとつもない、と言われる。

また、こんなことも言われた。夫に名前を呼ばれたとき、「はい」と言ってから立ちあがるのではすでにもう遅く、「は」というときに立ちあがっていないといけないのであった。

このお話を聴きながら、私にはこの方の人生が見えてくるような気がした。いつもいつも、誰かに仕え、誰かに従い、自分を無にして生きてこられたのであろう。ひと息ついて、この方は、「しかし、今になって、私は自分のやりたいことを一度してみたいのです」と言われる。

いったい何が、と問いかけると、「家出がしたい」と言われた。

共感と驚愕と入りまじった気持ちで、私が返事に窮しているのを見ながら、ともかく一度、家族というしがらみを断って、一人で飛び出てみたいのだと言われる。話し合っているうちに、家出の実現は思いとどまられたが、私は、「家出」と言われたときの、この方の少女のように輝いた目を忘れることができない。

老化の尺度

人間は年とともに老化してゆく。このことは避けることができない。問題は、自分の老いの程度を知らず、いつまでも若いつもりで無理をして失敗してしまうことである。しかし、老眼であると知って、眼鏡を使えば、それをカバーできるように、人間は老化をカバーする方法もいろいろと考案してきた。

自分の老化の程度を知るときに、身体のほうは比較的わかりやすいのではなかろうか。しかし、心のほうはあんがいわかりにくい。

心の老化を測る尺度のひとつとして、「最近の若い者は」という非難を口にしたり、したくなる、ということがある。若い者といってもいろいろといるはずだ。それをひとからげにして「最近の若い者」という言い方でとらえてしまうのは、老と若という対立の「老」のほうに自分の身を置いていることを意味している。これは、立派な老化現象である。

このように考えると、三十歳代、二十歳代でも「最近の若い者は」式のことを言う人を見かけることに気づくが、この人たちは相当に早くから精神的老化現象にかかっているのである。それが別に悪いと言う気はないが、その「自覚」はやはり必要である。日本は西洋よりも「老」の評価が高いので、若くから老化したがる人が多いのかも知れない。

「最近の若い者は」などと、あまり言わぬようにしていても、つい言いたくなるところがおもしろいところで、そのたびに老いの齢を重ねている自覚をもつべきである。

盗難

中年の男性から、母親のことで相談を受けた。自分は一人っ子だが、結婚してから両親と別居。両親もそのほうが気楽だからと言うので、これまでは問題なく過ごしてきた。ところが、最近は母親が高齢のため、頭がおかしくなったのか、何かにつけて「盗られた」とよく言うようになった。しかも困ったことに、母が「盗られた」と思いこんでいる金のネックレスと同じもの(実はよく似ているだけだが)を自分の妻がしていたのを見て、何かにつけて盗むのは「うちの嫁だ」と思い込みはじめた。それ以後、「嫁に盗られた」を連発するのである。困り果てて医者のところに連れていったが、医学的には脳になんらの異常もないと言われた。これはいったいどうしたものか、という相談である。

老年に出てくる妄想のなかで、「盗難」ということはよくある。ところで、この場合、それを「妄想」とのみ考えず、年老いた母から息子へのコミュニケーションの暗号文として解読の努力をしてみてはどうであろう。母親からのメッセージは簡単だ。「おまえは、自分の妻が何かを私から盗んだことを知っているのか」ということだ。

「あっ、それは自分の一人息子を盗まれたということですか」と、この男性は気づかれた。人生には盗みも必要なときがある。しかし、それ相応の贖《あがな》いをしていないとき、賠償要求は思いがけない形で出てくるようである。

写経

お年寄りの方で写経をされる方が多いようである。心を落ち着けて習字をする、というだけで随分といいことなのに、そのうえ、有難いお経を写すのだから、ほんとうに素晴らしいことである。静かなお寺の一室などで写経させていただくと、心が整えられてゆくような感じさえする。

写経をしてお寺に供え、極楽往生を願うということは、わが国では古来より行われていた。字の書けない人や下手な人は、上手な人にお礼を出して書いてもらい、それを供えたようである。写経のことは、古来の文献のなかにいろいろと書かれているが、『宇治拾遺物語』のなかに「敏行朝臣ノ事」という次のような話がある。

敏行という人は書が上手だったので、人に頼まれてよく写経をしてあげた。あるとき、急に誰かに引ったてられて閻魔大王のところに連れて行かれた。それは敏行が写経する前に魚を食べたり女と交わった後で手を清めないままにしたので、写経をしてもらった人たちが地獄に落ち、その恨みのために引ったてられてきたというのである。見ると写経に使った墨が流れて黒い汚い川となっている。

その後どうなったかもおもしろい話だが、ここでは省略して、ともかく、写経も「汚れた手」でやっていたのでは、逆効果になるというところがおもしろい。写経をしておられる方は、自分がどんな手でそれをしているか、ときに反省されるとよろしいようである。

いい年

日本語には、「いい年をして」という表現がある。「ダンスを習いはじめるって？　いい年をして、やめときなさいよ」と言ったり、「いい年をして、あんな派手な柄の着物を着て……」などと、人を非難するときに用いられる。これはなかなか強力な表現で、言われたほうは、ガクッと参ることが多い。「そうか、オレももういい年なんだ」と思わされると、せっかくの意欲も急激にしぼんでしまう。

こういう表現は慣用的殺し文句とでも言うべきであろうが、わが国ではなにしろ「人様がどう思っているか」ということを常に気にしなくてはならない傾向が強いので、この種の殺し文句には弱い人が多い。そこで、これらの慣用的殺し文句を縦横に使って、他人の意欲をなくさせるのを趣味にして生きている人もいるありさまである。

このような風潮が老人の世界を狭くし、灰色のものとしていることが多いのではなかろうか。そこで、これからの老人は、この殺し文句を逆手に使って次のように言ってみてはどうだろう。「この年齢になって、ダンスをはじめることにしたのです。ほんとうにいい年だと思います」とか、「この年になってまだこんな、花柄の着物を着てるんですよ、いい年だと思いますよ」とか言ってみると、相手も「いやあ、いいお年ですね」とか賛成したくなるのではなかろうか。老いることは「いい年」を生きることなのである。

心配事

「この孫のことだけが心配で、夜も眠れないのです」と、年配のある男性が、私を真剣に見つめながら話される。それも当然で、孫の高校生は、学校に行かないで家にこもったきりである。夜と昼が逆転してしまって、昼は眠り、夜になると起きだして冷蔵庫をあけて好きなものを食べ、深夜放送を聴いたり、何か本を読んだり、紙切れに何か書きつけたりしている。

たった一人の孫のことを祖父が心配するのも当然のことである。一人娘に養子をもらったが、孫ができてすぐに不都合なことがあって離縁した。それ以後、祖父・母・息子という三人家族で、祖父はひたすら孫の成長を楽しみに生きてきた。幸か不幸か財産が大分あったので、祖父はそれほど仕事をする必要もなかった。そこで、祖父のすべてのエネルギーは孫の養育にそそがれたと言ってよかった。孫もそれにこたえて、高校入学までは本当にいい子だった。勉強もよくできた。それが、今はこのありさまなのである。

「お孫さんのことはご心配でしょう。お察しします。しかし、それだけが心配というよりも、もう少し他にも心配することを見つけられてはいかがですか」と私は申し上げた。人間、少し視野を広げると心配事はいっぱいあるはずだ。それなのに、「孫だけ」に集中されるとたまったものではない。孫はその重荷に耐えかねて、歩けなくなっているのである。

臣民

松田道雄先生はかねてから尊敬申しあげているお医者さんである。子どもの育て方や、子どものことについて名著をたくさん出されて、教えられるところが多かったが、老人問題についても傾聴すべき意見を述べておられる。

松田先生の「市民的自由としての生死の選択」という評論に次のような意見が述べられている(『老いの発見2』岩波書店)。

病院でたくさんの薬をもらって出てくる老人に、その薬の名前とか効用とか、どのくらいの期間飲むのですか、などと質問しても、おそらく九十九パーセントの人が答えられないだろう。しかし、もしその老人が同じ質問を主治医にしたら、「かつての不敬罪の犯人のように、しかりつけられるだろう」。

「「老人性疾患」にとりつかれて医者にかかった瞬間から、老人は「患者」になる。のこされた今をいかに生きるかという老人問題は医者にとりあげられてしまう。「患者」はかつての「臣民」以上に自立した市民であることをゆるされない。」

日本の医者は「医者にまかせなさい」という温情主義にことよせて、説明義務を怠っているのだ、と自分自身も医者である松田先生は激しい言葉で医者批判を述べられる。しかし、それに続いて、こんなことになるのも「患者の側に市民意識がかけているからだ」とつけ加えるのを忘れてはいない。民主主義を大切に思うなら、医者も老人もまたその家族も、臣民根性を克服して、もう少し市民意識をもって、老人の問題を考えるべきである。

フレイ先生

スイスに留学中、私の分析家だった、リリアン・フレイ先生がお亡くなりになった。享年九十歳。先生のご冥福を祈る気持ちをこめて、先生の思い出を書かせていただく。

分析家になるためには、まず自分が分析を受けねばならない。自分のことを深く知らないで、他人の分析などできるはずがない。これを教育分析というのだが、フレイ先生は私の教育分析家だったのである。

教育分析は一応終わって一九六五年に資格を得て帰国したが、その後、機会があってスイスに行くたびに、よくお訪ねし、自分の内的なことについて話し合った。「自分を知る」ことに終わりはないのだ。

二年ほど前、最後にお会いしたときは、残念ながら大分「ぼけ」ておられた。ついさっき話をしたことを忘れて、また繰り返される。その程度が相当にひどいのである。ところが、話が内的な深い話になってくると、それがまったくちがってくる。実に鋭く、的を射た言葉が出てくるので驚いてしまった。「ぼけ」などまったく感じさせないのである。

当時、フレイ先生に分析を受けていた人が、フレイ先生と話し合っているときに、先生がぼけたようなことを言われたりするときは、こちらの話題が浅いときで、深くなってゆくと先生は実に的確になられる。フレイ先生の応答によって、自分の話題の程度が測られる、と言われて、なるほどと思った。老人の「ぼけ」という点について実に考えさせられることだと思った。

死なないと……

京都のタクシーの運転手さんは何かと話しかけてくる人が多い。私は京都でタクシーをよく利用するので、運転手さんのおしゃべりの相手をしながら「社会勉強」をさせていただいている。やはり、年配の運転手さんのほうがよく話されるようである。

最近、六十歳くらいの運転手さんだろうか、宗教談義をする方に出会った。運転をしながら、親鸞さんがとか道元さんが、などと話をされる。京都の山並みを眺めながら、こんなお話を聞いていると、親鸞さんも道元さんも、今なお生きて、そこらのお寺におられるのじゃないか、という錯覚さえ生じてくる。

それにしても、運転手さんの仏教についての知識がなかなかのものなので、私も感心してしまった。降りるときは車賃にお布施でも上乗せして払おうかと思うくらいの内容だったので、私は「運転手さん、あなたの仏教についての知識も相当ですね。誰かお坊さんに習われたのですか」と言うと、運転手さんは平然として、「お客さん。お坊さんはこんなこと教えてくれはりません。お坊さんは死なないと来てくれはらしませんわ」と言われた。

私は知人のお坊さんで社会活動などに精出している人のことを思い浮かべて、すぐに反論しようと思ったが、「お坊さんは死なないと来てくれはらしません」というのも、なかなかうがった言葉と思い、黙っていた。

良寛の恋

良寛さんといえば、日本人で知らない人はないだろう。子どもと一心に遊び、この世の毀誉褒貶とまったくかかわりなく生きた、自然の人としてのイメージは、多くの日本人に愛されている。ところで、この良寛が晩年に熱烈な恋をしたことは、よく知られていることと思うが、そのことを少し述べてみよう。

良寛が七十歳のとき、三十歳の貞心尼《ていしんに》がはじめて訪ねてくる。ところがあいにく留守だった。貞心尼は良寛が手まりが好きなのを知っていて、手まりを贈り物とし、歌を残して帰った。

これぞこのほとけのみちにあそびつつ　つくやつきせぬみのりなるらむ

良寛はこれを受けとり、すぐに返歌をおくった。

つきてみよひふミよむなやこゝのとを　とをとおさめてまたはじまるを

手まりという球体のイメージを介しての両者の心の表現はなんともすばらしい。良寛の歌にこめられている、再訪を願う気持ちはすぐに貞心尼に通じ、それ以後、二人の交友は良寛の死まで続けられる。そのありさまを記した貞心尼編の歌集『はちすの露』は現在に伝わり、それによってわれわれは二人の恋について詳しく知ることができる。

宗教者、良寛のこの恋は、現在では好意的に語られるし、多くの人が共感するだろう。ところで、良寛が現代に生きていたら、マスコミはこの恋をどんなふうに取りあげるだろうか。

趣　味

最近では、いわゆる老人ぼけについての関心が強くなり、ぼけ防止法などがマスコミで論じられるようになった。そのなかでよくあげられることのひとつに、趣味をもとうというのがある。確かにこれはいいことである。趣味によって心が慰められるし、そのために身体や頭脳も使わねばならないので、ぼけの防止になる。

趣味が大切というので、五十歳過ぎてから碁をはじめた人があった。だんだん腕があがってきたので夢中になりだした。定年退職後も、確かに碁が支えになってくれた。碁友達も増えるし、老人の孤独など考えられないという状況であった。

ところが七十歳ごろになると、碁が急に重荷になり、見るのも嫌になってきた。碁に誘われて、断ってしまってから申し訳なく思い、いっそ死んでしまいたいとさえ思うようになった。碁どころか、生きてゆくことそれ自身がつらくなってきた。碁など完全にやめようと思っても、せっかく碁盤や石などを贈ってくれた人に悪いと思ったりしてしまうのである。

これは、碁に熱心になりすぎて、碁を「遊ぶ」ことを忘れてしまったことが大きい要因と思われる。遊びも熱中しないと駄目である。しかし、それは「仕事」ではない。何もこの話によって碁は駄目だなどという気はまったくない。要はいかなる趣味であれ、それを遊ぶことができてこそ老後に役立つということである。

神用語

おじいちゃん、おばあちゃんの言うことが、時にわからなくなる。「ホレ、アノ、ナニをアレしてくれる。あのナニを……」などと言うのは、まだいいほうで、脈絡のない話の内容がつかめなくて、どうなっているのかと思わされる。

こんなときに、老人性痴呆とか、老人ぼけという言葉が最近では一般に知れわたりすぎて、「うちのおじいちゃんも、老人ぼけになった」などとすぐに断定してしまう。ゆっくり落ち着いて聞いていると、わかる話でも、「ぼけている」と決めこんでしまっていると、わからなくなってしまう。老人のほうにしても、聞く者の態度にいらだってしまうので、言葉がスムーズに出なくなってしまい、ますます悪循環がひどくなってくるのである。

アイヌの人たちは、老人の言うことがだんだんとわかりにくくなると、老人が神の世界に近づいていくので、

「神用語」を話すようになり、そのために、一般の人間にはわからなくなるのだと考える、とのことである。

老人が何か言ったときに、「あっ、ぼけはじめたな」と受けとめるのと、「うちのおじいちゃんも、とうとう神用語を話すようになった」と思うのとでは、老人に接する態度が随分と変わってくることであろう。「神用語」という言葉を考えだしたアイヌの人たちの知恵の深さに、われわれも学ぶべきである。

してあげる

またもや、おじいちゃんが「かんしゃく」を起こしてしまった。おじいちゃんは、ほとんど寝たきりに近く、言葉も不自由である。それをなんとか自宅で介護しているのだが、一番困るのは「かんしゃく」である。何も心当たりのないときに、おじいちゃんが急に怒りだし、動きにくい手を振りまわして、ベッドの横に置いてあるコップなどを床に落としてしまうのである。

この日も久しぶりに訪ねてきた娘が、何かと世話をしていたが、「おじいちゃん、おむつをかえてあげましょうか」と言った途端に、老人のかんしゃくが爆発したのである。別に怒られるようなことを何もしていないのに、おじいちゃんは困りものだ。入院させたほうがいいのではないか、などという家族の話し合いにまで発展しそうになった。

しかし、老人はやたらに怒っているのではない。子どもたちが「……してあげる」と、なんとなく恩着せがましく言うのがたまらないのだ。「お水もってきましたよ」と言えばいいのに、なぜ「お水をもってきてあげましたよ」と言うのか。自分はかつて子どもたちに対して、金をもうけてきてやったよ、とか、育ててあげたよ、などと言ったことがあるだろうか。それに今なぜ、この自分に対して、恩着せがましく言うのか、と彼の怒りが爆発するのだ。

この話を聞いて、皆さんは老人の勝手な言い分と思われますか。あるいは、もっともなことと思われますか。

供　養

世のなかには、働きたいと思っても働けない人がいる。身体や精神の障害があるために、なかなか働けないのである。私がお会いする方たちのなかにはそんな人がおられる。

病院に入院しているが、病院内での軽作業くらいならできる、という程度の方が、次のようなことを言われた。自分は最近、母を亡くしたが、自分は今は何の収入もないので、母のために何かするということはできない。しかし、院内の作業で、入院中の老人たちのためのおむつをたたんで整理する仕事をしているとき、そのおむつのひとつひとつを扱うのが、母への供養と思ってやっている、というのである。

この話を聞いて、この方の母を思う気持ちの深さに心を打たれたが、それに加えて思ったことは、その病院内で、おそらく「寝たきり」などと言われている老人の方々が、この人の母への供養に貢献しておられる、ということである。何もせず寝ていて、おむつをかえてもらっているだけと思う人もあろう。しかし、私には、そのような老人のひとりひとりのたましいが、母を失った人の心を慰め、その供養に日夜参加している、というイメージが見えてくるのである。

毎日働けることは有難いことだ。それによって、われわれはお金や物や多くのものを得ている。しかし、誰かの供養のためにほんとうに参加するなどということをしているだろうか。

2

節　制

人づてに聞いた話だが、酒も飲まず、たばこも吸わずに規則正しい生活をし、節制につとめてきた人が、五十歳代で不治の病にかかってしまった。この人の嘆きは強く、自分はこれほどまでに節制につとめてきたのに、早く死ぬことになるのに対して、自分の同僚であまり節制もせず勝手放題に生きてきた人が、病気にもならずピンピンしているのは、まったく話が合わないと言われた。

この人の嘆きには、そのとおりだと同情を禁じ得ないが、「節制すれば長生きができるはずだ」と決めこんでいるのも、少し一面的のように感じられる。確かに、節制することは健康にいいだろう。しかし、それは節制しないのに比べると、その人の命を延ばすことに役立つかも知れないが、別に他人との比較でどうのこうのと言えることではないだろう。人にはそれぞれの生き方がある。

もっと突っこんで考えれば、無理な節制によるストレスが、この人にとってはよくなかったのかも知れない。いずれにせよ、人間の寿命なんてものは、それほど単純な因果関係でわかるものではなさそうである。

といって、ここで不節制の礼賛をするつもりもない。節制をするのは、ほんとうにいいことであるが、それをやりたいと思うから節制をするのであって、無理にでもしていると他人よりも長生きする、などという発想によってすることではなさそうである。

税金

大熊由紀子『「寝たきり老人」のいる国いない国』(ぶどう社)を読んだ。ジャーナリストの著者が、高齢社会の先輩国を訪ね、そこでは「寝たきり老人」がいないことを知って、それはいったいどうしてなのかをよく調査し、その結果をまとめたのが、この書物である。

この本は老人問題について考える人たちにぜひ読んでいただきたい本である。というのも、わが国では常識となっている「寝たきり老人」をなくするにはどうしたらよいのか、その具体的方法がわかりやすく丹念に述べられているからである。

北欧の国々の実状を著者はつぶさに紹介してくれるが、まず驚くのは、それらの国が老人のために用いる施設、人的資源の豊富さである。これだけの設備があり人間がいるなら、確かに「寝たきり」を防止できるだろう、と感じさせられる。

ところで、その費用は? ということになるが、これはもちろん税金でまかなわれる。そして、税金の額も日本よりはるかに高い。しかし、と著者は言う。「日本人は税金を取られると思っているが、デンマークの人は税金をあずけると思っている」というのだ。つまり、働けるときに「あずけた」金によって、その老後を国がちゃんとみてくれるというのである。

この一言は、彼我の人間の考え方や生き方の根本的な差に気づかせるものとして印象深かった。老人問題は国の政治・社会、国民性などあらゆることに深く関係しているのだ。

落とし穴

前項に紹介したが、大熊由紀子『「寝たきり老人」のいる国いない国』は、わが国にはたくさんいる「寝たきり老人」が、スウェーデンなどヨーロッパの先進国にはいない、という事実をわれわれに示してくれる。わが国になぜ「寝たきり老人」が多いのか、について次のようなことを考えてみた。

極端な分類だが、人生を「生」のほうから見る見方と、「死」のほうから見る見方がある。カナダの北方地方に住むヘヤー・インディアンのように「よい顔で死ぬ」ことを目標にしている、とでも言える生き方は、人生を死のほうから見ている。したがって「死期を悟って」自ら断食して死ぬのだから、ここでは「寝たきり」など生じてこない。

ヨーロッパは人生を「生」から見る典型的文化である。北欧の国々の老人たちについての報告を読むと、その最期まで生き抜こうとする姿勢に感心させられる。死ぬまでは自分の力で生き抜こうとする強い姿勢が、いろいろな方策を生み出し、「寝たきり」老人などをなくしてしまうのである。

わが国は、どちらかと言えば、「死」のほうから人生を見るのが得意だったのだが、西洋の考え方を輸入して、延命の方策が発達し、「長寿国」だなどと言うようになった。西洋流の延命はできるが、一人で生き抜く姿勢まては輸入していないので、文化のはざまの落とし穴に落ちて、たくさんの「寝たきり」老人をかかえているように思うのだが、いかがであろう。

臨死体験

老いを考えると、死について考えることになる。死について最近問題となっていることに、臨死体験ということがある。このことは大分一般に知られるようになったが、一九九一年三月十七日のNHKスペシャルで、立花隆氏による臨死体験についてのルポルタージュが放映され随分と話題になったので、取りあげることにした。実はこれに関しては、これに続いて「臨死体験をさぐる」として十八日より三日間、NHKの教育テレビで、立花さんを中心としての討論が行われ、私もそれに参加していろいろ興味深い話を聞かせていただいた。

臨死体験とは、病気や事故などで、一度は死あるいは臨終と思われた人が、蘇生してきたとき、その間にその人の体験したことをいうが、後で聞いてみると、多くの一致点があることが見いだされたのである。

ごく簡単に述べてみる。トンネルの中を猛烈な速度で通り抜けたような感じがして、自分の「体」から抜け出す。まもなくすでに死亡した親戚や友人が迎えに来てくれ、次に今まで一度も経験したことのないような「光の生命」とでもいうべきものに会い、そこで自分の全生涯を一瞬のうちに振り返る。続いてある種の「境界」をこえようとして、ふと気づいてこちらにかえってきて蘇生する、というのである。

この体験をした人の特徴のひとつは、それ以後、死を恐れることがなくなることである。死について、その人なりに体験的にわかるところがあるためと思われる。

体外離脱体験

前項に「臨死体験」について述べた。臨死体験をどのように解釈するかは、なかなか難しいことであるが、そのなかで最も説明し難い現象に体外離脱体験ということがある。

体外離脱体験とは、瀕死の状態になった人が、ふと気がつくと自分の体の上方から自分をも含めて、周囲の状況を「見ている」体験をすることである。死にそうになっている自分の「体」に母親が取りついて泣いているところや、医者や看護婦のあわてた動きなどがすべて「見下ろせる」のである。

そんなばかなことはない、幻覚の一種だろうと思われるが、後で実証的に調べてみると、やはり「見ていた」ことを承認せざるを得ないのである。わが国にもよく知られている、キューブラー・ロスは、全盲の人が瀕死の状態のとき、そこに居合わせた人の着物や装身具などまで「見た」例をさえ紹介している(『新・死ぬ瞬間』読売新聞社)。

NHK教育テレビで放映されたが、立花隆さんと私はミニヤコンガから奇跡の生還をされた松田宏也さんに、手術を受けたときの体外離脱体験についてお聞きすることができた。やはり、実際に体験した方からじかにお話を聞くと迫真力があって、心を打たれた。なによりもこのような体験を深く心に沈めてもっておられる、松田さんの静かな強靱さにひきつけられた。それにしても、体外離脱現象は今後、人間のあり方を考えるうえで、実に大きい課題となると思われる。

延命治療

最近の総理府が行なった「医療における倫理に関する世論調査」の結果は、なかなか興味深い。そのなかに「リビングウィル」という項目がある。治療不可能で死期が近づいたとき、延命治療が行われるのを拒否することを書面に書いておく。つまり、生きている間にそのような意思を明確にしておくのを、リビングウィルというのである。

死をいかに受けいれるかに強い関心をもつ医者として、日野原重明先生(聖路加看護大学学長)は、著書『命をみつめて』(岩波書店)のなかで、日本中の多くの病院で死んでゆく人が「苦しがったり、痛がったり、あるいは口から鼻から多くの管を挿し入れられたり、状態のわるい人は面会謝絶の措置をとられ、親しい人の顔も見られないまま孤独のうちに亡くなります」と述べ、このようなあり方を変えるべきだと主張されている。もっと人間らしい死に方はないものか。

日野原先生と対談したとき、先生は「自分は延命治療はして欲しくない」と明言され、「それにあれは高くつくのです」とサラリと言われたことも印象的であった。

総理府の調査によると、「リビングウィル」に賛成の人は四十六パーセント、「患者の意思の尊重という考えには賛成するが、書面にまでする必要はない」が三十一パーセント、「賛成できない」はわずか八・三パーセントであった。

老いてくると、自分の死期のことを、前もってしっかり考えておく必要があるようである。

寿命

グリムの昔話に「寿命」というおもしろい話がある。その要約は次のようになる。

神さまが世界を作り、生物の寿命を定めることになった。ろばに三十年の寿命を与えると、ろばは荷役に苦しむ生涯が三十年も続くのは長すぎると訴えるので、神さまは十八年減らして十二年の寿命を与える。次に、犬も年老いて、ものをかむ歯もなくなり、ただうなっているだけではたまらないというので、十二年減らして十八年の寿命が与えられ、さるも三十年は長すぎるというので、十年減らして、二十年の寿命になる。

ところが、人間だけは三十年は短い、長生きがしたいというので、神さまは、ろば、犬、さるから取り去った年を人間にくれることになり、人間の寿命のみは七十年という長さになる。

こうして、人間は七十年生きることになるが、最初の三十年は人間の年を生きても、後の十八年はろばのように重荷に苦しみ、次の十二年は犬のように、すみっこに横になってうなるだけ、最後の十年は、さるのように間抜けになり、子どもの笑いものになる、というのである。

「お話」というものは、絶対的に正しいというのではなく、なんらかの真実をうまくえぐりだして見せてくれるものである。皆さんはそれぞれ自分の寿命についての「お話」を作るとなると、どんなお話を作られますか。

白髪の発見

鏡に映る自分の姿を見ていて、ふと白髪があるのに気づく。とうとう白髪がはえるようになったかと感じる「白髪の発見」のとき、どんな感慨をもつか、人によってさまざまであるだろう。ときには、「おい、白髪があるぞ！」などと言って、他人の白髪の発見に楽しみを見いだしている人もある。一本の白髪に、「桐一葉、落ちて……」の心境になった方さえおられるであろう。

読者からときにお手紙をいただいて、感動したり、考えさせられたりしている。東京都の一読者からいただいたお手紙は、老いについて深く考えさせられるものがあったが、そのなかで白髪に関するところだけを、この方のお許しを得て紹介してみる。

この方は五十歳すぎの女性で、十一歳のときから難病に取りつかれ、しかも誤診が重なったりして、何度も何度も、「あと数日の命」とか、「もうダメだ」などと言われながら、奇跡的に生きて来られた。

この方は白髪を発見したとき「うれしかった」と言われる。「自分もやっと老人になるところまで生きのびたのだ」と感じてうれしかったのだ、とのこと。おそらく、この方にとって一本の白髪は、すごい競争を勝ち抜いて得た、特別の賞のように感じられたことであろう。

一本の白髪をこのような喜びをもって迎えられた方がおられると知るだけで、われわれの老いに対する姿勢も少しは変わるのではなかろうか。

広さと深さ

老人福祉の重要さは、最近とみにあちこちで論じられるようになってきた。その「福祉」を考える際に忘れてはならない視点として「広さと深さ」ということがある。

住友生命健康財団提供のテレビ番組「生きる」は、私も関係させていただいているが、いろいろな人の「生きる」姿を描き出すことを狙いとしている。これまで多くの高齢者の方や老人問題にかかわる人が登場されたので、また機会をみて紹介していきたいが、医療ヘルパーの向井洋江さんの言葉から頭書のようなことを考えさせられたのである。

向井さんは「福祉」などと気負って言うよりも、自分が老人たちのお世話をしていることは「当たり前」のことと言われる。自分としてはこのことより他に「生きる」道はないと。確かにテレビの映像で見る向井さんは老人たちと、ごく当たり前に接しておられる。そして、老人に接するときに大切なのは「深さ」だと言われる。いったい「深さ」とは何か。

自分を中心として老人問題を見て、老人のためにあれをしてあげよう、これもしてやらなくっちゃ、と考えるのは、福祉の「広さ」のほうである。老人のほうに目を移動させ、老人の目で自分の生きている姿を見る。そこに「深さ」の次元が現れる。人が生きるとはどういうことなのか、限りない深さをもった問いが、自分自身に対して問いかけられてくるのである。

雑巾

高齢の女性で、だんだんと宗教に関心をもつようになられた方があった。それまでは宗教のことなど考えず、経済的に恵まれた人だったので、家事などあまりする必要がなく、社会的にいろいろと活躍して来られた人であった。他人から見ればうらやましいということにもなろうが、年をとってくると、自分の今までしてきたこともあまり意味がないようにも思われてくる。そこで、宗教的な集まりなどに参加されるようになった。

偉い宗教家の講演会があると、聴きに行くのだが、もうひとつピンとこない。確かに有難い話だし、その宗教家が立派な人であることもわかるのだが、もうひとつ自分のものとして感じられてこないのである。

そんなとき、次のような夢を見られた。「高名なお坊さんの話があるというので出かけてゆくと、もう説教は終わっていてがっかりする。ところが、その坊さんが、「あなたには特別大切なことを教えましょう」と言われ、大喜びすると、一枚の雑巾を渡され、アレッと思って目が覚めた」。

この方はこの夢について考えられ、自分にとっては「有難い話」を聴きに行くよりも、家で雑巾がけをしていることのほうが「宗教的」であると判断された。以後、雑巾をもっての一ふき一ふきに心をこめていると言われた。私は夢というものの素晴らしさ、それを読みといて行動に移されたこの人の素晴らしさに、ひたすら感心したのである。

心はどこに

わが国にも末期患者のためのホスピスが、少しずつではあるができてきている。これまでにも紹介したことがあるが、大阪の淀川キリスト教病院副院長の柏木哲夫先生は、そのようなホスピスを早くから創設して、その仕事を継続してきておられる方である。柏木先生とお話し合いをしたときに、次のようなことを聞かせていただいた。

死が近づいてくることを知りつつ、ベッドに寝ている患者さんが柏木先生に言われたことである。検温の結果を聞きにきたり、様子を聞きにきたりする看護婦さんで、部屋のなかにはいってきても、心はそこにはいってきていない人がある。「いかがです」などと言っていても、「心」は「部屋の外にいるまま」なのである。それに対して、ある看護婦さんは、その人が部屋にはいってくると、「本当に傍らにいてくれている」と感じるのである。外見は何も変わったところはないのだが、その人の心がどこにあるか、「こうして寝てばかりいる者には、本当によくわかるのです」と言われたとのことである。

これは、うーんとうならされる話である。われわれは外見や言葉によって、人を評価しがちである。しかし、死に近い人にとっては、真実がそのまま見える。その人の心がどこにあるのかが、ちゃんと見えるのである。病気の人をお見舞いにゆくとき、このことをよく心しておくべきである。

混沌

年をとってくることは、実のところあまりうれしいことではない。目は見えにくくなる、耳も聞こえにくい。ともかく、かつては普通にできていたことが、だんだんとできなくなってくるのである。そんなときに「老賢者」などという表現を聞くと、なにやらうれしくなってきて、ものごとはできなくなっても、せめて、その「賢者」とやらになってみたいとか、自分もそろそろ「賢者」の域に達しつつあるのだから、大切にして欲しいとか思えてくるのである。

鶴見俊輔『家の中の広場』(編集工房ノア)はなかなか含蓄の深いエッセイ集であるが、そのなかに「老いへの視野」というのがあって、「老い」について考えさせられるところが多い。たくさん紹介したい点があるが、そのなかで一番心を打たれたのは、「社会史においても、個人史においても、混沌—秩序—混沌という、ほろびをうけいれる図式をもつほうが望ましいと私は思う」という文である。

人間の精神は混沌から秩序へと向かう。しかし、さらによい秩序へと一方向的に向かうものではなく、混沌↓秩序↓混沌へと円環的に変化するのではなかろうか。一方向的な考えにとらわれると、老人がひたすら若者のまねをしたり、老人は役に立たぬから駄目などということになるのではなかろうか。老賢者がもし存在するとしても、それは若者に負けぬ賢者ではなく、「ほろびをうけいれる」知恵をもつ人なのであろう。

ブラブラ

老後を楽しく生きるためには、何か趣味をもつべきである。あるいは、老人になってもやりがいのあることをひとつはもっておくべきであると言われる。確かにそのとおりである。しかし、「……すべきである」というのは、言われてみると、そのとおりなのだが、それはしばしば硬直化して、人を脅かす種になっているようである。

あるご老人は、ひたすら仕事に熱中し、家も自分の家を建てたし、老後にあまり心配もない蓄えもできた。引退後は、その家に長男夫婦と同居して暮らすことになった。孫はかわいいし、毎日がいい日になるはずであった。長男夫婦は老いた両親と住むようになったので、新聞やテレビなどで語られる「老人問題」に関心をもつようになった。おそらく、その結果なのであろう。嫁が「おじいちゃん、せっかくだから何か楽しみになることをひとつ見つけたら」と言う。息子になるともっと口調が変わってきて、「お父さん、何か生きがいのあることをひとつ見つけたら。ブラブラばかりしていないで」と説教調になる。

老人は悲しくなる。彼は今、自分にとって一番楽しいこと、つまり「ブラブラする」ことをしているのである。若いときにひたすら働き続けながら、いつかはしてみたいと思っていたことを今楽しんでいるのだ。それに対して息子たちは、それを奪って「何か楽しいことをしなさい」と説教をするのである。

安かろう悪かろう

老人の世話に必要なものは、なんといっても人手である。人間と人間の心のふれあいということがどれほど大切かわからない。しかし、これは単なる熱意や同情などだけではなく、的確な知識や技術を必要とするものである。

最近の新聞報道によると、「老人ケア政策国際比較シンポジウム」というのが、日、米、英、独、スウェーデン五カ国の参加によって東京で開かれたという。

その報告を見ると、なんといっても欧米先進国に比して、日本の遅れが際立っていることに気づく。このことについては、今後実際的な方策についていろいろ考えてゆかねばならないが、根本的なことについて思ったことは次のことである。それは、これまでの日本の老人ケアの方策は端的に言って、「安かろう悪かろう」ではないかということである。

「安かろう悪かろう」は、かつて日本人が低賃金を背景に粗悪な品をたくさん作って輸出していた時代に、日本製品に対して欧米の国々の人が名づけた言葉である。周知のように、その後、日本人は奮起して製品の質を圧倒的に高め、現在、日本製品に対して、「安かろう悪かろう」などと思う人は誰もいなくなった。

経済的な「豊かさ」のなかで、人間の心が関係してくるところで、日本人はまだまだ、昔のままの「安かろう悪かろう」を引きずっていないか、大いに反省してみる必要があると思われる。

おさらい会

先日、おさらい会に出演した。もっとも表向きは、コンサートとか何とか片仮名の名前がつけられているが、実は学生時代にしていて長らくやめていたフルートを、五十八歳になってから、もう一度することにした。そこで、年に一回のおさらい会に出演したのである。私の音のほうはともかく、年齢のほうは、出演者中の最年長である。

今さらはじめてもと思いながらしたことであったが、今では本当によかったと思っている。なんといっても、舞台に立つまでの不安や緊張を、この年になって味わえるのはなんとも言えぬ価値がある。一所懸命に練習していても、なかなか練習どおりにできなかったり、あんがいなところで、練習以上のことができたり、なんともおもしろいものである。

商売柄、私は人前で講演することは多いので、別に千人の人が前にいても、話をするのなら平気である。人前で話をするとき、あがるとか、胸がどきどきするとかいわれても、本当にそうかな、などと思っていたが、私も自分が音楽のほうで体験して、なるほどこういうことか、と感じた次第である。

講演が平気だから音楽も平気といかないところが、人間のおもしろいところである。やっぱり難しいことをはじめてみると、いろいろと思いがけない体験があって副産物も多い。これ以後、あまり進歩はしないとしても、ともかくできるだけ続けたいと思っている。

100－7＝？

八十五歳のご老人が、カンカンになって怒っている。東京大学へ行くと「どう見たって医者じゃあない」と思える若い男が出てきて、「今日は何月何日だとか、100から7引けとか、たてつづけにいばった口ききやがって、あっしゃ腹が立ったから、はなっからずーっと黙っててやったら、どうでえ、先生、あとでかかあを呼びつけやがって、相当ぼけが進んでいる。もうなおらねえ、なんてぬかしやがったとさ。あのすっとこどっこい！ ひでえ野郎だ！」。

これは、浜田晋『老いを生きる意味』(岩波書店)に紹介されている例である。この書物は開業医として多くの老人に接した経験から生み出された、素晴らしい書物である。この例で、浜田先生はこのような誤解が生じるのは、医者としては老人の痴呆性をみるために、お決まりの質問をしているのだが、相手に対するこまやかな配慮が欠けているためだと述べておられる。

「医療はしばしばこの種の過ちをおかす。一個の人格をもった人間を、対象化し、そこから「病的な症状」を抽出しようとする。その過程で「患者」を傷つけていることへの医者の反省はない。痛みがない」との言葉は、実に鋭い。

しかし、このような反省を述べられる浜田先生のようなお医者様がおられることは、日本の老人医療にとって実に心強いことである。

自信

昔話の研究者である筑波大学教授の小沢俊夫先生に、次のようなお話をうかがった。

昔話は実際に伝承されている話を集めることが、研究の素材として大切なことなので、小沢先生は大学院生などを連れて、田舎へ行き、そこで合宿しながら、それぞれが担当するご老人を訪ねて、覚えておられる昔話を語っていただく。それをテープレコーダーに録音する、ということをしておられる。

ところが、若い研究者が訪ねてゆき、お話を聞かせてくださいと言っても、「いや、いや、駄目です」と言われる人が多い。話を覚えておられないかと思って、それでもなんとか話をつないでいると、実は昔話をよく覚えておられるのだが、「テレビで正しいのをやっており、わしのはまちがっているので」と言われる。これには驚いてしまって、昔話は昔からの言い伝えによっていろいろとあるところがおもしろいので、別にテレビが正しいのではなく、あなたの覚えておられる話が学問的にも価値があるのです、と申しあげると、非常に喜んで、それなら話しましょうということになる。

一日では終わらなくて、明日もということで行ってみると、そのご老人が明るく元気になっておられ、なにか生き生きとしておられる。自分の話に価値があるのだという自信が、そのようにさせるのである。

これは実に多くのことを考えさせられる話だと思った。

古稀

七十歳を古稀と言う。杜甫の詩「人生七十古来稀」から取られた言葉である。ところが最近は「古稀」の祝いをする人が少なくなったという。平均寿命がこれほどに伸びてしまうと、七十歳を「稀」とは言い難いというところであろう。まあそんなに堅いことを言わずに、お祝いは何でもたくさんすればいいと思うのだが。

外山滋比古『同窓会の名簿』(PHP研究所)には七十歳の友人が結婚するという話がある。電話で用件をすませた後で、その友人が「家内を亡くして、ことしで五年です。ひとりでなんでもやっているけど、ひとりでいると気が滅入ってくるんです。それで結婚しようと思って……」と言う。

外山さんはそれを聞いて、この人と前の奥さんとの間の恋愛や結婚のことを思い出したりしながらも、おめでとうを言う。「遠くからくる」と言われて、外山さんはお嫁さんはフィリピンから来るのかなと思ったりする。「それにしても、七十にして新妻をめとる、というのは、ロマンティックなだけではなく、人間は老いてからなお生きる、という心意気を示してくれるいい話である。命なりけり」。

これが外山さんの結びの言葉である。まったく「命なりけり」だ。ところで、この方は結婚式とともに古稀の祝いをされたのであろうか。七十歳の結婚は、文字どおり「古稀」で、祝う価値があると思われるのだが。

長寿法

長生きをしたいと願っている人は多い。もちろんそうでない人もおられるが、一般にはいろいろと「長寿法」について考えたり、実行したりしておられることだろう。

いつだったたか、郡山女子大学の森一教授による、奈良時代から現代までの人間について、職業別平均寿命の調査結果が発表されているのを見たことがある。それによると、長寿のトップは、僧侶などの宗教家であって、いつの時代でもそれは変わらない。森教授は、宗教家の長命の要因として、①過食を避け、心身の修行、②森林浴効果や読経による精神の安定、をあげておられる。

これはひとつの「長寿法」を提示しているとも考えられるが、自ら考えてみると、これの逆のことをしているようで、なんだか心配になってきた。そこで、あるとき仲間と飲んでいるときに、このことが気になったので話題にしようと、宗教家がいつも長命を保っていると言った。すると、おかみさんが、「そら、おいしいものばかり食べて、税金も払わんとおいやすから、長生きしやはるのも、当たり前どすな」と言った。

これには驚いてしまった。ものの見方というものは実にいろいろあるものだ。どちらが正しいかなどということはわからないが、ともかくおいしいものを食べていては長生きできない、などとよくよく考えることだけはやめておこうと思った。

薬

ある高齢者の方の体験談である。年をとるにつれて身体にあちこち故障が出てきて病院通いをはじめた。そうなるとひとつの科だけではおさまらなくなってくる。それでもおかげで身体のほうは回復してきたが、今度は食欲が低下してきた。そのことを主治医に訴えているうちに、この方は律義な人だから、病院から出される薬をすべて言われるとおりにきっちり飲んでいたことがわかった。それを聞くとその医者があきれた顔をして、

「え、薬を全部言われるとおりに飲んでいたの。それじゃ……」

食欲がなくなるのも当たり前と言われた。病院のほうでは薬は処方どおり飲まれないことを期待して出しておられるのだ。律義な患者はたまったものではない。

前にも紹介した浜田晋『老いを生きる意味』には薬が多すぎはしないかと問題を提起し、「巨大病院ほどその傾向が大きいような気がする。名前はさしひかえるが、東京の超一流病院に通院中の患者のいろいろな科からもらってきた薬が、かぞえてみると三十種をこえた。これを老人が全部のんだらどういうことになるだろうか」と指摘されている。

このように薬の多いことは、単純に誰が悪いなどといって片づく類のものではなく、日本人全体のいろいろな傾向のからみ合いのなかから生じてきているものである。しかし、ここまできてしまうと、老人医療の体制を相当抜本的に見直す必要があると思われるのである。

ライフサイクル

聞きなれない片仮名の題を出して、これは何のことかと叱られそうだが、ライフサイクルとは簡単に言ってしまえば、人間の生涯のことである。それをわざわざ片仮名を使って、最近は心理学やその他の分野でよく用いられるようになったのは、次のようなわけがある。

心理学は人間が年齢とともに成長、発達することに注目して、人生を段階に分けて、乳幼児期、児童期、青年期などと呼んで研究した。ところが西洋流の進歩、発達ということを考えると、青年期以後は発達は止まってしまって、後は老年で衰退するだけ、ということになって、中年以降は無視されがちであった。

最近になって、そのような考えに対する反省が出てきて、人間の一生を生まれてから死ぬまでの全体として見ることが大切だという主張が強くなり、老いや死までをこみにしてライフサイクルとして見てゆこうということになってきた。そこで、日本の学者の常として、欧米の流行を早速取り入れ、ライフサイクルという語がよく使われるようになった。

しかし、考えてみると、そのような考えは東洋には昔からあったのではなかろうか。少し年をとった人だと、孔子の言葉などをすぐ思い出されるのではなかろうか。東洋の知恵に学ぶことが、ここでは大いに役立つと思えるのである。そこで、次から少し続けて、東洋のライフサイクルの考えを紹介してみたいと思っている。

3

天命を知る

前項にライフサイクルという言葉について述べた。人間の生涯を単なる「発達」ということにとらわれず、生まれてから死ぬまでを全体としてとらえるということだが、それに関する東洋の知恵の代表として、まず『論語』から引用しよう。

知っている方も多いことと思うが、「為政第二の四」からである。

われ十有五にして学に志す。
三十にして立つ。
四十にして惑わず。
五十にして天命を知る。
六十にして耳順《みみしたが》う。
七十にして心の欲する所に従いて矩《のり》を踰《こ》えず。

耳順う、とは自分と異なる考えを聞いても、それが素直に耳に入り、反撥しなくなったということである。

この孔子の言葉は、老いることを衰退とせず、一種の完成として述べているところに大きい意義がある。十五歳より四十歳までは、いわゆる自立の方向へとまっすぐに進んでくる感じだったのが、五十歳で「天命を知る」となって、方向がぐっと変化する。ここのところが味のあるところで、四十歳までの方向のみで見ていると、かつての西洋の心理学のように、ここからは「発達」はない、ということになる。五十歳での方向転換を経てこそ、七十歳になっての完成感が生じてくるものと思われる。

論語異論

「七十にして心の欲する所に従いて矩《のり》を踰《こ》えず」という孔子の言葉は、老いをひとつの完成とみるものとして素晴らしい。

ところで、桑原武夫『論語』(ちくま文庫)は、論語に関する多くの新解釈を提示しておもしろい本であるが、前記の言葉に対しては次のような感想が述べられている。

「人間の成長には学問修養が大いに作用するが、同時に人間が生物であることもまた無視できないであろう」というわけで「天命を知る」というのも、五十歳の衰えから、どうもこうしかならないだろうという面もあるだろうし、七十歳の境地も「節度を失うような思想ないし行動が生理的にもうできなくなったということにもなろう」と考えられるというのである。

もちろん、これは孔子の言葉の価値を認めたうえで、あえて言えばこんなことも考えられるとして述べられている。私はこれを読んで、孔子の素晴らしいところは、むしろそのような生理的条件にのっかってものを言っているところではないかと思ったのである。

「学問修養」が大切だから、年老いてもやたらに頑張るというのではなく、修養も大事、体も大事という態度だからこそ、すでに紹介したような言葉が出てきたのだと思う。また、単に生理的に衰弱しただけだったら、こんな言葉は残せないだろう。

孔子の言葉を、精神も身体も含めた全体的存在からの発言としてみると納得できるのである。専門家からは勝手なことを言うと叱られるかも知れないが。

四住期

ライフサイクルについて、人間の生涯を全体としてどう考えるのか、孔子の言葉についてはすでに述べた。ここではインドのヒンドゥー教の知恵について述べてみよう。ヒンドゥー教において、人生の理想的な過ごし方と考えられている「四住期」という考えがある。これは人間の一生を、学生期、家住期、林住期、遁世期の四段階に分けて考えるのである。

学生期には師に絶対的に服従し、ひたすら学び、厳格な禁欲を守らねばならない。このような学びの期間が過ぎると、次は家住期で、親の選択した異性と結婚し、職業について生計を営まねばならない。そして、子どもを育てるのが重要で、このことによって子孫を確保し、祖先に対する祭りが絶えないように心がけねばならない。この時期は世俗的なことが大切で、現代人であれば、これで人生が終わりとさえ言えるが、ヒンドゥーの場合は、これに後半の二つの段階が加わる。

第三の林住期は、これまでに得た財産や家族をすて、社会的義務からも解放され、人里離れたところで暮らす。このような過程を経て、最後の遁世期は、この世への一切の執着をすて去って、乞食となって巡礼して歩き、永遠の自己との同一化に生きようとする。

こんなのを知ると、なるほどうまく考えてあるな、と思うが、現代人のわれわれがこのとおりには生きられない。ではどうするのか、ということは各自の考えにまかされている。

イマジネーション

前項にインドのヒンドゥー教の四住期説を紹介した。人生を、学生期、家住期、林住期、遁世期に分けて考えるのは、見事とも言えるが、現代人はこのままままねすることはできない。とするとどうすればいいだろうか。

インドの宗教、哲学の碩学、中村元《はじめ》先生にお会いして、四住期のことをお聞きしたとき、この四住期は必ずしも、このとおりの順序でやらなくてもいい、ということが書いてあるヒンドゥーの文献がある、と言われた。

これは私にとって驚きであった。四住期のアイデアはわかるにしても、現代人がこれにそのまま従うのは不可能と思っていたのだが、順序を変えてもよいと言われ、また、そう言っておられる中村先生のきわめて自由な態度に誘われて、私もふっと自由な考えをもつことができた。そして思ったのは、極端なことを言えば、ある日は「学生の日」、ある日は「遁世の日」などというのがあってもいいのではないかと思ったのである。

そうなると、急にイマジネーションがわいて、四住期説を現代に生かせることができそうに思えてきたのである。これまでよりももう少し意義のある生活の仕方ができそうで、それについてのイマジネーションが広がってくる。中村先生の一言に大いに感謝しながら、いろいろと古代の知恵を知って、それをそのままということではなく、イマジネーションで味つけすることによって現代に生かせると思った。

百歳での功績

デズモンド・モリス著、日高敏隆訳『年齢の本』(平凡社)はおもしろい本である。零歳より順に百歳以上まで、各年齢ごとに、実在した人たちの生涯からエピソードなどを記載して、その年齢の様相が浮かびあがってくるように述べられている。××歳の功績、××歳の犯罪、××歳の生涯といった表題のもとに、人物像が描かれていて、人間の生涯というものについて考えさせられる。

今日はそのなかの「百歳での功績」というところを紹介しよう。エステル・ウィンウッドという女性があげられ、「彼女にとっては単に一〇〇歳という年に到達しただけでも業績といえるだろう」と書かれている。というのは、彼女は「ろくでもない早死にをするだろう」と多くの人に言われていたからである。彼女は「退廃的」な女優さんで、百歳になってもなお、一日に六十本のたばこをすい、シェリー酒を飲み、夜はたいてい外食、週に三回はブリッジをしていた。

「退廃的」といっても、一九一九年ごろ、女優としての彼女が「ステージ以外でもずっと口紅をつけている」ということであきれられた、というのだから、現代とはあまり比べられないのかも知れない。

彼女に見習って、長寿のために女性たちが「ステージ以外でも口紅をつけるようになった」なんてことはないだろうと思う。たばこ六十本とシェリー酒についてはコメントしないことにしておく。

ひとりの願い

老人ホームの様子をテレビなどで見ていてよく思うのが、フォークダンスとか歌を歌うとかを「皆と一緒に」というのはいいのだが、いかにも「やらされている」感じがあってたまらない。どうも日本人は「皆と一緒に」が好きすぎるのではなかろうか。

住友生命健康財団の提供による「生きる」というテレビ番組をもとにして、『生きる「私」』(大和書房)という本を監修したが、そのなかで、老人の「ひとりひとりの願い」を大切にする話が、特別養護老人ホームの生活指導員、中田光彦さんの体験として語られていて参考になる。

老人ホームの老人は「消極的だとか、頑固だとか」言われる。何もやる気がないと言っている人でも、中田さんが「ひとりひとり」に願いを聞き、「やれますよ。やりましょう」と励ましているうちに、不可能と思われていたことが実現できて、老人が元気になられるという。「墓参りに行きたい」、「しにせの○○のうなぎを食べたい」、九十歳のご婦人の「フェリーに乗りたい」などという願望を、工夫をこらしたり他人の協力を得たりして実現してゆく。そのなかで、「いろんなおもしろさがわかってきました。特別養護老人ホームというのは、本当に楽しいところだなあ」と思うようになったと中田さんは言われる。

ひとりひとりの願いを生かそうとされたところが、実に素晴らしいと思うのである。

呪　文

遠藤周作『生き上手　死に上手』(海竜社)を読んだ。「死に上手」とはおもしろい言葉であるが、題名から推察されるように、老後の生き方について多くのヒントを与えてくれる書物である。

そのなかで非常におもしろいと思ったことは、「「呪文」のように心のなかで唱える」という文がよく出てきたことであった。

たとえば、最近の若い女性の目にあまる行為などを見聞きすると、イヤだなあと思えてくる。そのときに、「でも……戦争時代よりは、今のこのほうがマシかもしれない」と「呪文」のように心のなかで唱えると、大分心がおさまってくる、というのである。その他、遠藤さんの発明されたいろいろな「呪文」があって、その内容が素晴らしいのだが、それを「教訓」として提示するのではなく、呪文のように自分が心のなかで唱えることとして語られるところに、深い知恵がある、と思うのである。

「教訓」とか「哲学」とかカタイことにならず、「呪文」を唱えると、すうーっと心がおさまってくる。ここがなんとも言えぬ味のあるところなのである。理屈にばかり頼っていては角が立ちすぎるし、さりとて、ただ事実を受けいれよと言われても、腹の虫がおさまらない。そんなときに「呪文」はなかなかの効果を発揮するのである。

皆さんもそれぞれが、「老いのみち」を上手に歩くための「呪文」を考え出されてはいかがですか。

二つの太陽

ある六十歳近いご婦人が、次のような夢を報告されたことがある。

「夕日が美しく沈んでゆくのを見ていて、ふと後ろを振りむくと、もう一つの太陽が東から昇ってくる。」

この夢はこの方の置かれている状況をあまりにもよく表現しているように思われた。これから年老いてゆく、ということは「落日」によって示すのが適切である。しかし、その一方では、「私の人生はこれからはじまるのだ」と言わんばかりに、日が昇ってくるのだ。つまり、このあたりの年齢の方は、時代の影響で、自分の青春を生きてこられなかった人が多い。そのため、六十歳近くになって、暇ができたことや、現在の社会状況との関連で、これからこそ私の青春を生きたいという願いも、強く生じてきたのである。

そんなわけで、二つの太陽のイメージはまさにこの方にピッタリである。しかし、それではどうすればいいのか。昔話に「太陽征伐」というのがあって、昔、二つの太陽があって困ったので、ひとつを弓で射て、それが月になったというのがある。それにならって、太陽征伐をするか。あるいは、せっかくだから、二つの太陽の人生を生きるか(とすると夜がなくなるので困らないか)。後の太陽の速力をはやめて、どこかで先のに追いつき合体してもらうか。いずれにせよ難しいことだが、その答えは本人の決断と努力にかかっているのである。

跡で芽をふけ

木枯や跡で芽をふけ川柳《かわやなぎ》

これは川柳《せんりゆう》の始祖とも言うべき、柄井川柳《からいせんりゆう》の辞世の句として伝えられているものである。川の柳と川柳とをかけ、死んでもまた後で芽ぶくようにと、再生の願いをこめたとも言えるし、自分が死んだ後も、「川柳」は再生しつづけることを願ったとも言える辞世である。

実際、柄井川柳の死後も、「川柳」は生き続け、現在も多くの川柳愛好者がいるのは周知のとおりである。

柄井川柳の亡くなったのは、数え年の七十三歳。当時としては、かなりの年寄りだが、再生をこめての辞世は、みずみずしい感じさえある。

中西進『辞世のことば』(中公新書)は、多くの辞世と、その解説を載せ、味わい深い書物である。実は冒頭の辞世もそこから引用させていただいたものである。

私は俳句にも短歌にも、あまり関心のない不粋な人間だが、辞世ともなると、死について、老いについて考えさせられ、関心を呼び起こされる。それで柄にもなく、川柳などをここに引用してみたくなった次第である。

前掲書に示されている多くの辞世のなかで、好きなのをもう一首あげる。

わが家の犬はいづこにゆきぬらむ　今宵も思ひいでて眠れる　　島木赤彦

死はきわめて非日常のことであり、きわめて日常のことでもある。犬のイメージが素晴らしい。

老人の使命

一九二〇年代のころ、スイスの分析家、ユングはアメリカのプエブロ・インディアンのところに訪ねてゆく。そこで、彼はインディアンの老人たちがヨーロッパの老人とは比べものにならない「悠然とした落ち着き」と「気品」をそなえていることに気づく。うらやましく思って、なんとかその秘密を知りたいと思った。

ユングはインディアンたちと親しくなり、とうとう彼らは「秘密」を話してくれた。インディアンたちは自分たちが世界の屋根に住み、父なる太陽の息子たちとして、自分たちの宗教的儀式によって「われらの父が天空を横切る手伝いをしてい、それはわれわれのためばかりでなく、全世界のためなんだ」と確信しているのである。

こんな話はばかげていると一笑に付すことができるだろう。しかし、ユングはこれこそインディアンの長老たちの「気品」の由来だと思ったのである。「彼らが父なる太陽の、つまり生命全体の保護者の、日毎の出没を助けている」という「宇宙論的意味」をもつからだ、と彼は述べている(『ユング自伝』みすず書房)。

ヨーロッパこそ世界の中心と思われていたころに、ユングはすでにこのように言っているのは驚きである。現在の状況は一九二〇年代よりもっと難しくなっている。現代に生きる老人が、その使命をどこに見いだすのか。老いてなお「気品」を保つためには、老人も安閑としてはおられないのである。

うまい

今まで別居していたが、姑が死亡して年老いた舅が同居してくることになった。長男の嫁は緊張した。なんとか上手に同居をやり遂げたいと思った。

とくに食物の好みが心配だったが、案ずるより産むが易しで、何を作っても舅は「うまい、うまい」と喜んで食べるのである。嫁のほうも、これは作りがいがあると喜んだ。まず、滑り出しは快調である。

ところがある日、舅がひとりで薬を口にほうりこんで、「うまい!」と言っているのを見てしまった。嫁はゲンナリとなった。つまり、舅は何を口に入れても「うまい」と言うことにしているらしいのである。

妻の嘆きを聞いた夫はしばらく考えこんでいた。食事の後で、彼は笑いながら、「お父さんの「うまい!」は大分努力しているみたいね」と言った。おじいさんは頭をかきながら、友人から、嫁に嫌われないためには、なんでも「うまい」と言って食べなくては、と忠告されていたので、と白状した。

「そんな無理をしなくとも」という嫁の言葉で一同笑い出し、緊張がほぐれた。これが笑い話になるかどうかは紙一重のところである。このようにうまく緊張がほぐれると、ほんとうの同居へと一歩踏み出してゆくことになる。気をつかったり、ほぐれたりを繰り返しながら、人はほんとうに一緒に住めるのであって、おいそれとうまくゆくものではない。

猫撫で声

どんなときに聞いても、猫撫で声というのは不愉快なものである。老人に話しかけるときに猫撫で声を出す人がいるが、あれはたまらなく嫌である。

猫撫で声のうえに、ご丁寧にも幼児語を使う人がある。「おじいちゃん、お元気でちゅか、おむつをかえてあげまちょか」などという類である。これは、もちろん、老人を自分と対等の存在としてみていないことを示している。しかし、本人の意識としては、老人を「大切に」しているつもりなのだから始末におえない。人間を「猫」扱いにしておいて、「大切に」でもないと思うのだが。

誰かを大切にする、ということは、その人の自主性を中心に据えることである。自分が中心になって、「私が老人を大切にしてやる」のだと思うところで、根本が狂ってしまう。自分が主役になるので、猫を撫でて自分になつかせるようにしようということになる。

テレビやラジオのインタビューなどで、アナウンサーが老人に対して猫撫で声を出しているのがあるが、あれはぜひやめていただきたいものである。私もいつか相当の老人になって、こんな類のアナウンサーがインタビューに来たら、「あなたも、そんなばかげた仕事をよくやってまちゅね。ご苦労ちゃま」とか言ってみたいと思っているが、年をとってくると気が弱くなって、猫撫で声でも何でも、アナウンサーが会いに来たというだけで、喜ぶようになるかも知れない。

大拙と小石

日野原重明『老いと死の受容』(春秋社)に、鈴木大拙《だいせつ》の晩年と死のことが語られている。鈴木大拙は国際的に活躍した禅学者であることは、周知のとおりである。ここに語られる大拙の晩年はいろいろと教えられることが多いが、そのなかで次のようなひとつのエピソードのみを今回は取りあげる。

鈴木大拙は著述に専念して座りきりになることが多いので、主治医が健康のため毎日の散歩をすすめた。すると大拙は、コースを決めて行ったり帰ったりを繰り返し、「運動の全距離を確かめるため、一往復毎に小石を拾い上げて、一列に石畳の上に並べて」いたという。

この話を知って、唐突なことだが、私の父が子どものころに、曾祖父の肩を五百回たたくと金平糖(大変な貴重品だったろう)を一粒もらったという話を思い出した。ごほうびを楽しみにひたすら肩をたたく子どもと、それにほうびを与えつつ楽しんでいる老人、心のなごむ光景が目に浮かんでくるのである。

ところで大拙の場合はどうか。彼が一往復ごとに小石をひとつ置いたのは、「距離の確かめ」のためもあろうが、一種の「ごほうび」としての意味もあったろうと思われる。ごほうびを楽しみにテクテクと歩く子どもと、ほうびを与えるおじいちゃんと、その両方の役割を共存させて、大拙は楽しんでいたのではなかろうか。他愛のない行為のなかに、何か禅の香りがするのである。

鎌倉時代の名僧、明恵上人《みようえしようにん》はその生涯にわたって自分の夢を記録していた稀有な人である。彼の残した『夢記《ゆめのき》』を見ると、実に偉大であることがわかる。私はそれを基にして、『明恵 夢を生きる』(京都松柏社、講談社+α文庫)という書物を書いたりしたが、今回は明恵自身が、「死夢と覚ゆ」と言った夢を紹介しよう。

夢のなかで、明恵は大海のほとりに大盤石の石がそびえ、そこは草木に花や果実が満ちて素晴らしい場所であると知る。彼は大神通力をもって、大海もろともにそのあたり「十町ばかり」を取ってきて、自分の住居の横に置く。この夢について、明恵は「此の夢は死夢と覚ゆ。来世の果報を現世につぐなり」と言っている。

この夢の後、三カ月ほどして彼は寂滅するが、その死に方はまことに見事としか言いようのないものである。それについては今回は省略するとして、そのような従容とした死も、夢によって自分の死を予知していたことと関連していると思われる。

果たしてわれわれは「死出の旅」に出るときの「旅行プラン」をもっているだろうか。昔の人たちは、死後の旅、あるいは生活についてよく研究していたのだが、明恵の場合は「来世の果報を現世につぐ」ことによって、完全な旅行プランをもっていた、と言っていいだろう。

これを見て、単に夢は素晴らしいなどとは言っておられない。明恵のような生涯にわたる修行を行なってこそ、このような夢も見られるものと思われる。

ユングの死夢

前項に明恵上人の死夢を紹介したが、現代においてもそのようなことは生じるのである。ユングも夢を大切にした人であるが、彼の死後、彼の弟子の語るところによると、彼は次のような夢を見たことを告げ、死の準備のための夢と思うと言ったという。ユングの場合は、この夢を見た後、だんだん体が衰弱して死を迎えるが、一年近い期間が経過している。

夢は、「私は「もう一つのボーリンゲン」が光を浴びて輝いているのを見た。そして、ある声が、それは完成され、住む準備がなされたことを告げた。そして、遠くの方にクズリ(いたちの一種)の母親が子どもに小川にとびこんで泳ぐことを教えていた」というものである。

ボーリンゲンはユングが愛した彼の別荘で、電気・水道を用いず、ここでよく瞑想したりしたところである。彼は夢のなかで、「あちら」に「もう一つのボーリンゲン」が完成したことを知るのである。明恵の場合は「あちら」の世界を神通力で運んできたが、ともかく、ユングも明恵もともに、次の住むべき場所のイメージが現れており、両者ともにそれを「死夢」と判断しているところが興味深いのである。

クズリの母子のイメージは、ユングも新しい世界に飛びこんでゆくためには、いろいろ学ばねばならぬことがあるらしい、と感じさせられる。

日本が羨ましい

ごく短期間だが、アメリカに行ってきた。別の件で行ったのだが、パーティーの話題として、「老い」のことが出てくることが割にあった。やはり、アメリカでも「老い」のことは相当に深刻な問題であるように思われた。そのような話のなかで、アメリカでは老人になると、一人で生き、孤独に耐えてゆく、という覚悟はできているものの、やはり、そうなってしまうとたまらなくて、老人になっても家族と一緒に生きてゆける日本が羨ましい、というのがあった。どうも、アメリカでは、日本では老人が家族と一緒に住んでいるだけではなく、皆に尊敬されて生きている、と思いこんでいる人が大分いるらしいのである。

私は出発直前に、住友生命健康財団から送られてきた、高齢者を取り巻く家族構造についての調査研究の統計結果のことを思い起こしていた。それによると、日本でも、家族と別居している高齢者、それといわゆる独居老人の数は増加の傾向があり、都会地ほどそれが強いのである。それに家族が老人を尊敬しているとなると……。

「日本も西洋文化の影響のためか、老人が別居するケースが増加しています」と言いながら、それに日本では老人が孤独に耐える覚悟がまだあまりできていないので、余計に難しいのではないか、と思ったが、それは口に出さずに黙っていた。

自然

アメリカに行き、シンポジウムに参加したのだが、そこで社会学の有名な学者のアイゼンシュタット教授にお会いした。教授は日本の事情についても相当に詳しい方である。パーティーで話し合っているときに、日本人はアメリカ人と比較するとたばこはよく吸うし、酒も、酔っ払って道を歩く人があんがい多くいたり、どう考えても、アメリカよりも健康に留意していると思えないし、栄養がよいとも思えないのだが、どうしてアメリカ人よりも長生きをするのだろう、と言われた。

いかにも社会学者らしい観察を来日した際にされたのだろうと思った。こんなときはなんとか相応の答えをしなくてはならないので、私も自信があるわけではないが、次のようなことを申しあげた。

おそらく、アメリカ人は健康法ということを、堅く考えすぎて、そのためのストレスが高くなるのではないか。別に酒やたばこが健康にいいなどとは言えないが、日本人のほうがもう少し自然に生きている、それがいいのではなかろうか。もちろん「自然」がいいと言っても、発展途上国のほうが長寿ということも言えないので、単純な断定はできないけれど。

私はやや出まかせ気味に申しあげたのだが、アイゼンシュタット教授は、マジメに考えこまれて、日本社会のストレスと欧米社会のストレスのあり方について考えてみる必要がありそうだと言っておられた。

葬送曲

葬送行進曲というのがある。偉い人が亡くなられると、葬列がながながと続き、葬送行進曲が厳かに奏される。ところで、ここで書こうとしているのは、その葬送行進曲のことではない。

自分の「葬式」をどのようにするかについて考えたり、迷ったりしている人はあんがい多い。最近は新聞の死亡欄などを見ていると、故人の遺志により告別式の類は一切行いません、などと書かれているのもある。読者からの便りにも、自分はこのようにして、お経や戒名などに関係ない式をやってもらうつもりにしている、などと言ってこられたのもあった。

ところで、あるときラジオを聴くでもなく聴いていたら、どなたかが自分が死んだときの告別式には、お経などは一切やめて、この曲をかけて欲しいと思っている、とモーツァルトの曲について言っておられた。実は、私も告別式には、この曲をなどと、モーツァルトの曲を聴いていて思うことがあるので、同じようなことを考えている人があるのだな、と思った。これはまったく勝手な想像だが、自分の「葬送曲」として、どんな曲を選びますか、などというアンケートをとると、モーツァルトが多いのではないか、と思ったりするが、どうであろう。

多様化の時代となって、お葬式もこれから多様化してゆくかも知れない。

牛にひかれて

七十歳を過ぎた年輩の女性が相談に来られた。長男の嫁の性格が悪いのでたまらない、なんとかならないかという相談である。

嫁の悪口を長時間お聞きした後で、私は、「牛にひかれて善光寺参りのお話、ご存じですね。お宅のお嫁さんはその牛ですよ」と申しあげた。

若い読者は「牛にひかれて善光寺参り」のことをご存じないかと思うので、少し説明しておく。昔、強欲なおばあさんが逃げてきた牛を見つけ、つかまえて自分のものにしようと追いかける。牛は逃げるがおばあさんは欲にかられて追跡。とうとう信濃の善光寺までゆき、そこで牛は姿を消す。おばあさんは当時の信仰の中心地に導かれて行ったわけで、そこで菩提心を起こして仏道に帰依をする、という話である。強欲で一途になっているうちに、信仰の道に導かれるのである。

この女性は私の唐突な返事にキョトンとしておられたが、何かを感じられたのか、その後続けてやって来られた。嫁の悪いのを嘆かれ、なんとかいい方法はないかと問われ、私はいつも「いい方法などありません」とお答えした。

こんなことの繰り返しのなかから、この方はだんだんと宗教の世界に関心をもたれるようになり、信仰の道を見いだしてゆかれた。

最初はこの方は「嫁」のことを問題にして来られたのだが、私はそれを入り口として、この方が老いや死の問題と取り組んでゆかれると直覚し、「牛にひかれて……」と申しあげたのである。

生死と性

山折哲雄さんの著書『臨死の思想』(人文書院)を読み、老いについて死について、教えられるところが多かった。そのなかで「「性」のなかの生死」という評論にはとくに心をひかれた。山折さん自身の入院や手術の体験、参禅などの修行体験などを語りながら、読者をだんだんと深層の意識へと引き込んでゆく。そのような準備を経たうえで、チベットのラサにあるダライ・ラマの城と言われているポタラ宮殿で、ダライ・ラマの居室の瞑想室に入り、周囲を見まわしていると、男女の仏様の合歓像が目にはいる。

「もっとも神聖なるべき瞑想室に、男女の仏様が抱き合った合歓像が安置されていた」。これについては、「こういう密教は仏教の堕落形態とするのが普通だった」ようだが、山折さんは、自分の体験なども踏まえながら、「グロテスクなイメージやエロティックなイメージというのも、そういう人間の深層意識が急激に表面にあらわれてきた結果ではないか」という考えを表明される。

われわれが老いについて考えるとき、性について考えることを避けられないし、それは深い宗教性にまでかかわってゆくものであることを、山折さんは示唆しているものと思われる。

回春

前項には、老いを考えるうえで性のことを避けられないと述べた。最近は、老いと性について論じている評論や書物も大分見られるようになったが、それまでは、老人と性というと、すぐにイヤらしいという反応が先行してしまって、話題にするのが難しかったと思われる。ところが、このごろはそのような誤解がとけて、老人と性のことが比較的オープンに語られるようになってきたのは喜ばしいことである。といっても、性の問題はあからさまに論じることによって、その本質を歪まされるようなところがある。また逆に、あまりにも日陰者扱いするのも困る。したがって、なかなか語ることの難しいものだ。以前、波多野完治先生が読売新聞紙上で、「老いと回春」と題して、この問題を論じておられた。性の問題を正面から取りあげ、かつ風格のある文章で、さすがと感心させられた。波多野先生などが、「老人と性」について本を著してくださると有難いのだが。

私は以前から、人間がその生涯のなかで、何度か「死と再生」の体験をするように、結婚生活においても、離婚と再婚を体験する(できれば同一の相手と)ことが必要であると主張している。波多野先生のエッセイにある「回春」という言葉が示唆するように、春の訪れは人生に一度だけということはないと考えるといいのではなかろうか。

み

老人の性を考えることが必要である。しかし「性」ということだけを切り離して考えることには危険性が伴う。前項に紹介した波多野完治先生のエッセイにも、岡本一平がかの子夫人と死別し、淋しさをまぎらわすために芸者に接したが、「体操」のようなもので味気なかったと語ったことが述べられていた。また、たとえ「体操」好みの方がおられたとしても、しばらく後では相当な、たましいの病に苦しむことにもなるだろう。

性を男性と女性を結合するものとしてのみではなく、「精神と身体」、「生と死」などなどを「つなぐ」ものとしてみるとどうであろうか。何かとの接触の回復を体験するものとしての性は、人生において大きい意味をもっている。このことを忘れてしまうと、性がむしろ「切り離される」ことの体験になる。

哲学者の市川浩さんが日本語の「み」という言葉を解明され、「みにしみる」とか「みまかる」とか「みうち」とか「みいり」とか、あげてゆくときりがないが、それは、人間の体だけではなく心もたましいも意味し、社会的なつながりなどにまで及び、人間存在の全体性に関連していることを明らかにされている（市川浩『〈身〉の構造』青土社）。

このように「み」を考えて、日本語で「おんみ」という表現を二人称に使うことから、性というのは「おんみ」を愛することだと考えてみてはどうだろう。そうすると、狭い意味での性行為に限定されず、性が広がりと深さをもつように思われるのである。

静と動

先に紹介した、山折哲雄『臨死の思想』に、次のようなことが述べられている。

山折さんがインドで有名なマザー・テレサに会われたときの話である。待っていると彼女が来られるが、「ちょっと離れたところからコツコツというハイヒールの音をたてて、テレサさんがやってまいりました。非常に快活で、速いテンポの歩き方に私は驚きました。入ってこられるのを見て、さらに驚きました。身のこなしが非常に軽やかで力強く、若々しい人です」ということである。彼女はおそらく七十歳以上であろう。

このようなマザー・テレサの姿に接して、山折さんは一般に聖者とか悟りを開いた人というと、「どうも静かで不動の聖者というイメージ」が強いのだが、むしろ「本当の聖者というのは、活動的で快活な人間ではないのか」と考える。確かにこれは大切なことである。

ところで、山折さんはマザー・テレサに会って、死を看取る仕事をしていて思いどおりにゆかぬときや、苦しいとにはどうするかと尋ねられ、彼女はそれに答えて「祈ります」と言い、夜の間眠らずに祈り続けることさえあると答えられる。この祈りの姿は、先に述べた活動的で快活な姿とは逆に、まったくの「静」の姿と言っていいだろう。

静と動の共存とバランスこそが、聖者の姿としてふさわしいものと感じられるのである。

新時代の医療

一九九一年六月十三日に日本病院学会が開催され、「新時代の医療文化をどのように構築していくか」というシンポジウムに、皆さんよくご存じの、NHK解説委員の行天良雄さんの司会で、歴史学の木村尚三郎、評論家の上坂冬子、免疫学の多田富雄という錚々たる先生方に伍して参加してきた。

新時代の医療という点で、どの演者も共通して、老いと死のことを話題に取りあげたのが非常に印象的であった。考えてみると、特定の病気にはなるかも知れないし、ならないかも知れない。しかし、老いと死は生き続けているかぎり、すべての人の問題となるのだから、これらが重要な話題となるのは、当然と言えば当然であろう。国民全体の問題とあらば、このことを狭い意味での「医療」という考えだけにまかせておいていいのだろうか。これまでの医学は、なんといっても「病気を治す」ことに目標が置かれてきた。しかし、老いや死を相手とするならば、これまでのように「病気」に対してきた医療のあり方を抜本的に変革してゆくぐらいの意気込みがいるのではなかろうか。

病気よりも「人」そのものを全体としてみるには、医者のみでなく看護婦、ソーシャルワーカー、それにわれわれのような臨床心理を専門にするものなどのチームワークも大切になるだろう。新しい医療イメージを語って、三時間のシンポジウムがすぐに終わってしまうような感じであった。

老いと病

前項に述べたように、「新時代の医療文化をどのように構築していくか」というシンポジウムに参加した。そのときに、免疫学者の多田富雄先生の言われたことが強く印象に残った。それを端的に言うと「老いは病ではない」ということである。

多田先生は『老いの様式』(誠信書房)という書物も編集しておられ、それには興味深い論議が展開されていて、一度お考えを聴きたいと思っていた方である。というのは、本欄の連載のため、老いに関する書物を読み、そのなかに生物学的な本も読んだのだが、なかなか理解し難いので、直接にお話をうかがいたいと思っていたのである。

先生のお考えでは、「老い」というのは生物学的に研究するとき、生物の発生や分化などの場合のようにすっきりといかないらしい。端的に言えば、現代の科学をもってしてもわからないことが多いらしい。

それにもかかわらず、われわれは「老い」を一種の決まりきった「病」のように考えて、年をとれば「ぼけて死ぬ」と非常に単純な図式で考えすぎていないだろうか。多田先生の言葉をお聴きしていると、「よし、それほどわからぬものなら、自分の生き方で老いに挑戦してみよう」という気持ちさえわいてくるのである。老いを死に至る「病」としてエスカレーターのように考えずに、死に至るまでの未知の道を探索してやろう、と考える勇気を多田先生に与えられたように感じた。

青春の夢

青春の夢が自分の人生のなかで成就されながら、年を重ねてゆく。そんな人生は素晴らしい。こんなときの「夢」は希望とか理想とかいう意味で言われるのだが、文字どおり、本当に見た「夢」が成就されてゆくという話がある。

京都愛宕念仏寺住職の有名な西村公朝師の『千の手・千の眼』(法蔵館)によると、公朝師は第二次世界大戦のとき、兵士として中国に渡り、行軍中の極度の疲労のなかで、歩きながら眠っているとき、次のような夢を見たという。簡単に紹介すると——

行軍中の自分の側に、破損した仏像が何百何千と悲しそうな表情で並んでいる。その仏像は手足の無いもの、頭が割れているもの、などすべて哀れな姿となっている。そこで、「あなた方は、私に修理をしてほしいのなら、私を無事に帰国させてください」と言ったところで目が覚めた。

その後、公朝師は不思議に危険に遭わずに終戦とともに帰国した。そこで、仏像との約束を想い起こし、美術院国宝修理所において、多くの仏像を修理し、後に同所の所長となり、東京芸大の教授ともなって、仏像の修理と研究に力をつくして来られた。

この夢のことを知って、私はその夢に傷だらけの姿として現れた仏像は、戦いによって傷ついた人々のたましいをも表していたのではないかと思った。現在の公朝師は、念仏寺の住職として人々の心の傷を癒すこともしておられる。

自伝

年老いた親とつき合ってゆかねばならない人に、次のようなことをよくおすすめしている。それは、一週間に一度とか、親に会う日を決め、そのときに思い出話を聞かせてもらって、それを素材としながら、親が「自伝」を作られるのを手伝うのである。

はじめから堅苦しく「自伝」などと言わず、ともかく記憶に残っていることで、印象的なことを聞かせてもらう。それを後で文章に書いて、それをもっていって見てもらうのである。文章にしてみると、記憶ちがいが明らかになったり、もっと詳しいことが思い出せたり。その都度、修正を加えてゆく。こんなときに、ワープロを使用できる人は、本当に便利だが、それほどワープロにこだわる必要もない。

そのうちに全体の構成を考えてみたり、少しぜいたくにするなら写真を入れることを考えたり。完成したら何部かコピーを作って「おじいちゃんの米寿のときに、皆に配りましょう」などということにする。

このようにすると、酒好きの人がその日だけは酒をやめて張りきっていたり、「ぼけ」ているのではなどと周囲の人が思いかけていたのに、記憶がしっかりしていることがわかったり、といろいろなよい副産物が出てくるのである。これはやってみるとなかなかおもしろいので、読者の方々にぜひにとおすすめしたいことである。

秘密

名古屋で精神科を開業しておられる大橋一恵先生が老年期について論じるなかで、次のような例を発表しておられる(『岩波講座 精神の科学6』「ライフサイクル」)。

七十歳の女性が五十年前に人を傷つけるような行為をしたため、最近になってそのことを人から責められて困る、という訴えで来診された。「人から責められて」というのはこの人のまったくの思い過ごしで、他人の行為を勝手に自分で解釈して悩んでいるのである。老人になってこのような「妄想」に苦しめられることは、ときどきあることだ。

五十年前の悪事というのも大したことではなく、近隣の人ともめごとがあったときに無記名の手紙を出したということだった。しかし、この人はそれを自ら恥じて、その後もそのことを何度も思い返しつつ誰にも言わずに生きてきたが、この年になって耐えきれなくなったのだ。治療者の慰めと励ましによって、この人はその秘密を夫に話された。

「夫は聞いてくれただけでなく、夫の苦しみなども聞く機会になった。夫婦でいながら互いにやはり一人一人苦しみを背負った人間だと思った」と話され、よくなられた。

人間にとって秘密というものは不思議なものだ。それをかかえて頑張ることが支えとなるときもあるし、それを誰かに打ち明けることによって支えを得ることもある。ただ、いつ、どこで、誰にというところが難しいことのようである。

老夫婦

夫婦も老年になってから、途方もなく相手を嫌に感じるときがある。そのときに、男女間で感じ方に差があるように思われる。

女性の側からの嫌悪感の表現としては、「ぬれ落葉」というイメージがすでに提出されているようだ。夫を

「ぬれ落葉」と感じるとき、妻としてはそのべたつきに耐えられない感じがすることだろう。

男の女に対する「よりかかり」に対して、男が女に対して感じる嫌悪感は「とりこまれる」と表現できる。知らぬ間にとりこまれてしまって動きがとれないと感じる。「よりかかり」と「とりこみ」は対になっていて、これが無意識的に同調しているときは、仲のよい夫婦ということになる。しかし、どちらかがそれを意識しだすと、突発的に嫌になってきたりする。

安岡章太郎「ソウタと犬と」(『安岡章太郎集4』岩波書店)は、妻にとりこまれてゆく年老いた夫の姿を描いた名作である。関心のある方はぜひ読んでいただきたい。

夫として相手の「とりこみ」に急に嫌気がさしてきたときは、自分の「よりかかり」について反省してみるといいし、女性の場合も同様に、自分の「とりこみ」加減について考えてみることである。そうすると、「お互いさま」という感じで微苦笑が浮かんできたりすることだろう。夫婦の片方だけが「悪い」のはきわめてまれである(「私の場合は相手だけが悪いまれなケースだ」という声がたくさん聞こえてきそうだが)。

絆

表題の字を読者はなんと読まれただろうか。「きずな」と読まれたことだろう。親子の絆を大切にしようなどというときに用いられる。しかし、これは平安時代の物語などを読むと「ほだし」と読まれ、それは馬の足にからませて歩けないようにする綱を意味し、出家して仏門に帰依したいときに、親子の情などの「ほだし」が邪魔になる、という意味に用いられているのである。

青年期に人間が自立しようとするとき、親子関係などは「ほだし」として意識されるのではないだろうか。かといって、親子の「きずな」が弱いほど人間は自立しやすいと言えないところに人間関係のおもしろさがある。十分な「きずな」の存在を前提としつつ、それを「ほだし」と感じて青年は努力する。その逆説とバランスの間で、一人前の成人が誕生してくるのである。

人間の死を最後の「自立」の完成の機会として捉えるときも、この「きずな」と「ほだし」の関係は意味深いものとなるであろう。老人の生を支える「きずな」の存在のなかで、それを「ほだし」として捉える老人に「自立」への志向があるとき、老人と周囲の人たちの「絆」の意味が深められてゆくのではなかろうか。

絆を「きずな」として一方的に肯定するだけではなく、「ほだし」としてみる態度をもってこそ、老いや死を意味あるものとして迎えられることだろう。

未済

老人の知恵というとすぐに想起する書物に『易経』がある。三千年も昔に中国で書かれた書物であるが、今読んでもまったく素晴らしいものである。

現在では、「易」というと易者のする占いのことと考える人が多いと思うが、『易経』は、もともとそのようなことを意図したものではない。人間が自然現象を見るときに、山は山、川は川、と別々に見るのが普通である。それをさらに細かく細かく分類していって区別を明らかにし、それらの関係を明らかにしてゆく、という見方がある。そのような見方を洗練していったのが西洋近代に起こった自然科学である。

これに対して、山も川もすべてを全体として捉え、そこに自然の流れとでもいうべき姿を見ようとする見方がある。そのような見方によって把握した根源的なイメージが『易経』のなかに描かれているのである。これはまさに、老人の知恵と呼びたい性格をもっている。

ところで、『易経』の六十四番目の卦《け》は「未済」で、文字どおり未だととのわず、話はこれからというイメージである。そのひとつ前の六十三は「既済」で、ものごとすべて成るというイメージである。なんだか変な感じだが、よく考えてみると、「既済」を最後に置かず、あえて「未済」をもって終わりとするところに古代の知恵の深さが感じられるのである。それにならって、本書も「未済」をもって終わりにさせていただく。

取りあげた本と論文

埴谷雄高『雁と胡椒』未来社、一九九〇年。

松田道雄「市民的自由としての生死の選択」『老いの発見2』岩波書店、一九八六年。

大熊由紀子『「寝たきり老人」のいる国いない国』ぶどう社、一九九〇年。

キューブラー・ロス、秋山剛・早川東作訳『新・死ぬ瞬間』読売新聞社、一九八五年。

日野原重明『命をみつめて』岩波書店、一九九一年。

鶴見俊輔『家の中の広場』編集工房ノア、一九八二年。

浜田晋『老いを生きる意味』岩波書店、一九九〇年。

外山滋比古『同窓会の名簿』ＰＨＰ研究所、一九九一年。

桑原武夫『論語』ちくま文庫、一九八五年。

デズモンド・モリス、日高敏隆訳『年齢の本』平凡社、一九八五年。

河合隼雄編『生きる「私」』大和書房、一九八九年。

遠藤周作『生き上手 死に上手』海竜社、一九九一年。

中西進『辞世のことば』中公新書、一九八六年。

カール・ユング、河合隼雄・藤縄昭・出井淑子訳『ユング自伝』1・2、みすず書房、一九七二―七三年。

日野原重明『老いと死の受容』春秋社、一九八七年。

河合隼雄『明恵 夢を生きる』京都松柏社、一九八七年。講談社＋α文庫、一九九五年。

山折哲雄『臨死の思想』人文書院、一九九一年。

波多野完治「老いと回春　第2の結婚が有効らしいが……」『読売新聞夕刊』一九九〇年九月二十九日。

市川浩『〈身〉の構造』青土社、一九八四年。

多田富雄他編『老いの様式』誠信書房、一九八七年。

西村公朝『千の手・千の眼』法蔵館、一九八六年。

大橋一恵「ライフサイクル」『岩波講座　精神の科学6』岩波書店、一九八三年。

安岡章太郎「ソウタと犬と」『安岡章太郎集4』岩波書店、一九八六年。

初出一覧

序説　ライフサイクルの変貌　書き下ろし。

I

青春の夢と遊び　一九九四年十月、岩波書店刊。

II

中年クライシス　『月刊Ａｓａｈｉ』一九九二年一月―十二月、朝日新聞社、に連載。『中年クライシス』一九九三年五月、朝日新聞社刊に所収。

III

老いのみち（抄）　『読売新聞夕刊』一九九一年一月十六日―六月二十八日、に連載。『老いのみち』一九九一年九月、読売新聞社刊に所収。

■岩波オンデマンドブックス■

河合隼雄著作集 第II期 9
多層化するライフサイクル

2002年3月5日 第1刷発行
2015年12月10日 オンデマンド版発行

著 者 河合隼雄《かわいはやお》

発行者 岡本 厚

発行所 株式会社 岩波書店
〒101-8002 東京都千代田区一ツ橋2-5-5
電話案内 03-5210-4000
http://www.iwanami.co.jp/

印刷／製本・法令印刷

ISBN 978-4-00-730341-8 Printed in Japan